贾章旺◎著

青年毛泽东

中国文史出版社

图书在版编目（CIP）数据

青年毛泽东 / 贾章旺著 . -- 北京 : 中国文史出版
社 , 2024.1
ISBN 978-7-5205-4599-0

Ⅰ . ①青… Ⅱ . ①贾… Ⅲ . ①毛泽东（1893-1976）
- 生平事迹 Ⅳ . ① A752

中国国家版本馆 CIP 数据核字（2023）第 252338 号

责任编辑：戴小璇

出版发行：中国文史出版社
社　　址：北京市海淀区西八里庄 69 号院　邮编：100142
电　　话：010-81136606　81136602　81136603（发行部）
传　　真：010-81136655
印　　装：廊坊市海涛印刷有限公司
经　　销：全国新华书店
开　　本：1/16
印　　张：19
字　　数：218 千字
版　　次：2024 年 3 月北京第 1 版
印　　次：2024 年 3 月第 1 次印刷
定　　价：66.00 元

序 ● 贾章旺

2019 年 10 月 8 日

　　本书记述了毛泽东 1910 年（17 岁）至 1927 年（34 岁）这 17 年的读书学习和革命实践活动。

　　清朝末年的 1910 年，拖着长辫子的 17 岁的农民后代毛泽东，第一次走出故乡韶山的山村，先后到湘乡东山高等小学堂、湘乡驻省中学堂读书。其间，他第一次接触到了报纸杂志（自此终生阅读不辍），怀着极大的兴趣借阅了中外地理、历史典籍，大开了眼界。

　　辛亥革命首义成功，毛泽东身体力行，投笔从戎，在湖南新军里当了半年列兵。

　　清帝退位，毛泽东认为革命已经结束，退出军队，继续求学。在专业的选择上，他也曾举棋不定，变换再三，先后报考警察学堂、肥皂制造学校、法政学堂、商业学堂、公立高级商业学校，以第一名的成绩考入全省高等中学校（省立第一中学）。

由于第一中学课程有限，毛泽东在读了《御批历代通鉴辑览》以后，决定退学自修，寄居在湘乡会馆，每日到湖南省立图书馆读书自修，广泛涉猎18、19世纪欧洲资产阶级的社会科学和自然科学书籍。在图书馆，19岁的毛泽东第一次看到了世界大地图。半年后，20岁的毛泽东考入湖南省立第四师范预科，后来，湖南省立第四师范合并于湖南省立第一师范学校。

自1914年3月至1918年6月，毛泽东踏踏实实在湖南省立第一师范学校读了4年零3个月的书。在这里，在众多优秀老师的哺育下，毛泽东的学识突飞猛进，在与同学们的切磋、交往中组织能力得到极大提高与发展。尤其是毕业前夕，以湖南省立第一师范同学为骨干成立的新民学会，更是中国现代史上的重要组织，为后来中国共产党成立积蓄了力量。

湖南一师毕业后，25岁的毛泽东带着恩师的期望，前往中国政治中心——北京，结识了两位中国共产党的创始人李大钊、陈独秀，经受了五四运动的洗礼，接受了终生为之奋斗的马克思列宁主义。以他高超的组织能力、犀利如刀的文笔、无畏的胆识，在湖南组织了共产党早期组织，从而于1921年夏天，28岁的毛泽东参加了中国共产党的成立大会，成了参会的全国代表之一。

在革命的熔炉中，毛泽东从发展湖南工农运动做起，以至到中共中央领导核心工作。国共合作以后，更被授予重任，曾任国民党中常委候补执行委员，代理宣传部长，他工作得如火如荼，风生水起，后任第六届农讲所所长，历练成了国共两党公认的农民运动核心人物。大革命时期，为了回答国共两党高层对农民运动的疑问，毛泽东亲自深入第一线，到湖南农村搞调查，历时1个多月，经历5个县，行程

700 公里，写出了著名的《湖南农民运动考察报告》，赞扬农民运动"好得很"，以自己的实际了解、洞察，以无数的事实，回答了国共两党上层对农民问题的混淆视听，并得到了共产国际的重视。

由于蒋介石、汪精卫等人的叛变，由于共产党领导的软弱，由于共产国际代表的退让，轰轰烈烈的大革命失败了。1927 年的八七会议上，毛泽东提出了著名的"以后要非常注意军事。须知政权是由枪杆子中取得的"论断。

面对大革命的失败，经过刻苦读书学习及丰富的革命实践锤炼出来的毛泽东，高瞻远瞩、远见卓识、满腹韬略，他婉言谢绝了中共高层要他到党中央工作的安排，毅然选择、探索出了一条适合中国共产党人的艰苦的、正确的、成功的道路。

本书以中共文献资料为依据，参考学习毛泽东的早期文稿，资料翔实、述而不论、秉笔直书，以飨读者。

目录 CONTENTS

一、出乡关

1910 年农历七月，毛泽东将近 17 岁，他第一次要离开家乡韶山冲，到 50 里以外的地方去继续读书。

临行前，他写了一首诗夹在父亲每天必看的账簿里："孩儿立志出乡关，学不成名誓不还。埋骨何须桑梓地，人生无处不青山。"[①]

毛泽东启程这天，父亲毛顺生与母亲文素勤和弟弟毛泽民、毛泽覃、妹妹菊妹子一家人，把毛泽东送到塘岸上。

湘乡县城的东门叫望春门，望春门外有一溜很长的石阶梯，沿着阶梯下去，就是涟水河的渡口，河那边就是东岸坪，著名的东山学堂就在那里。这所学堂的前身是 1895 年（光绪二十一年）十二月设立的

[①] 这首诗是根据日本明治维新时期著名的政治活动家、军人西乡隆盛（1828—1877）青年时的诗修改而成。原诗是："男儿立志出乡关，学不成名死不还。埋骨何须桑梓地，人生无处不青山。"但据考证，这首诗的原创人是日本的和尚月性，原诗是："男子立志出乡关，学若无成不复还。埋骨何期坟墓地，人间到处有青山。"

［参见中共中央文献研究室编，《毛泽东年谱》（1893—1949）修订本上卷，中央文献出版社，2013 年 12 月第 1 版，第 8 页］

东山精舍，它是仿湖北自强学堂成法，分设算学、格致、方言、商务四斋。1906年（光绪三十二年）改精舍为学堂。这是湘乡县也是湖南省最早设立的一座洋学堂。毛泽东自己挑着行李来到学堂门口。只见黑漆的大门顶上悬着一块红漆金字匾牌："东山书院"。大门旁边挂着一块新制的黑底红字直牌子："湘乡县公立高等小学堂"。看门的见毛泽东一副土包子模样，又听说是湘潭县人，不准毛泽东进校门。毛泽东就闯了进去，看门的又把他拖了出来。正吵得不可开交，堂长（校长）李元甫先生走了出来，他查明缘由后说："好吧，我们的考期已过。不过，你确有真才实学，也可考虑录取。"随即出了《言志》的题目，要毛泽东作文。毛泽东立即动手，奋笔疾书，约一顿饭的工夫就交了答卷。李元甫先生看完卷，忙把学堂各位先生都请来，高兴地对大家说："我们东山学堂今天发现了一个人才。"说着就大声念起毛泽东的作文。先生们听了，都赞不绝口，多数主张马上录取，怎奈他不是湘乡县人，于是又引起争论。原来是县上对东山学堂有可观的补贴，不愿让外县人沾光。先生们争论了半夜，堂长李元甫气愤得直敲桌子："中国学生可以到外国留学，湘潭人反而不能到湘乡来读书，真是海内奇闻。"最后，决定破格录取他，把他编在戊班。毛泽东缴纳了1400个铜圆，作为5个月的膳食费和学杂费。

在这所新学堂里，毛泽东学到了自然科学和西方的新学科。

毛泽东过去从来没见过这么多孩子在一起，他们大多数是地主子弟，穿着很讲究。毛泽东的穿着比别人都寒酸，他只有一套像样的短衫裤，平时总是穿着一身破旧的衫裤，许多阔学生因此而看不起他。但他也有要好的朋友，其中一个就是萧三（又名萧庆方、萧祖诚、萧植蕃）。

在这所学堂里，是不是湘乡县人是很重要的，而湘乡县又分上、中、下三里。上、下里两里出于地域观念，彼此殴斗不休，势不两立。毛泽东在这场斗争中采取中立态度。因为他不是本地人，三派都看不起他，使他精神上感到压抑。

在这个学堂里有不少进步教员都喜欢毛泽东，尤其是那些教古文的教员，因为他写得一手好古文。但他无心读古文。同校的表兄文运昌借给他康有为的书和梁启超主编的《新民丛报》（合订本）。这两本书，他读了又读，直到可以背出来，他这时很崇拜康有为和梁启超。

康有为（1858—1927），广东省南海县人，光绪进士。曾著有《大同书》。在1888年至1898年间，先后7次上书光绪皇帝，强烈要求变法。1895年4月，清政府在中日战争中失败，与日本签订了丧权辱国的《马关条约》，康有为联合在北京会试的18省举人1300余人联名发起"公车上书"，提出拒签和约、迁都西安、练兵抗战、变法图强四项主张。继而进行维新变法的宣传和组织工作，在北京、上海设立强学会，1898年4月又在北京发起成立保国会。1898年（农历戊戌年）6月11日，光绪帝接受其主张，诏定国是，宣布变法，16日，受到光绪帝接见，此后连续上维新变法奏折十余道。9月21日，慈禧太后发动政变，再次临朝"训政"，取消新政，恢复旧制。随即囚禁光绪帝，搜捕维新人士，28日杀谭嗣同、康广仁、杨深秀、杨锐、刘光第、林旭6人，下令通缉康有为、梁启超。康有为逃亡日本，坚持改良道路，反对业已兴起的资产阶级民主革命。1899年成立保皇会。辛亥革命后，为反对共和、复辟帝制制造舆论。1917年曾协同张勋策划清室复辟。中国共产党成立后，反对共产党及其领导的工农民主革命运动。

　　梁启超（1873—1929），字任公，号饮冰室主人，广东省新会县人，举人出身，是康有为的学生，曾助其老师编撰变法理论著作，并一起从事维新变法的宣传。1897年受聘为长沙时务学堂总教习。1898年"百日维新"中，奉命以六品衔办京师大学堂、译书局事务。戊戌政变后，逃亡日本，坚持改良道路，创办《清议报》和《新民丛报》，鼓吹立宪保皇，反对资产阶级革命，但他介绍的西方资产阶级社会政治学说在知识界有较大影响。辛亥革命后，反对孙中山领导的二次革命，拥护袁世凯统一，出任袁世凯政府司法总长。1916年，又策动蔡锷组织反对袁世凯复辟帝制行为，亲自到两广参与、推动护国军反袁斗争。袁世凯死后，出任段祺瑞内阁财政总长。五四运动时期反对新文化运动。曾倡导"诗界革命"和"小说革命"，并为20世纪初的资产阶级史学主要代表人物之一。晚年在清华学校讲学。

　　毛泽东对《新民丛报》上连载的梁启超的《新民说》一文看得非常用心，他写有批语。对该文《论国家思想》一节，说到两种君主制国家，他的批语是："正式而成立者，立宪之国家，宪法为人民所制定，君主为人民所拥戴；不以正式而成立者，专制之国家，法令为君主所制定，君主非人民所心悦诚服者。前者，如现今之英、日诸国；后者，如中国数千年来盗窃得国之列朝也。"毛泽东此时并不反对君主制度，只是反对君主专制，而赞成君主立宪制，希望由康有为、梁启超那样的维新派进行改革。

　　在这个学堂里，毛泽东才第一次听说两年前发生的事：光绪皇帝和慈禧太后已相继去世，新皇帝为宣统皇帝（溥仪）。他认为皇帝像大多数官吏那样诚实、善良和聪明，不过需要康有为帮助他变法罢了。

　　中国古代的帝王唐尧、虞舜、秦皇、汉武的事迹使他向往，他读了许多关于他们的书。

国文教员贺岚岗见毛泽东对历史有兴趣，买了一部《了凡纲鉴》送给他。

在这期间，毛泽东也学了一些外国的历史和地理。在一篇讲述美国革命的文章里，他第一次听到美国这个国家。里面的一句话："华盛顿经过八年苦战，始获胜利，遂建国家"，留给他很深的印象。在一部叫作《世界豪杰传》的书里，他读到了拿破仑、叶卡捷琳娜女皇、彼得大帝、惠灵顿、格莱斯顿、卢梭、孟德斯鸠和林肯。读过这些书后，他曾对他的同学说："中国也要有这样的人物，我们应该讲求富国强兵之道，才不致蹈越南、朝鲜、印度的覆辙；每个国民都要努力，明末清初的爱国主义者顾炎武说得好，天下兴亡，匹夫有责。"他特为自己取了一个"子任"的别名。毛泽东在这里曾读过《大同书》、《饮冰室文集》、《日知录》、《史记》、八股文和唐诗。

这个学校每个星期日的上午都要由教员出题目，由学生各自作一篇文章，毛泽东每次都认真为文，成绩很好。他写的《言志》《救国图存论》《宋襄公论》等文章被老师赞扬为"似黄河之水，一泻千里"，批阅给全校同学传观。

毛泽东在湘乡县公立东山高等小学堂只读了半年书，他想到长沙去。长沙是湖南省省会，离韶山冲 120 里，自 1904 年被辟为通商口岸。毛泽东听说这个城市很大，有不少学堂，非常向往。本来，湘乡县在长沙是有特殊地位的，湘乡县自从出了曾国藩这个大官僚后，带出了一批文官武将、富商豪绅，不少人家在长沙置了小公馆，就在湘

乡会馆里办了一所中学，来教育他们的子弟，同时也从湘乡县的东山学堂推荐一些毕业生到这里来，只要他们的家长是湘乡县的士绅就收，成绩好坏在其次，不过对外县人是不收的。毛泽东不是湘乡县人，他担心到了长沙难于入学。

曾国藩（1811—1872），字涤生，湖南省湘乡县人，1838年中进士，在朝廷做官。1852年母死回原籍守丧。1851年1月洪秀全领导的农民群众在广西桂平县金田村举起反清起义，建号太平天国，太平军经广西、湖南、湖北、江西、安徽，清八旗军队一败涂地，1853年3月太平军在南京（改称天京）正式建立政权。1853年初，清廷命曾国藩在湖南办理团练（后扩编为湘军），1854年曾国藩出省对太平军作战，屡败，曾国藩投水寻死，被随从救起，逃回长沙。1855年初，在湖口作战失败，又几乎丧命，逃至南昌。1856年秋后，太平军内发生内讧。曾国藩派李鸿章、左宗棠赴上海和浙江勾结外国侵略军联合进攻太平军。1864年，天京被湘军攻陷。曾国藩受封一等侯爵，又任直隶总督、两江总督。

1911年春天，东山小学堂的贺岚岗老师应聘到长沙的湘乡驻省中学任教。因为毛泽东成绩优异，贺老师愿意带他前往读书。他第一次坐轮船到长沙，顺利地考入了湘乡驻省中学。

在湘乡驻省中学堂，毛泽东第一次看到报纸——《民立报》。《民立报》，清末资产阶级革命派的报纸，1910年10月11日在上海创刊，于右任、宋教仁等主编。该报激烈抨击清政府，报道各地资产阶级民主革命运动。1913年9月4日停刊。毛泽东从报上看到了一个叫黄兴的湖南人，1911年4月27日领导的广州反清起义和黄花岗72烈士殉难的消息，使他深受感动。

　　黄兴（1874—1916），湖南长沙人，1902年赴日留学，1904年2月和陈天华、宋教仁在长沙组织华兴会，任会长，策划长沙起义未成。1905年在日本与孙中山等人建立同盟会。1907年后，先后参与或指挥钦廉防城（均在今广西）起义（1907年4—9月）、镇南关（今友谊关）起义（1907年12月）、钦廉上思起义（1908年3—4月）、云南河口起义（1908年4—5月）、广州新军起义（1910年2月）、黄花岗起义（辛亥广州起义）。其中的黄花岗起义，孙中山原打算由赵声、黄兴为正副司令率10路"选锋队"（敢死队）进攻广州，1911年4月27日，因起事消息泄露，在队伍尚未集中的情况下，黄兴率120人攻入两广总督衙门，经过一夜巷战，不少"选锋"牺牲，黄兴、朱执信等受伤后化装脱逃。事后收殓烈士遗骸72具，合葬于黄花岗。同年武昌起义后，黄兴被推为革命军总司令。1912年任南京临时政府陆军总长。1913年参与领导讨伐袁世凯，失败后流亡日本，1914年夏赴美养病，1916年在袁世凯死后回国，同年10月在上海病逝。

　　同时，毛泽东还听说了孙中山和同盟会。

　　孙中山，1866年生于广东省香山县（今中山市），名文，字逸仙。青少年时期先后在檀香山、广州、香港等地受资产阶级教育（学医），1894年6月北上经上海至天津，投书直隶总督兼北洋大臣李鸿章，历陈富强之策，提出革新主张，被拒绝，1894年11月赴檀香山联合华侨组织中国最早的资产阶级革命团体——兴中会，1895年设总会于香港，策划广州起义未成，流亡国外。1900年派人发动惠州（今广东惠阳县）起义，失败后继续在国外开展革命活动。1905年在日本组成同盟会，被推举为总理，确定"驱除鞑虏，恢复中华，建立民国，平均地权"的资产阶级革命纲领，提出民族、民权、民生三民主义，

并同改良派论战。此后，在国内外发展革命组织，联络华侨、会党和新军，多次发动武装起义。

同盟会，全称为"中国革命同盟会"，在孙中山的倡导下，以兴中会和华兴会为基础，联络光复会（1904年冬在上海成立，蔡元培为会长）于1905年8月20日在日本东京成立。自1906年起先后发动萍浏醴起义（1906年12月）、潮州黄冈起义（1907年5月）、惠州七女湖起义（1907年6月）……至武昌起义（1911年10月）共10次起义（另6次见"黄兴"注），直至推翻清王朝。1911年11月同盟会总部由日本东京迁至上海，南京临时政府成立后，迁至南京，旋又迁回上海。1912年8月改组为国民党。

激动之下，毛泽东写了一篇文章贴在学堂的"揭示栏"内，这是他第一次发表政见。他还没有放弃对康有为、梁启超的钦佩。他对孙中山怀有期望。他在文章里提出，把孙中山从日本请回来当新政府的总统，康有为当国务总理，梁启超当外交部长。由于修筑川汉铁路而兴起了反对外国投资运动。为反对帝国主义攫取中国铁路和矿山，在有关省份中展开了收回利权运动。清朝覆灭前的最后几年间，争路权的运动在有的省份发展到了高潮，成为促进清政府崩溃的一个重要因素。宣统元年（1909年），军机大臣、粤汉铁路督办兼粤境川汉路铁路大臣张之洞认为这些铁路的修筑非靠外国力量不可。虽有湖南、湖北两省绅商的反对，清政府仍在宣统三年4月，按照美、英、法、德4国银行团的意愿签订了关于借款筑路的合同，并宣布铁路国有。广东、湖南、湖北、四川绅商学界中立即有人表示反对，特别是在四川形成了巨大风潮。

立宪成为广大人民的要求，皇帝的答复只是设立一个咨政院。同学们为了发泄排满情绪，反对留辫子，毛泽东和他的一个朋友率先剪去了辫子。但是，其他一些相约剪辫子的人后来不守信用，于是，毛泽东和他的朋友就出其不意地强行剪下他们的辫子。这时，毛泽东已从讥笑假洋鬼子发展到主张全部取消辫子了。

1911年（农历辛亥年）9月中旬，同盟会帮助下的革命团体文学社和共进会在湖北武昌召开联席会议，组成统一的武装起义机构。推举文学社社长蒋翊武为总指挥，同盟会会员、共进会军务部长孙武为参谋长，并制订了起义的具体计划。10月9日，孙武在汉口俄租界赶制炸弹，不慎被炸伤，秘密机关遭破坏。蒋翊武等决定当天夜里12时起义，计划未实现。当晚，起义指挥部遭破坏，蒋翊武出逃，一些领导人被杀。10日，湖广总督瑞澂下令按名册大肆搜捕革命党人。当天夜里，武昌城内各标、营新军中革命党人被迫自动起事，起义士兵占领了军械库，合力攻占了总督署。11日早晨，武昌已被起义士兵掌握，建立了湖北军政府，强推新军协统黎元洪为都督，两天内起义军又攻占了汉口和汉阳。接着，湖北其他地区和湖南、江西、陕西、山西、云南、贵州、江苏、浙江、广西、安徽、广东、福建、山东、四川先后宣布独立，一个多月内，革命军占领了十六七个省。

黎元洪（1864—1928），湖北黄陂人，天津北洋水师学堂毕业，后在北洋海军供职。中日甲午战争后，投靠张之洞，参与训练湖北新军。1906年升任第21混成协统领。保路运动兴起，他曾以军界代表资格参加"湖北铁路协会"，共谋筹款，赢得军界好感。但他仇视革命，武昌起义刚开始时，他企图镇压，并亲手杀死一个进行联络的革命士兵。当起义士兵占领楚望台军械库时，他躲了起来。起义成功以

后，起义士兵发现了他。由于习惯，多数兵士认为新成立的政府要有黎元洪这样地位高的人来带头才像个样子，黎元洪在士兵们的枪口威胁下来到了会场，被推举为湖北军政府都督。1912 年当选为南京临时政府副总统。袁世凯窃权后继任副总统，1913 年查封武汉革命报刊《大江报》，残杀同盟会会员张振武、方维，参与镇压"二次革命"。1914 年被袁世凯任命为参政院院长。1915 年被袁世凯任命为武义亲王，未受。1916 年袁世凯死后继任总统，1917 年张勋入京，黎被逐。1922 年直系军阀控制北京政府后复职，次年，又被直系军阀所逐。1928 年 6 月病死在天津。

辛亥革命爆发后，湖南宣布了戒严令，政局迅速改观。有一天，一个革命党得到校长的允许，到湘乡驻省中学堂做了一次激动人心的讲演，报告起义情况。当场有七八个同学站了起来，支持他的主张，强烈抨击清廷，号召大家行动起来，建立民国，会上人人都聚精会神地听着，会场里鸦雀无声。

听了这次讲演的四五天后，毛泽东准备参加黎元洪的革命军。

毛泽东决定同其他几位朋友到汉口去，他们已经从同学们那里筹到一些钱。听说汉口的街道很湿，必须要穿雨鞋，毛泽东就到驻扎在城外军队里的一个朋友那里去借鞋。

辛亥革命的起义军沿着粤汉路前进，10 月 22 日逼近长沙。革命军攻打了两座城门，其中一座未遇抵抗；由起义军将领焦达峰率部攻打的一座稍有反抗，经晓以民族大义后，守军即投向革命。同时，城里面也发生起义，各个城门都被工人攻占了。毛泽东站在一个高地上观战，最后，他终于看到衙门上升起了一面白色的旗帜，上面写着一个"汉"字。当毛泽东回到学校时，发现学校已由起义军队守卫了。第二天，湖南成立了"中华民国军政府湖南都督府"，起义军的两名首领焦达峰和陈作新被推举为都督和副都督。革命党人所发现的清廷文件中，有几份请求召开国会的请愿书，其中有中学教师徐特立用血书写的一篇，文章开头写道："为呼吁召开国会，予断指以送。"

徐特立，1877 年生，原名徐懋恂，又名徐立华，湖南长沙人，1905 年考入长沙宁乡速成师范班，毕业后到长沙周南女校任教。1910年曾到日本考察教育。武昌起义后，被推选为湖南临时议会的议员和副议长，又任湖南教育司科长。后辞职创办长沙师范学校，任校长，又在湖南省立第一师范兼任教员。

焦达峰、陈作新的政权只维持了 10 天，谘议局议长谭延闿勾结新军中的一个营长在 11 月 1 日发动兵变，杀死了焦达峰和陈作新，谭自任湖南都督。

此时，有许多学生投军，一支学生军已经组织起来，在这些学生里面有唐生智。

毛泽东不喜欢这支学生军，他认为它的成分复杂。

毛泽东决定参加正规军，为完成革命而努力（清帝还未退位）。既然革命军已经到了长沙，他就不必去武汉了，于是就在湖南参了军。毛泽东所在的部队是湖南新军第 25 混成协第 50 标第 1 营左队，他当了一名列兵。

毛泽东参军后，除认真接受军事训练，还非常重视研究时事和社会问题。每月的军饷是 7 元钱，每月用去伙食费 2 元，还得花钱买水（士兵用水必须到城外去挑，毛泽东还不屑自己挑水），毛泽东把其

余的钱，都用在订报纸上，贪读不厌。当时鼓吹革命的报刊中有《湘汉新闻》，里面谈论到"社会主义"。他是第一次听说这个名词，于是，他就同其他同学和士兵讨论"社会主义"。后来，毛泽东读了江亢虎（1911 年辛亥革命后，江亢虎标榜社会主义，在上海组建中国社会党）写的一些关于社会主义及其原理的小册子，他就热情写信给几个同班同学。

在毛泽东当兵的这个班里，有一个湖南矿工和一个铁匠，他非常喜欢他们。他认为除他们俩外，其他人都是庸碌之辈。毛泽东和排长及大多数士兵交上了朋友，因为他能读会写，有些书本知识，能帮助他们写信或诸类事情，因而很受士兵们敬佩。

孙中山在美国中部的科罗拉多州从报纸上看到"武昌为革命军占领"的消息。同年 12 月 25 日由国外到达上海。29 日，南京的 17 省代表依照《中华民国临时政府组织大纲》进行临时总统选举，每一省投一票，孙中山以 16 票（浙江省代表未投他）当选为临时政府总统。31 日，孙中山率一些随员到南京。1912 年 1 月 1 日就职，宣告"中华民国"成立。临时政府成立后虽然颁布了一系列有利于民主政治和资本主义发展的政策法令，但承认清政府与帝国主义各国签订的不平等条约和帝国主义攫取的种种特权。1912 年 2 月 10 日，由清内阁总理袁世凯代表与南方革命军代表举行南北议和会议，就清帝退位条件达成协议，对清皇室规定了一系列优厚条件。

2 月 12 日，清朝颁发了宣统退位诏书。

袁世凯在帝国主义的支持下，迫使革命派让步。南方革命派在清帝退位和袁世凯"赞成"共和的条件下把政权交给了袁世凯。2 月 13 日，孙中山向临时参议院提出辞职咨文。2 月 15 日，临时参议院选举袁世凯为中华民国临时政府临时大总统。3 月 10 日，袁世凯在北京就任临时大总统。辛亥革命的果实落在了袁世凯的手里。

袁世凯（1859—1916），河南省项城县人，1885 年经李鸿章保荐任"驻扎朝鲜总理交涉通商事宜"全权代表，中日甲午海战前夕，请调回国，1895 年以道员衔驻天津小站编练新建陆军，1897 年升为直隶按察使，乃专管练兵事宜。维新运动兴起，他参加强学会，1898 年 9 月 18 日（清光绪二十四年农历八月初三）深夜，谭嗣同拿着光绪皇帝的密谕，到袁世凯的住处法华寺，要他举兵，包围慈禧的住处颐和园，杀死掌握军权的荣禄，袁世凯一口答应。但他一从北京回到天津，立即向荣禄告密，全盘交代了谭嗣同夜访的情况。9 月 21 日，慈禧太后发动政变，"百日维新"因而失败。从此，袁世凯得到慈禧太后的宠信，1899 年他署理山东巡抚，镇压义和团，1901 年署理直隶总督（次年实授）兼北洋大臣，1903 年兼任练兵处会办大臣，1905 年扩编北洋军成 6 镇，1907 年调任军机大臣、外务部尚书，1909 年被免职。1911 年在帝国主义的支持下，任内阁总理大臣，统兵南下镇压革命。此时，他一方面以武力胁迫南方革命派让权，一方面挟制清帝退位。1912 年 3 月在北京就任中华民国临时大总统。1913 年 3 月派人在上海暗杀国民党代理理事长、他专权的最大政敌宋教仁。向帝国主义乞取"善后"借款，镇压"二次革命"，又强行解散国会，废除《中华民国临时约法》。为取得日本帝国主义的支持，使他当皇帝，1915 年，接受日本企图灭亡中国的"二十一条"要求。1915 年 12 月 12 日，袁世凯正式宣布实行帝制，宣布次年改元"洪宪"，元旦登基，遭举国

上下反对。1916 年 3 月，被迫取消帝制，同年 6 月 6 日死去。

1912 年 4 月 5 日，中华民国临时政府迁往北京。南北统一了，南京政府解散了。

毛泽东以为革命已经结束，便退出了军队，决定仍回到书本上去。

毛泽东一共当了半年列兵。

毛泽东开始注意报纸上的广告（那时候，办了许多学校，通过报纸招生），但他并没有一定的标准来判断学校的优劣，对自己究竟想做什么也没有明确主见。一则警察学堂的广告，引起他的注意，于是去报名投考。

在考试以前，毛泽东看到一所制造肥皂的学校的广告，说是不收学费，供给膳宿，还答应给些津贴，这则广告很吸引人，鼓舞人说制造肥皂对社会大有好处，可富国利民。于是，他又改变了投考警校的念头，决定去做一个肥皂制造家，他在这里又交了一元钱的报名费。

这时，毛泽东有一个朋友成了法政学堂的学生，他劝毛泽东进法政学堂，毛泽东也读了这所学堂的娓娓动听的广告：答应在 3 年内教完全部法律课程，并且保证期满之后可以做官。毛泽东写信给家里，把广告上的诺言记述了一遍，把将来当法官的光明图景描述了一番，要求寄学费来，在这里也交了一元钱的报名费，等候父母的回音。

他又看到一则商业学堂的广告，一位朋友告诉他，国家现在正处于经济战争之中，当前最需要的人才是能够建设国家的经济学家，这个议论又打动了他，他又向这所商业中学付了一元钱的报名费，并参加考试被录取了。

毛泽东还继续注意广告，有一天，他读到一则把一所公立高级商业学校说得天花乱坠的广告，这是政府办的，设有很多课程，而且又听说教员都是非常有才能的人，毛泽东又决定最好在那里学成，做一个商业专家，又付了一元钱的报名费，并把他的决定告诉父亲。老人家听了很高兴，因为他理解经商的好处。毛泽东进了这所学校，可只待了一个月。因为他发现这所学校大多数课程都用英语讲授，他和其他学生一样，不懂英语，学校也没有专教英语的老师，这种情况使他感到讨厌，月底就退学了，继续留心报纸上的广告。下一个尝试上学的地方是湖南全县高等中学校（省立第一中学），他花了一元钱报了名，参加了入学考试，发榜时名列第一。入学后，他发现这个学校很大，有许多学生，这里有一个叫柳潜的国文教员对他帮助很大（因为毛泽东有文学爱好，很愿接近他）。柳潜借给他一部《御批通鉴辑览》（其中有乾隆皇帝的御批），毛泽东对北宋史学家司马光历时 19 年编撰的这部《资治通鉴》爱不释手，这部史书上至东周，下迄五代十国，叙时 1362 年，蕴含着 15 个朝代的兴衰过程及成败原因。

1912 年 6 月，在这所中学里，毛泽东写了《商鞅徙木立信论》的作文。

毛泽东写道：

吾读史至商鞅徙木立信一事，而叹吾国国民之愚也，而叹执政者之煞费苦心也，而叹数千年来民智之不开、国几蹈于沦亡之惨也。谓予不信，请罄其说。

法令者，代谋幸福之具也。法令而善，其幸福吾民也必多，吾民方恐其不布此法令，或布而恐其不生效力，必竭全力以保障之，维持之，务使达到完善之目的而止。政府国民互相倚系，安有不信之理？法令而不善，则不惟无幸福之可言，且有危害之足惧，吾民又必竭全力以阻止此法令。虽欲吾信，又安有信之之理？乃若商鞅之与秦民适成此比例之反对，抑又何哉？

商鞅之法，良法也。今试一披吾国四千余年之纪载，而求其利国福民伟大之政治家，商鞅不首屈一指乎？鞅当孝公之世，中原鼎沸，战事正殷，举国疲劳，不堪言状。于是而欲战胜诸国，统一中原，不綦难哉？于是而变法之令出，其法惩奸宄以保人民之权利，务耕织以增进国民之富力，尚军功以树国威，孥贫怠以绝消耗。此诚我国从来未有之大政策，民何惮而不信？乃必徙木以立信者，吾于是知执政者之具费苦心也，吾于是知吾国国民之愚也，吾于是知数千年来民智黑暗、国几蹈于沦亡之惨境有由来也。

虽然，非常之原，黎民惧焉。民是此民矣，法是彼法矣，吾又何怪焉？吾特恐此徙木立信一事，若令彼东西各文明国民闻之，当必捧腹而笑，嗷舌而讥矣。乌乎！吾欲无言。[1]

这篇文章得到国文教员的称赞，国文教员批道："实切社会立论，目光如炬，落墨大方，恰似报笔，而义法亦骎骎入古。精理名言，故未曾有。逆折而入，笔力挺拔。历观生作，练成一色文字，自是伟大之器，再加功候，吾不知其所至。力能扛鼎，积理宏富。有法律知识，具哲理思想，借题发挥，纯以唱叹之笔出之，是为压题法，至推论商

---

[1] 中共中央文献研究室、中共湖南省委《毛泽东早期文稿》编辑组编，《毛泽东早期文稿》（一九一二年六月——一九二〇年十一月），湖湘文库编辑出版委员会、湖南人民出版社，2008年11月第2版，第1—2页。

君之法为从来未有之大政策，言之凿凿，绝无浮烟涨墨绕其笔端，是有功于社会文字。"

后来，毛泽东还是不喜欢第一中学：课程有限，且校规也使人反感。自读了《御批通鉴辑览》以后，他得出结论，不如自学更好。

在校 6 个月，毛泽东就退学了。

1912 年秋，他制订了一个自学计划，每天到定王台湖南省立图书馆去读书。对自学计划，他非常认真地执行，持之以恒。他寄居在新安巷湘乡会馆，每天早晨图书馆一开门他就进去，中午饭只买两块米糕，天天等图书馆关门时才出来，在这里他度过了半年时间，他认为很有价值。他读了许多书：学习了世界地理和世界历史（他在那里第一次看到一幅世界地图，怀着很大的兴趣研究它）。

毛泽东在这里广泛涉猎 18、19 世纪欧洲资产阶级的社会科学和自然科学书籍。他读了亚当·斯密的《原富》（严复翻译）、孟德斯鸠的《法意》、卢梭的《民约论》、约翰·穆勒的一部关于伦理学的书《穆勒名学》、赫胥黎的《天演论》、斯宾塞的《逻辑》和达尔文的《物种起源》。

毛泽东在认真研读俄、美、英、法等国历史、地理书籍的同时，也阅读诗歌、小说和古希腊、古罗马的文艺作品。凡是从外文译成中文的名著，他几乎读遍了。

毛泽东后来回忆说："我学习生活中最有收获的时期是在湖南图书馆自学的半年，……找贪婪地读，拼命地读，正像牛闯进了人家的菜园，尝到了菜的味道，就拼命地吃个不停一样。"

他还说："每天到湖南省立图书馆去看书。我非常认真地执行，

持之以恒。我这样度过的半年时间，我认为对我极有价值。"

这段时间，毛泽东住在湘乡会馆里，许多士兵也住在那里，都是些"退伍"或被遣散的湘乡人。他们没有工作，也没有什么钱，住在会馆里的学生和士兵总是吵架。一天晚上，他们之间爆发武斗，士兵袭击了学生，要杀死他们。毛泽东躲到厕所里，直到殴斗结束后才出来。

毛泽东已没有了钱，家里也不肯供养他——除非他进学校读书才寄钱给他。同时，他在会馆里也住不下去了。他认真地考虑自己的"前途"，后得出结论：最适宜教书。他又开始留意广告了。湖南师范学校一则动听的广告引起了他的注意，他津津有味地读着它的优点：不收学费，膳宿费低廉，同时有两位朋友也鼓励他投考。毛泽东征得家里同意，并分别为自己和两位朋友写了3篇作文（当时他还不知道为朋友代笔是不道德的行为），结果3个人都被录取了。这样，毛泽东抵住了后来一切广告的引诱，在1913年3月，他以第一名的成绩成了湖南省立第四师范学校预科（在长沙城里水风井）的学生。

1913年10—12月，毛泽东听课时记了万余言的《讲堂录》，主要是国文课和修身课的笔记，内容涉及哲学、史地、古诗文、教理等，对古今名人治学、处世、治国和有关伦理道德的言行，记录较多。凡典故、词义、要旨和警句，都分条列出。有的条文突出思想情操，求实好学，不务虚名的内容。

在此期间，毛泽东还以工整的楷书全文抄录了屈原的《离骚》《九歌》。他并将《离骚》的内容，分段提要，写成眉批。

　　国文教员袁仲谦（袁吉六），湖南保靖县人，清末进士，学生送他绰号"袁大胡子"。袁仲谦写一手好字，做一手好古文。开始他嘲笑毛泽东的作文，说他是新闻记者的手笔，他看不起毛泽东视为楷模的梁启超，认为他半通不通。于是，毛泽东只得改变文风。他买了一部《昌黎先生文集》，钻研韩愈的文章，学会了古文文体。

二、湖南省立第一师范

1914年2月，湖南省立第四师范学校和湖南省立第一师范学校合并，毛泽东和300多名同学，还有杨昌济、黎锦熙（历史教员）、袁仲谦（国文教员）等几位先生，转到长沙南门外书院坪的湖南省立第一师范学校。

3月，毛泽东编入第一师范的预科第三班（毛泽东和他第四师范转来的同学一样，重读半年预科）。

1914年秋天，毛泽东被编入本科第8班（1年级有第6、7、8、9、10共5个班级）。当时的师范教育是5年制，但第四师范是春季始业，第一师范是秋季始业。

因此，毛泽东自1913年春天考进第四师范，到1918年暑假从第一师范毕业，一共读了5年半书。

湖南省立第一师范，原属城南书院（南宋张南轩讲学的地方）的旧址，是一所公费培养小学教师的著名学校。学校坐东朝西，前面是奔流的湘江，背后是树木葱郁的妙高峰，旁（左）边是沟通南北的粤汉铁路，对岸是巍峨雄伟的岳麓山（内有岳麓书院，南宋时朱熹曾在此讲学）。每逢集会，湖南第一师范的同学们高唱校歌："衡山西，岳麓东，城南讲学峙其中。人可铸，金可熔，丽泽绍高风。多材自昔夸熊封。男儿努力，蔚为万夫雄。"

湖南第一师范学校里有一位老师给他的印象最深，这就是杨昌济老师（杨老师只教高年级，毛泽东直到 1915 年才成为他的学生）。杨昌济，生于 1871 年 4 月 21 日，世居在长沙县清泰乡的板仓（由长沙市小吴门出城，过浏阳河，东行 120 里）。1898 年进入岳麓书院读书，积极参加谭嗣同等在湖南组织的维新改良活动。1903 年留学日本，先后入东京弘文学院、东京高等师范学校学习，1909 年进入苏格兰，主攻哲学、伦理学和心理学，获文学学士学位，随后又在德国考察了 9 个月。在国外花了 9 年时间，悉心研究教育和哲学，形成了一种进步的伦理思想和讲究实践的人生观，并有志将所学运用于中国的社会改造。武昌起义的枪声，使身居国外的杨先生深受鼓舞，十分怀念自己的祖国，遂改名为杨怀中。1912 年回国时，南京临时政府已让位于袁世凯控制的北京临时政府。杨先生面对疮痍满目的祖国，毅然决定回到故乡湖南。友人劝他，湖南已为立宪派头子谭延闿所控制，不如留在大城市工作好。杨先生坚定地回答："我不入地狱，谁入地狱？"到了长沙，已经登上都督宝座的谭延闿想罗致他当教育司长，被他严词拒绝。相反，他却接受了湖南省立第四师范学校的聘请，甘当一名教员，家居长沙落星田。一些贪图名利的人看不起他，甚至讽刺他。为了表达他的志向，回答社会上这些人的攻击，他写了一副对联自勉："强避桃源作太古，欲栽大木柱长天"，决心用毕生的精力培养一批改造社会的中坚。

杨昌济老师在一师讲修身课时，要求学生"高尚其理想（立一理想，此后一言一动皆期合此理想）"。鼓励他们要"奋斗""有朝气""有独立心"，能"立定脚跟"，而办事又要"精细""小不谨，大事败矣"。对学问，他认为要"贯通今古，融合中西"，而自己要有分析的批判的精神。他总是鼓励学生立志做有益于社会的正大光明的人。自接触始，杨昌济对毛泽东即有深刻印象。1915 年 4 月 5 日，他在《达化斋日记》中写道：

毛生泽东，言其所居之地，为湘潭与湘乡连界之地，仅隔一山，而两地之语言各异。其地在高山之中，聚族而居，人多务农，易于致富，富则往湘乡买田。风俗淳朴，烟赌甚稀。渠之父先亦务农，现业转贩，其弟亦务农，其外家，为湘乡人，亦农家也。而资质俊秀若此，殊为难得。余因以农家多出异材，引曾涤生、梁任公之例以勉之。毛生曾务农二年，民国反正时又曾当兵半年，亦有趣味之履历也。

经杨昌济介绍，毛泽东利用假期曾两次入岳麓书院寄读。明清之际的著名学者王夫之就是湖南衡阳人，早年就学于岳麓书院，晚年因隐居在石船山，世称船山先生。他著述宏富，在学术上能独树一帜，富于批判精神。他崇尚实学，主张"理依于气"，强调"行"在认识过程的作用，开一代风气之先。在这种风气熏陶下，湖南学人大多关心世事，热衷于投身政治活动，涌现了一大批有影响力的政治家、军事家、思想家和革命家。鸦片战争前后，湖南有贺长龄、陶澍、魏源一批人，在学术上和政治上都倡导变革。在维新运动中，出现了谭嗣同、唐才常、熊希龄等变法志士。辛亥革命时期，黄兴、蔡锷、陈天华、宋教仁、禹之谟等更走在前列。这一批又一批的人物，绝大多数曾就读于岳麓书院。以曾国藩为代表的清末"中兴将相"集团，包括胡林翼、左宗棠、罗泽南、曾国荃等，也都曾受教于岳麓或城南书院。

曾国藩镇压太平天国时打着"保卫名教"的旗号，同时又严格地整军治政，曾国藩还是早期洋务活动的代表人物，影响很大。1916年，在岳麓书院办学的一位校长，把出自班固的《汉书·河间王传》的"实事求是"4个字写成硕大的横匾挂在讲堂正门。这块匾额给毛泽东留下了很深的印象。

毛泽东还经常到杨昌济老师的好友刘人熙创办的船山学社听课。同时，毛泽东还细读了《曾文正公家书》《曾文正公日记》。《讲堂录》里抄写了好些曾国藩的话，如："涤生日记，言士要转移世风，当重两义：曰厚曰实。厚者勿忌人；实则不说大话，不好虚名，不行架空之事，不谈过高之理。"

1916年暑假，毛泽东步行到长沙县东乡板仓杨昌济家访问。同杨昌济讨论学术问题和社会问题，浏览杨昌济的藏书，特别是新书和报刊。

杨先生虽然是一个唯心主义者，但却是一个道德高尚的人，他对自己教授的伦理学有着强烈的信仰，鼓励学生立志做有益于社会的正大光明的人。1917年秋开学后，杨昌济讲授修身课，教材为德国新康德主义哲学家费里德里奇·泡尔生（保尔森）的《伦理学原理》（蔡元培翻译），课程到第二年第　学期。毛泽东精心研读这部书。在这部10万字的书上，写了12100字的批注，对书中一些伦理学和哲学观点提出自己的见解。毛泽东强调，"道德哲学在开放之时代尤要"；

毛泽东说：自己在伦理学上有两个主张，一为个人主义，一切生活动作，一切道德，都是为了成全个人，一为现实主义，"吾只对吾主观客观之现实负责"；毛泽东说：个人有无上之价值，个人的价值大于宇宙之价值，"故凡有压抑个人，违背个性者，罪莫大焉。故吾国之三纲在所必去，而教会、资本家、君主、国家四者，同为天下之恶魔也。……吾从前固主无我论，以为只有宇宙而无我。知其不然。盖我即宇宙也。各除去我，即无宇宙。各我集合，即成宇宙，而各我又以我而存，苟无我何有各我哉。是故，宇宙间可尊者惟我也，可畏者惟我也，可服从者惟我也。……人类之目的，在实现自我而已"；成人之美、舍身拯人、为他人谋幸福等，都是为了实现自我，满足个人精神的需要，达到自利之目的，即所谓"精神之个人主义"；毛泽东写道："河处潼关，因有太华抵抗，而水力益增其奔猛。风回三峡，因有巫山为隔，而风力益增其怒号，……吾人恒厌乱而望治，殊不知乱亦历史生活之一过程，自亦有实际生活之价值。吾人览史时，恒赞叹战国之时，刘项相争之时，汉武与匈奴竞争之时，三国竞争之时，事态百变，人才辈出，令人喜读"；毛泽东写道："吾知一入大同之境，亦必生出许多竞争抵抗之波澜来，而不能安处于大同之境矣，……吾尝梦想人智平等，人类皆为圣人，则一切法治均可弃去，今亦知其决无此境矣。"

读了《伦理学原理》，毛泽东写了一篇题为《心之力》的文章。

毛泽东自称是一位唯心主义者，杨昌济亦以他唯心主义观点，高度评价了他这篇文章，给了毛泽东 100 分。

毛泽东从与杨昌济的谈话中得知，离板仓 40 多里的高桥塘，有一位留学日本的体育运动的爱好者和倡导者柳午亭（柳直荀的父亲）。

毛泽东便专程前去访问。毛泽东称赞柳午亭在体育研究和实践上有较高的造诣，许多地方值得效法。

徐特立教授教育学、各科教授法和修身等课程，治学严谨，对学生影响很大。教员袁仲谦、黎锦熙、王季范、方维夏等，对毛泽东的学业和思想有很大的影响和帮助。

毛泽东很推崇徐特立老师"不动笔墨不读书"的学习方法。所谓"动笔墨"，就是不只是读前人的书，而且要经过认真思考和消化，把自己的心得和看法写下来，其中包括对书中内容同意或不同意的地方。他当时有许多种笔记本，包括听课的、自学的、摘抄的、随感的和日记等。

毛泽东与黎锦熙建立了深厚的师生关系。

1915 年 4 月，听黎锦熙讲述"在校研究科学之术"。5 月，同黎锦熙等谈论如何做学问，谈读书问题。7 月 11 日至 21 日，毛泽东同陈昌多次聆听黎锦熙讲读史、研究、读书自习方法。毛泽东并向黎锦熙请教文字学问题。黎锦熙介绍读段玉裁《说文解字注》和《群学肆言》的"缮性篇"。31 日，黎锦熙看了毛泽东的日记，认为"甚切实，文理优于章甫，笃行两人略同，皆大可造"。

9 月 6 日，毛泽东写信给萧子升，介绍近期同黎锦熙交谈治学情况及自己的学习方法：即读一篇而及于全书，并加以详细研究，使国学常识罗于胸中；信中并推崇曾国藩的读书方法：演绎法，察其曲以知其全，执其微以会其通；中心统辖法，守其中而得大，施于内而遍

于外。

1915 年 9 月，黎锦熙应聘到北京教育部的教科书编纂处任特约编纂员。11 月 9 日，毛泽东致信黎锦熙，劝他不要在袁世凯政府里做官，切望黎锦熙"急归无恋"。信中还说自己："性不好束缚。终见此非读书之地，意志不自由，程度太低，俦侣太恶，有用之身，宝贵之时日，逐渐催落，以衰以逝，心中实大悲伤"，很想离去，"就良图，立远志"。

1916 年 12 月 9 日，毛泽东致信黎锦熙，说去年 11 月 9 日信中劝黎锦熙不要在袁世凯政府做官的意见不当，黎的任职不过是编书，仍是书生事业，并不是做官。信中强调体育的重要性。说古称智、仁、勇为三达德，现今的教育学者进而提出德、智、体三言。认识到"心身可以并完"。毛泽东说自己的身体不强，近因运动之故，受益颇多，"至弱之人可以进于至强"。

1917 年 8 月 23 日，毛泽东致黎锦熙长信，探讨救国救民的"大本大源"，毛泽东在信中说：天下纷纷，时人虽有一些变革主张，但对救国之道，未找到一根本解决办法；即说维新派康有为也是"徒为华言炫听，并无一干树立、枝叶扶疏之妙。……今日变法，俱从枝节入手，如议会、宪法、总统、内阁、军事、实业、教育，一切皆枝节也"；而所谓本源，就是"宇宙之真理，……天下之生民，各为宇宙之一体，即宇宙之真理，各具于人人之心中"；信中强调，"以大本大源为号召"，通过改造和普及哲学、伦理学来变换全国的思想，这就是救国救民的根本道路，"今吾以大本大源为号召，天下之心其有不动者乎？天下之心皆动，天下之事有不能为者乎？天下之事可为，国家有不富强幸福者乎？……当今之世，宜有大气量人，从哲学、伦理学入手，改造哲学，改造伦理学，根本上变换全国之思想；此如大纛一张，万夫走集，雷电一震，阴曀皆开，则沛乎不可御矣！……彼时天下皆为圣贤，而无凡愚，可尽毁一切世法，呼太和之气而吸清海之波"，这样，就达到"太平世"的大同境界；信中主张"思想道德必真必实"，东方思想虽然有许多不切于实际生活，但西方思想亦未必尽是，几多之部分，亦应与东方思想同时改造；毛泽东在信中还说，"毕业之后，自思读书为上，教书、办事为下"，很久以来就想办私塾，取古代讲学与现今学校二者的长处，"暂只以 3 年为期，课程则以略通国学大要为准，过此即须出洋求学，乃求西学大要，归仍返于私塾生活"，继续深造。

湖南第一师范学校有很多校规，毛泽东赞成的极少。例如，他反对把自然科学列为必修课，因为他想专修社会科学。他的自然科学的分数很差，尤其是讨厌一门静物写生课，有一次上图画课，他画了一条直线，上面加了一个半圆，题名曰："半壁见海日。"（李白诗）又一次，图画课考试，他画了一个椭圆形就算了事，说这是个蛋，结果只得了 40 分。幸亏他的社会科学各科得到的分数都很高，才扯平了其他课程的低分数。

在学校的课程中，毛泽东把重点放在修身、哲学、国文、历史和地理等几门上。在这所学校里，毛泽东刻苦读书，认真思索，他曾在《讲堂录》中写道："闭门求学，其学无用。欲从天下国家万事万物而学之，则汗漫九垓，遍游四宇尚已。"

1915 年 6 月 25 日，毛泽东致信湘生："从前拿错主意，为学无头绪，而于学堂科学，尤厌其繁碎。今闻于师友，且齿已长，而识稍进。于是决定为学之道，先博而后约，先中而后西，先普通而后专门"；康有为"四十岁以前，学遍中国学问；四十年以后，又吸收西国学问之精华"；梁启超"先业词章，后治各科"；"盖文学为百学之原，吾前言诗赋无用，实失言也。……来日之中国，艰难百倍于昔，非有奇杰不足言救济，……屠沽贾炫之中，必有非常之人，……人非圣贤，不能孑然有所成就，亲师而外，取友为急"。

1915 年 8 月，毛泽东致信萧瑜①，信中抄录了自己近来写的一篇日记，题为《自讼》：有的人像牡丹"一枝粗伸，即欲献于人也；一善未达，即欲号于众也，招朋引类，耸袂轩眉，无静澹之容，有浮嚣之气，姝姝自悦，曾不知耻，虽强其外，实干于中，名利不毁，耆欲日深，道听途说，搅神丧日，而自以为欣。日学牡丹之所为，将无实之可望。……牡丹先盛而后衰，匏瓜先衰而后盛，一者无终，一者有卒，有卒是取，其匏瓜乎？"。

毛泽东每天总是在天色微明时就起身，晚上熄灯后还借外面一点微弱的灯光苦读，从不肯浪费半点时间，而且持之以恒。从先秦诸子到明清时代思想家的著作，从二十四史到司马光的《资治通鉴》，从《昭明文选》到《韩昌黎全集》，从顾祖禹的《读史方舆纪要》到本省的县志，他都认真地研读。他在给好友萧瑜的信中开列了七十七种古代经、史、子、集的著作，说"苟有志于学问，此实为必读而不可

① 萧瑜，又名萧二、萧子升、萧旭东。1894 年 8 月出生于湖南省湘乡县，是毛泽东在第一师范的同校同学(年级比毛泽东高)。毕业后，先后在修业学校和楚怡中学任教。曾任"新民学会"第一任总干事。1918 年与毛泽东同赴北京，次年赴法国，1921 年回国，1924 年接受北洋军阀政府的聘任，出任教育部第一秘书，后又出任蒋介石政府的农矿部政务次长，后又任国立自然历史博物馆馆长。1933 年前往法国，1953 年 6 月到达蒙得维的亚，1976 年在乌拉圭去世。

缺"（1916 年 2 月 29 日致萧子升信）。中国传统文化中的优秀部分，
包括人格修养和智慧，对青年毛泽东都留下深刻的影响。

毛泽东生活简朴在全校是出了名的，他的衣服穿得褪了色，破了
洞，也舍不得扔掉，经过缝缝补补还继续穿。他盖的土布套被，棉絮
又旧又硬。"身无半文，心忧天下"，这是第一师范同学对毛泽东的
赞誉。毛泽东 5 年多中，总共只用了 160 元钱，这笔钱中大约有三分
之一用在订报纸上，并常常用来在报摊买书、买杂志。第一师范订了
上海和长沙的两份报纸，人数多，报纸少，毛泽东就自己订了一份。
当时正值国内连年军阀混战，日本帝国主义对中国的侵略一天天加紧，
国际上正是第一次帝国主义世界大战打得很激烈的年代。毛泽东认真
地读报纸后，就给同学们讲解这些时事：奥国的太子怎样在塞尔维亚
被杀死，德国威廉第二怎样出兵，德俄、德法、德英如何宣战，凡尔
登如何难攻，英法如何联盟，美国如何参战发财，日本如何趁火打劫
等等。读完报后，他把从报上所见到的地理名称用英文一个个都写到
白纸条上，然后对着地图看。他这样，一则学了英文，再则能把世界
各国所有的城市、港口、海洋、江河、山岳的名称都记熟。他说，报
纸是活的历史，读它可以增长许多知识。

这时陈独秀主编的《新青年》给毛泽东以很大影响。

1915 年 9 月陈独秀在上海创办《青年杂志》（月刊，共出 6
号），从第 2 卷改为《新青年》，1917 年初迁到北京，陈独秀任主
编。俄国十月革命后，开始宣传马克思主义。1920 年初又迁回上海，
1920 年 9 月成为中国上海共产党早期组织的机关刊物（陈望道负责编
辑部工作）。1922 年 7 月休刊。1923 年 6 月改为季刊，瞿秋白任主

编，成为中共中央理论刊物，在广州出版 4 期后又休刊。1925 年 4 月出不定期刊，1926 年 7 月停刊。

毛泽东非常钦佩胡适及陈独秀的文章，他已经把梁启超和康有为丢掉了。后来他回忆说，这个时期他是自由主义、民主改良主义、空想社会主义思想的大杂烩，但是反对军阀和帝国主义是明确无疑的。通过这个杂志，毛泽东很快接触到知识界的主流。

1915 年，湖南省议会颁布了一项新规定：从下学期始，学生每人须缴 10 元钱的学杂费。这是根据第一师范学校校长张干为讨好当局提出的建议而施行的。张干原是数学教师，为人精明能干，言辞练达，很有社会活动能力，且善于与上司结交，不到 30 岁就当上了校长。规定一出，首先遭到那些家境贫寒的大多数学生的反对，于是，同学们纷纷罢课，掀起"驱张运动"。他们首先在校园内大量散发传单，无情揭发校长张干的"劣绩"，诸如"不忠、不孝、不仁、不悌"等，企图通过舆论把张干搞垮。毛泽东认为这样并没有打中要害，认为讲张干私德如何不好不切要旨，要赶走他，就要批评他办学校如何不好。毛泽东起草了一份新的《驱张宣言》，尖锐地抨击了张干对上逢迎、对下专横、办学无方、贻误青年的弊政，组织同学连夜赶印上千份，清晨广为散发，还贴到学校最显眼的地方，轰动了全校。有一位学监向校长告密说这份传单是 2 年级 8 班学生毛泽东写的，张干决定，要挂牌开除毛泽东在内的 17 名带头"闹事"的学生。消息传出后，杨昌济、王季范等教员愤愤不平，先后联络了徐特立、方维夏、袁吉六、符定一等先生，仗义执言，据理力争，向校长施加压力，迫使张干收回成命。可是，学生们并不罢休，他们继续罢课，在强大的压力下，张干被迫离开学校。

1914年7月，爆发了第一次世界大战，欧洲成了炮火纷飞的战场。帝国主义列强分成了两大阵营——以德奥为首的同盟国集团和以英法俄等国为首的协约国集团互相厮杀，暂时无暇东顾。日本帝国主义认为这是推行其"大陆政策"的绝好时期，遂宣布加入协约国集团，以对德、奥宣战为借口，突然出兵攻占中国青岛及胶济铁路沿线一带城市，攫取了德国在山东所侵占的全部权益。1915年1月18日，日本首相大隈得寸进尺，由驻华公使日置益向中国袁世凯政府提出二十一条要求。这二十一条分成5号，前4号包括：把德国在我国山东掠夺的权利全部转让给日本，还要增加新的权利；日本要求在中国东北的南部、内蒙古东部拥有土地租借权、所有权、工商业经营权、建筑铁路和开采矿山的独占权；汉冶萍公司改为中日合办；中国沿海港湾和岛屿概不让予第三国等。第5号要求聘请日本人为中国政府各方面的顾问，攫取统治中国的政治、财政、警察、军事的大权，并夺取湖北、江西和广东之间的铁路建筑权等。5月7日，又向中国提出最后通牒，限48小时答复。袁世凯要做皇帝，想取得日本的支持，5月9日，除对第5号"容日后协商"外，对于前4号竟全部承认了。

消息在报纸上披露以后，全国人民无比愤怒，各大中城市纷纷举行抗议，湖南第一师范的师生，将国内外知名人士反对卖国条约的言论，编成一本小册子，取名为《明耻篇》，由石润山先生编著，并为之作序，自己凑钱印了出来。毛泽东读了以后，在封面上写下了："五月七日，民国奇耻。何以报仇，在我学子。"

1915年3月，与毛泽东过从甚密的易咏畦同学不幸逝世。易咏畦，又名易昌陶，湖南衡阳人，与毛泽东同属第8班，品学兼优，是

毛泽东的挚友，病逝于家中。学友会为易君举行了追悼会。

毛泽东为之写了挽联和挽诗，挽联是：

胡虏多反复，千里度龙山，腥秽待湔，独令我来何济世；
生死安足论，百年会有役，奇花初苗，特因君去尚非时！

挽诗全文是：

去去思君深，思君君不来。愁杀芳年友，悲叹有余哀。
衡阳雁声彻，湘滨春溜回。感物念所欢，踯躅南城隈。
城隈草萋萋，涔泪侵双腮。采采余孤景，日落衡云西。
方期沆瀁游，零落匪所思。永诀从今始，午夜惊鸣鸡。
鸣鸡一声唱，汗漫东皋上。冉冉望君来，握手珠眶涨。
关山蹇骥足，飞飙拂灵帐。我怀郁如焚，放歌倚列嶂。
列嶂青且茜，愿言试长剑。东海有岛夷，北山尽仇怨。
涤荡谁氏子？安得辞浮贱！子期竟早亡，牙琴从此绝。
琴绝最伤情，朱华春不荣。后来有千日，谁与共平生？
望灵荐杯酒，惨淡看铭旌。恫怅中何寄，江天水一泓。

易咏畦病逝后，由校长张干、学监王季范、教员杨昌济发起，于1915 年 5 月 23 日召开全校追悼会。随后将师生致送的挽诗、挽联 256副编印成册，题名《易君咏畦追悼录》，其中收录了毛泽东这副挽联和这首挽诗。1915 年 6 月 25 日，毛泽东将此首挽诗抄录在致湘生的信中（其中有 4 个字与原诗不同）。1990 年 7 月，这首挽诗随信发表于湖南出版社的《毛泽东早期文稿》。

这首五言长诗，通过对挚友早凋的悲悼，联想到国家民族的深重灾难：隔海相望的日本帝国主义妄图独吞中国，北山塞外的沙皇俄国也对我虎视眈眈，他们是我们最危险的敌人。当此强邻环伺，黑云翻滚之时，谁来降伏这些虎狼之国，扫清漫天的妖氛呢？大漠以北的外蒙古地区，历史上本属我国疆土。1911 年，辛亥革命爆发时，外蒙古的少数封建王公与活佛，在沙皇俄国的策动下趁机叛离，宣布"独立"。1913 年袁世凯掌握中央政权以后，承认了沙俄与外蒙古傀儡集团所签订的《俄蒙协约》，1915 年又在恰克图与沙俄签订了《中俄蒙协定》，使外蒙古完全落入沙俄怀抱。在侵略外蒙古的同时，沙俄还出兵我国西北边疆，霸占了唐努乌梁海地区达 17 万平方公里的土地，同时又把侵略魔爪伸向我国黑龙江省呼伦贝尔地区和新疆的阿尔泰地区。1916 年，由于袁世凯急于称帝，对沙俄的强盗行径听之任之。日本帝国主义更与沙俄狼狈为奸，协同瓜分满蒙。同年 7 月 25 日，毛泽东在给友人萧子升的信中对此进行了猛烈的抨击。他指出："此约业已成立。两国各尊重在满蒙之权利外，俄让长春滨江间铁路及松花江航权，而且助俄以枪械弹药战争之物。今所明布者犹轻，其重且要者，密之不令见人也。"与此同时，报端又披露了日本内阁行将改组的消息，大隈重信为炮制二十一条的罪魁，国人或冀其下野以后，日本对华政策可望转趋缓和。毛泽东不以为然，他给萧子升的信中写道："大隈阁有动摇之说，然无论何人执政，其对我政策不易。思之思之，日人诚我国劲敌！感以纵横万里而屈于三岛，民数号四万万，而对此三千万者为之奴，满蒙去而北边动，胡马骎骎入中原。况山东已失，开济之路已为攫去，则入河南矣。二十年内，无一战不足以图存，而

国人犹沉酣未觉，注意东事少。愚意吾侪无他事可做，欲完自身以保子孙，只有磨砺以待日本。"

　　毛泽东在校学习期间，非常热心于体育锻炼，他和一些志同道合的同学提出"文明其精神，野蛮其体魄"的口号。春风吹来时，就高声叫嚷，叫作"风浴"；遇见下雨，就脱掉衬衣让雨淋，称之为"雨浴"；烈日当空，脱掉衬衣，谓之为"日光浴"；在已经下霜的日子，还露天睡觉；甚至到了11月份，还去寒冷的江水里游泳；寒假中，他们徒步穿野越林，爬山绕城，渡江过河。

　　毛泽东在日记中写道："与天奋斗，其乐无穷！与地奋斗，其乐无穷！与人奋斗，其乐无穷！"

　　1917年4月1日，毛泽东写的一篇《体育之研究》一文，经杨昌济老师支持和推荐，刊登在《新青年》第3卷第2号（署名"二十八画生"）。

　　毛泽东写道：

　　国力恭〈苶〉弱，武风不振，民族之体质日趋轻细，此甚可忧之现象也。提倡之者不得其本，久而无效，长是不改，弱且加甚。夫命中致远，外部之事，结果之事也；体力充实，内部之事，原因之事也。体不坚实，则见兵而畏之，何有于命中，何有于致远？坚实在于锻炼，锻炼在于自觉。今之提倡者非不设种种之方法，然而无效者，外力不足以动其心，不知何为体育之真义。体育果有如何之价值，效果云何，著手何处，皆茫乎如在雾中，其无效亦宜。欲图体育之效，非动其主观，促其对于体育之自觉不可。苟自觉矣，则体育之条目可不言而自知，命中政〈致〉远之效亦当不求而自至矣。不佞深感体育之要，伤提倡者之不得其当，知海内同志同此病而相怜者必多，不自惭赧，贡其愚见，以资商榷。所言并非皆已实行，尚多空言理想之处，不敢为欺。倘辱不遗，赐之教诲，所虚心百拜者也。

第一　释体育

自有生民以来，智识有愚暗，无不知自卫其生者。是故西山之薇，饥极必食，井上之李，不容不咽。巢木以为居，皮兽以为衣，盖发乎天能，不知所以然也，然而未精也。有圣人者出，于是乎有礼，饮食起居皆有节度。故"子之燕居，申申如也，夭夭如也"；"食饐而餲，鱼馁而肉败，不食"；"射于矍相之圃，盖观者如墙堵焉"。人体之组成与群动无不同，而群动不能及人之寿，所以制其生者无节度也。人则以节度制其生，愈降于后而愈明，于是乎有体育。体育者，养生之道也。东西之所明者不一：庄子效法于庖丁，仲尼取资于射御；现今文明诸国，德为最盛，其斗剑之风播于全国；日本则有武士道，近且因吾国之绪余，造成柔术，觥觥乎可观已。而考其内容，皆先精究生理，详于官体之构造，脉络之运行，何方发达为早，何部较有偏缺，其体育即准此为程序，抑其过而救其所不及。故其结论，在使身体平均发达。由此言之，体育者，人类自养其生之道，使身体平均发达，而有规则次序之可言者也。

第二　体育在吾人之位置

体育一道，配德育与智育，而德智皆寄于体，无体是无德智也。

顾知之者或寡矣，或以为重在智识，或曰道德也。夫知识则诚可贵矣，人之所以异于动物者此耳。顾徒知识之何载乎？道德亦诚可贵矣，所以立群道平人己者此耳。顾徒道德之何寓乎？体者，为知识之载而为道德之寓者也，其载知识也如车，其寓道德也如舍。体者，载知识之车而寓道德之舍也。儿童及年入小学，小学之时，宜专注重于身体之发育，而知识之增进、道德之养成次之；宜以养护为主，而以教授训练为辅。今盖多不知之，故儿童缘读书而得疾病或至夭殇者有之矣。中学及中学以上宜三育并重，今人则多偏于智。中学之年，身体之发育尚未完成，乃今培之者少而倾之者多，发育不将有中止之势乎？吾国学制，课程密如牛毛，虽成年之人，顽强之身，犹莫能举，况未成年者乎？况弱者乎？观其意，教者若特设此繁重之课以困学生，蹂躏其身而残贼其生，有不受者则罚之，智力过人者，则令加读某种某种之书，甘言以饴之，厚赏以诱之。嗟乎，此所谓贼夫人之子欤！学者亦若恶此生之永年，必欲摧折之，以身为殉而不悔。何其梦梦如是也！人独患无身耳，他复何患？求所以善其身者，他事亦随之矣。善其身无过于体育。体育于吾人实占第一之位置。体强壮而后学问道德之进修勇而收效远。于吾人研究之中，宜视为重要之部。"学有本末，事有终始，知所先后，则近道矣。"此之谓也。

第三　前此体育之弊及吾人自处之道

三育并重，然昔之为学者详德智而略于体。及其弊也，偻身俯首，纤纤素手，登山则气迫，步〈涉〉水则足痉。故有颜子而短命，有贾生而早夭，王勃、卢照邻，或幼伤，或坐废。此皆有甚高之德与智也，一旦身不存，德智则从之而隳矣。惟北方之强，任金革死而不厌；燕赵多悲歌慷慨之士；烈士武臣，多出凉州。清之初世，颜习斋、李刚主文而兼武。习斋远跋千里之外，学击剑之术于塞北，与勇士角而胜焉。故其言曰："文武缺一岂道乎？"顾炎武南人也，好居于北，不喜乘船而喜乘马。此数古人者，皆可师者也。

学校既起，采各国之成法，风习稍稍改矣。然办学之人犹未脱陈旧一流，囿于所习，不能骤变，或少注意及之，亦惟是外面铺张，不揣其本而齐其末。故愚观现今之体育，率多有形式而无实质。非不有体操课程也，非不有体操教员也，然而受体操之益者少，非徒无益，又有害焉。教者发令，学者强应，身顺而心违，精神受无量之痛苦，精神苦而身亦苦矣，盖一体操之终，未有不貌瘁神伤者也。饮食不求洁，无机之物、微生之菌入于体中，化为疾病；室内光线不足，则目力受害不小；桌椅长短不合，削趾适屦，则躯干受亏；其余类此者尚多，不能尽也。

然则为吾侪学者之计如之何？学校之设备，教师之教训，乃外的客观的也，吾人盖尚有内的主观的。夫内断于心，百体从令，祸福无不自己求之者，我欲仁斯仁至，况于体育乎。苟自之不振，虽使外的客观的尽善尽美，亦犹之乎不能受益也。故讲体育必自自动始。

第四　体育之效

人者，动物也，则动尚矣。人者，有理性的动物也，则动必有道。然何贵乎此动邪？何贵乎此有道之动邪？动以营生也，此浅言之也；动以卫国也，此大言之也，皆非本义。动也者，盖养乎吾生，乐乎吾心而已。朱子主敬，陆子主静。静，静也；敬，非动也，亦静而已。老子曰"无动为大"，释氏务求寂静。静坐之法，为朱陆之徒者咸尊之。近有因是子者，言静坐法，自诩其法之神，而鄙运动者之自损其体。是或一道，然予未敢效之也。愚拙之见，天地盖惟有动而已。

动之属于人类而有规则之可言者，曰体育。前既言之，体育之效则强筋骨也。愚昔尝闻，人之官骸肌络及时而定，不复再可改易，大抵二十五岁以后即一成无变，今乃知其不然。人之身盖日日变易者：新陈代谢之作用不绝行于各部组织之间，目不明可以明，耳不聪可以聪，虽六七十之人犹有改易官骸之效，事盖有必至者。又闻弱者难以转而为强，今亦知其非是。盖生而强者滥用其强，不戒于种种嗜欲，以渐戕〈戕〉贼其身，自谓天生好身手，得此已足，尚待锻炼？故至强者或终转为至弱。至于弱者，则恒自闵其身之不全，而惧其生之不永，就业自持：于消极方面则深戒嗜欲，不敢使有损失；于积极方面则勤自锻炼，增益其所不能。久之遂变而为强矣。故生而强者不必自喜也，生而弱者不必自悲也。吾生而弱乎，或者天之诱我以至于强，未可知也。东西著称之体育家，若美之罗斯福，德之孙棠，日本之嘉纳，皆以至弱之身，而得至强之效。又尝闻之：精神身体不能并完，用思想之人每歉于体，而体魄蛮健者多缺于思。其说亦谬。此盖指薄志弱行之人，非所以概乎君子也。孔子七十二而死，未闻其身体不健；释迦往来传道，死年亦高；邪苏不幸以冤死；至于摩诃末，左持经典，右执利剑，征压一世，此皆古之所谓圣人，而最大之思想家也。今之伍秩庸先生七十有余岁矣，自谓可至百余岁，彼亦用思想之人也；王湘绮死年七十余，而康健镠〈矍〉铄。为是说者其何以解邪？总之，勤体育则强筋骨，强筋骨则体质可变，弱可转强，身心可以并完。此盖非天命而全乎人力也。

非第强筋骨也，又足以增知识。近人有言曰：文明其精神，野蛮其体魄。此言是也。欲文明其精神，先自野蛮其体魄；苟野蛮其体魄矣，则文明之精神随之。夫知识之事，认识世间之事物而判断其理也，于此有须于体者焉。直观则赖乎耳目，思索则赖乎脑筋，耳目脑筋之谓体，体全而知识之事以全，故可谓间接从体育以得知识。今世百科之学，无论学校独修，总须力能胜任。力能胜任者，体之强者也；不能胜任者，其弱者也。强弱分，而所任之区域以殊矣。

非第增知识也，又足以调感情。感情之于人，其力极大。古人以理性制之，故曰“主人翁常惺惺否”，又曰“以理制心”。然理性出于心，心存乎体。常观罢弱之人往往为感情所役，而无力以自拔；五官不全及肢体有缺者多困于一偏之情，而理性不足以救之。故身体健全，感情斯正，可谓不易之理。以例言之：吾人遇某种不快之事，受其刺〈刺〉激，心神震荡，难于制止，苟加以严急之运动，立可汰去陈旧之观念，而复使脑筋清明，效盖可立而待也。

非第调感情也，又足以强意志。体育之大效盖尤在此矣。夫体育之主旨，武勇也。武勇之目，若猛烈，若不畏，若敢为，若耐久，皆意志之事。取例明之，如冷水浴足以练习猛烈与不畏，又足以练习敢为。凡各种之运动持续不改，皆有练习耐久之益，若长讵〈距〉离之赛跑，于耐久之练习尤著。夫力拔山气盖世，猛烈而已；不斩楼兰誓不还，不畏而已；化家为国，敢为而已；八年于外，三过其门而不入，耐久而已。要皆可于日常体育之小基之。意志也者，固人生事业之先驱也。

肢体纤小者举止轻浮，肤理缓弛者心意柔钝，身体之影响于心理也如是。体育之效，至于强筋骨，因而增知识，因而调感情，因而强意志。筋骨者，吾人之身；知识、感情、意志者，吾人之心。身心皆

适，是谓俱泰。故夫体育非他，养乎吾生、乐乎吾心而已。[①]

第五　不好运动之原因（略）

第六　运动之方法贵少（略）

第七　运动应注意之项（略）

第八　运动一得之商榷（略）

　　第一师范曾经有过"技能会""自进会"等组织，1915年改为"学友会"，宗旨是：砥砺道德，增进学识，养成职业，锻炼身体，联络感情。学校开行政或教育会议时，必定有学友会的代表参加。学校行政管理机关的一切措施、决定，都要得到学友会的同意。学生群众有要求时，通过学友会向校方提出。从1915年起毛泽东被推选为在学友会内做文牍工作，负责起草报告，造具表册和会议速记。自1915年11月开始，至1917年10月，毛泽东连任4届。1917年下学期到1918年上学期毛泽东在学友会中做总务（总干事）兼教育研究部部长（共15个部）。他在同学们中提倡学术研究和体格锻炼。他们举办成绩展览会、自由演讲辩论会、各种专门问题学术研究以及聘请名人讲演，还购置、分发各种进步杂志，举办全校运动会，组织游泳活动，还组织学生常备队，夜晚巡逻学校等。仅1917年10月15日至11月

---

　　① 中共中央文献研究室、中共湖南省委《毛泽东早期文稿》编辑组编，《毛泽东早期文稿》（一九一二年六月——一九二〇年十一月），湖湘文库编辑出版委员会、湖南人民出版社，2008年11月第2版，第56—64页。

26 日，学友会各部活动达 64 次之多。

日本人宫崎寅藏，又名白浪滔天，曾经帮助和支持过中国的辛亥革命。黄兴病逝后，白浪滔天前来长沙参加黄兴的葬礼。1917 年 3 月，毛泽东同萧三联名给他写信："先生之于黄公，生以精神助之，死以涕泪吊之，今将葬矣，波涛万里，又复临穴送棺。高谊贯于日月，精诚动乎鬼神，……植蕃、泽东，湘之学生，尝读诗书，颇立志气。今者愿一望见丰采，聆取宏教。"①

有一天，毛泽东从报纸上读到两个中学生旅行全国的故事。这件事给毛泽东以很大的鼓舞，他想效法他们，可没有钱，于是他想先在湖南试一试。1917 年暑假（7 月中旬—8 月 16 日），毛泽东邀同伴萧瑜从长沙动身，身上不带一个钱，采取送对联、"打秋风"的谋生方法，解决食宿。他们徒步游历了长沙县、宁乡县、安化县、益阳县、沅江县的不少乡镇，行程 900 余里。毛泽东两人所到之处，受到友善的欢迎和款待，结交了农民、船工、财主、县长、老翰林、劝学所所长、寺庙方丈各色人等，写了许多笔记。了解了一些风土人情，获得许多新鲜知识。

1917 年夏天，毛泽东为萧瑜的读书札记《一切入一》作序。毛泽东在序言中说：治学要打好基础，日积月累，"今日记一事，明日悟一理，积久而成学"。做学问如筑台，"庀千山之材而为一台，汇百家之说而成一学，……台积而高，学积而博"。但是，学问不但要博，

---

① 中共中央文献研究室编，《毛泽东年谱》（1893—1949）修订本上卷，中央文献出版社，2013 年 12 月第 11 版，第 25 页。

尤其要精，在博的基础上进行分析，加以条理，"有台而不坚，有学而不精，无异于乎无台与学也"。序言批评中国旧学的弊病"在于混杂而无章，分类则以经、史、子、集，政教合一，玄著不分，此所以累数千年而无进也"。序言认为萧瑜的札记积累很多材料，"则有以条理之，挈其瑰宝，而绝其淄磷焉。又持之以久远，不中途而辍，诚若是，则固百丈之台之基矣"。

1915 年 9 月 27 日，毛泽东致信萧子升："近以友不博则见不广，少年学问寡成，壮岁事功难立，乃发内宣，所以效嘤鸣而求友声，至今数日，应者尚寡。兹附上一纸，贵校有贤者，可为介绍。"

毛泽东想结交一些亲密的同伴，他以"二十八画生"的化名（繁体字"毛泽东"是 28 画）在长沙一家报纸上登了一个《征友启事》。从这则广告中得到回答的一共有三个半人：其中一个叫罗章龙（又名罗璈阶，化名纵宇一郎，湖南浏阳人，1896 年生，当时在长沙长郡中学读书），毛泽东的广告登出后，罗章龙回信响应，两人约定了见面的时间和地点。见面后"二十八画生"与"纵宇一郎"方知对方的真实姓名，他们俩从国内说到国外，从政治说到经济，从史学说到曲韵，从宇宙谈到人生，相见恨晚。第二天罗章龙向一名来访的同学彭道良打听毛泽东的为人，彭道良说，二十八画生品学兼优，性格独特，毛泽东常说，大丈夫要为天下奇：读奇书，交奇友，著奇文，创奇迹，做个奇男子；毛泽东曾说：夫力拔山兮气盖世，猛烈而已！不斩楼兰誓不还，不畏而已！化家为国，敢为而已！八年于外，三过其门而不入，耐久而已！出语惊人，非同一般。每至周末罗章龙便与毛泽东相约，无话不谈，友情日深。

半个是李立三（原名李隆郅，湖南醴陵人，1899 年生。当时是长沙市长郡中学的学生。毛泽东说，和他谈了半天，李立三点点头就走了，没有再来往）。

经过长期访求和多方通信联系，以第一师范学校进步学生为基础，他逐渐团结了一批同学在他的周围。这是一批态度严肃的人，他们不屑于身边的琐事。他们没有时间谈情说爱，因为他们认为时局危急，求知的需要迫切，不允许他们去谈论女人和私人问题。有一次，毛泽东在一个青年家里，见到那人同用人谈买肉的事，于是，毛泽东再也不同那人来往了。他和他的同学只谈大事——人的天性、人类社会、中国、世界、宇宙。

1917 年 9 月 16 日，毛泽东与同学张昆弟等到湘潭昭山游览，夜宿昭山寺。交谈中，毛泽东说："西人物质文明极盛，遂为衣食住三者所拘，徒供肉欲之发达已耳。若人生仅此衣食住三者而已足，是人生太无价值，……吾辈必想一最容易之方法，以解决经济问题，而后求遂吾人之理想之世界主义，……人之心力与体力合行一事，事未有难成者。"张昆弟对毛泽东之说，甚为赞成。

9 月 22 日下午，毛泽东和张昆弟到湘江游泳，当晚同宿蔡和森①家，夜谈很久。毛泽东说："现在国民性情，虚伪相崇，奴隶性成，

① 蔡和森，又名蔡林彬，生于 1895 年，湘乡县（今属双峰县）永丰镇人。父亲在上海江南机器制造总局（今江南造船厂）当小官员，后来断了音讯。母亲葛健豪，有文化，且性格刚强，靠自己当小学教员的微薄收入维持一家人生活，并肩负儿子蔡和森和女儿蔡畅（1900 年 5 月 14 日生）的学习。蔡和森幼时做过牧童、在辣酱店当过学徒，1913 年考入第一师范（第 6 班学生），一年后又考进高等师范文史专修科 2 班，专修自己感兴趣的文史。

思想狭隘，安得国人有大哲学革命家，大伦理革命家，如俄之托尔斯泰其人，以洗涤国民之旧思想，开发其新思想。"毛泽东主张实行"家族革命，师生革命"。23日清晨，毛泽东、蔡和森、张昆弟游岳麓山，沿山脊而行，至岳麓山书院下山，时值"凉风大发，空气清爽"，"胸襟洞彻，旷然有远俗之慨"。

9月25日，毛泽东发起组织第一师范湘潭校友会。组织校友会的目的有四：1. 谋发展湘潭教育；2. 联络感情，质疑问难，以文会友；3. 有团体不致特立独行，为世所遗；4. 当小学教师，应兴应革互策进行，不致孤陋寡闻。得到湘潭同学的赞同。12月14日，湘潭校友会在一师开成立大会，毛泽东报告该会的筹备经过及宗旨。

9月30日，毛泽东和同学罗学瓒、李端纶、张超、邹蕴真、彭道良等16人，租两条小船，环游长沙水陆洲一圈。至夜，清风明月，醉酒歌诗。

10月8日，毛泽东当选为一师学友会总务兼教育研究部部长。13日，召开学友会大会，到会62人，讨论各项会务。14日，召开各部部长会议。会后，毛泽东积极组织各种课余的学术和体育活动。

长沙南门外第一师范附近，有造币厂、黑铅炼厂、电灯公司等工厂和铁路工人聚居的地方。

为了帮助工人学习文化知识，同时在工人中传播革命思想。毛泽东在学监主任、学友会代理会长方维夏老师的指导下，于1917年11月，以第一师范学校学友会教育研究部的名义在校内办了一所工人夜校。办学决定一经形成，毛泽东马上着手准备。1917年10月30日，他用白话文起草了一份《工人夜校招生广告》：

列位大家来听我说句白话。列位最不便益的是甚么，大家晓得吗？就是俗语说的，讲了写不得，写了认不得，有数算不得。都是个人，照这样看起来，岂不是同木石一样！所以大家要求点知识，写得几个字，认得几个字，算得几笔数，方才是便益的。虽然如此，列位做工的人，又要劳动，又无人教授，如何能到这样，真是不易得的事。现今有个最好的法子，就是我们第一师范办了一个夜学。……教的是写信、算帐，都是列位自己时刻要用的。讲义归我们发给，并不要钱。夜间上课又于列位工作并无妨碍。……快快来报名，莫再担搁！ [①]

几天以后，就有 100 多人来报名，后来又增加到 300 多人。

11 月 9 日晚，方维夏主持了隆重的开学典礼。毛泽东对《上课说明书》逐条作了解释。

毛泽东注意体贴工人的具体困难，注意改进教学的研究，他利用课余时间，在夜校给工人讲历史课，他的讲解语言生动，深入浅出，深受工人欢迎。

袁世凯死后，黎元洪当了大总统，冯国璋为副总统。1917 年 7 月 1 日，张勋拥宣统皇帝复辟，黎元洪逃入日本使馆。11 天后，张勋复辟失败，黎元洪发通电，推冯国璋为大总统，段祺瑞得到日本的帮助，做了国务总理。

1917 年 7 月，孙中山从上海到广州，海军总司令程璧光表示愿意

---

① 中共中央文献研究室、中共湖南省委《毛泽东早期文稿》编辑组编，《毛泽东早期文稿》（一九一二年六月——一九二〇年十一月），湖湘文库编辑出版委员会、湖南人民出版社，2008 年 11 月第 2 版，第 81 页。

追随孙中山，8月25日在广东成立军政府，孙中山为大元帅，唐继尧（云南）、陆荣廷（广西）为元帅。在西南6省，树起"护法"（1912年3月11日孙中山在南京以临时大总统名义公布的《中华民国临时约法》）的旗帜。段祺瑞为夺取湖南，1917年9月派陆军次长傅良佐到湖南做督军。

1917年11月15日，北洋军阀段祺瑞辞去国务总理职，湘督傅良佐同省长周肇祥自长沙出逃。孙中山派程潜自广东进入湖南零陵地区，桂军谭浩明（护法军）也率部入湘，驻守在衡山、湘乡一线，还没有及时入长沙。

在这种你来我去、兵马不停的环境中，长沙城自然是不安全的，学校的校舍常有军队来占，学校好几次只得"提前放假"，事实上是暂时停办，大多数学生各自回家。

1917年11月17日，湘粤桂联军与北洋军队王汝贤、范国璋部在湘潭交战，南北军阀混战，北军败走。南军未到长沙之际，北军溃军王汝贤部由南向长沙撤退，在第一师范附近徘徊，省城及四乡秩序大乱。第一师范因在南门外铁路边，退军经过这里，免不了占房屋，行抢劫。这时，一部北军已退到离第一师范只有20里路的猴子石地方，正在徘徊不定。毛泽东了解到溃军不敢直进长沙城是因为不清楚城里的虚实，于是他挺身而出，请示校长同意后，以学友会总务的名义把"学生志愿军"①

---

① 1916年秋，第一师范校长孔昭绶"以激发爱国思想，提倡尚武精神，研究军事学术，实施军国民教育"，全校组织了学生课外志愿军。"学生志愿军"是教育学生接受简单军事训练的组织，没有武器，只有一些木枪。学校从众多报名者中挑选体格健壮、品学兼优的学生编为1个营，营下辖2个连，每连3个排，每排3个班，每班14人，计269人，校长孔昭绶任总指挥。毛泽东被任为第1连直属连部上士。按《一师课外志愿军章程》规定，上士的职责是：递承上级命令，担任本连一切书牍事务。

和同学中的体育运动员组织起来，并联络附近的警察分所，利用他们的二十几支真枪带头。

毛泽东将同学们分成三队，毛泽东自带一支南路军由妙高峰下去，穿过铁路，迂回到北洋军的正面，准备阻击敌人。沿途一些被同学们发动起来的农民和工人夜校的学员拿着木棒、铜锣、大鼓也陆续加入队伍。其他两队同学迅速包抄了敌人的后路和东路。黄昏时分，离溃军距离不远时，毛泽东命令警察放一排子枪，学生们就鸣放鞭炮，霎时间，写有"桂""湘""粤"字的灯笼一下点燃，满山遍野，一片灯火。并且找两个零陵的同学装扮成广西军队的口气，用桂林话向溃军大喊："傅良佐逃走了，桂军已进了城，你们快缴枪吧！""投降不杀，缴枪发钱，放你们回家！"

这支溃军只有百把条枪，是前天早晨被南兵从株洲赶出来的，想和他们的师部会合，一路上走走停停，又饥饿，又疲劳，又惊慌。他们打出白旗（用刺刀挑起一件白衬衣）投降，毛泽东派人同他们交涉，喝令他们放下武器，全体后退几十步。同学们过来收拾枪支搬进校舍去。

当晚溃军就在学校前坪露宿，第二天早上，学校向商会借得现银，给溃军每人分发 4 块大洋，予以遣散。这样，不仅保住了校舍，也使长沙城免受骚扰。事后，学校师生们都说："毛泽东浑身是胆！"校长孔昭绶嘉许毛泽东超人的胆略和非凡的组织能力，提升他为 1 连连长，并将这次行动记入校志。

1918 年 3 月 23 日，段祺瑞重组内阁，决定对川、湘、粤各省用兵计划。第二次南北战争开始。

26 日，北军占领长沙。

27 日，张敬尧被委任为湖南督军。

1918 年春天，毛泽东同蔡和森沿洞庭湖南岸和东岸，经湘阴、岳阳、平江、浏阳几县，游历了半个月，了解社会情况，路上详细商谈组织新民学会问题。

1918 年 4 月 14 日，是星期日，经过两年多的酝酿后，在岳麓山下刘家台子（后叫周家台子）的蔡和森家里，成立了"新民学会"。

名字是蔡和森提出的：他根据四书（《大学》《中庸》《论语》《孟子》）之一《大学》中"大学之道，……在亲（新）民"；《书经·汤诰》篇"作新民"；谭嗣同、梁启超倡导过的"新民之道"，认为"新民"两字包含着进步与革命的意义。

发起人都是长沙学校毕业或肄业的学生。这时候，这些人有一种共同的感想，就是"如何使个人及全人类的生活向上"，这成为一个迫待讨论的问题，讨论次数达百次以上，得到一种结论，就是"集合同志，创造新环境，为共同的活动"。大家觉得自己品行要改造，学问要进步，因此求友互助之心热切十分；再则，国内的新思想和新文学已经发起，一个新的学术团体需要也应运而生；还有，大家都是杨昌济的学生，作为一种新人生观的需求，也从此产生。

有了组织学会的提议，从而得到大家赞同，意为鼓励人们革除自己身上的旧习，提高品德修养。

新民学会初成立时共有 21 名成员。到会人员 13 人：萧瑜、萧三、何叔衡、陈赞周、毛泽东、邹鼎丞、张昆弟、蔡和森、邹蕴真、陈书农、周明谛、叶兆桢、罗章龙。另外 8 名为：陈昌、李维汉、周世钊、罗学瓒、熊光楚、曾以鲁、傅昌珏、彭道良①。

会上讨论通过了由毛泽东、邹鼎丞起草的新民学会会章，选举了干事。会章规定，学会的宗旨是："革新学术、砥砺品行、改良人心风俗"②；中国共产党成立后，新民学会即停止了活动。

入会条件是：诚恳、纯洁、奋斗、服从真理。

新民学会还规定会员必须遵守以下纪律（会员守则）：①不虚伪；②不懒惰；③不浪费；④不赌博；⑤不狎妓。会议选举总干事为萧瑜（萧瑜出国后，会务由毛泽东主持）。毛泽东、陈书农为干事。

1918 年春，新民学会在长沙北门外的平浪宫聚餐，为将被派去日本留学的罗章龙饯行（后因故而未成行）。毛泽东写诗送他，题为《七古·送纵宇一郎东行》：

云开衡岳积阴止，天马凤凰春树里。

少年峥嵘屈贾才，山川奇气曾钟此。

君行吾为发浩歌，鲲鹏击浪从兹始。

洞庭湘水涨连天，艟艨巨舰直东指。

无端散出一天愁，幸被东风吹万里。

丈夫何事足萦怀，要将宇宙看稊米。

沧海横流安足虑，世事纷纭从君理。

① 至 1921 年中国共产党成立时，新民学会发展到 66 名成员（包括在法国勤工俭学中发展的人数）。大都是湖南省立第一师范的先后同学。

② 新民学会宗旨后来发展为：联络感情、砥砺品行、革新学术、改造社会。最后发展为：改造中国与世界。

管却自家身与心，胸中日月常新美。

名世于今五百年，诸公碌碌皆余子。

平浪宫前友谊多，崇明对马衣带水。

东瀛濯剑有书还，我返自崖君去矣。

第一师范设立了一种检查学生学业和操行的办法，叫作"人物互选"。选举内容包括三项：德育——敦品（如敦廉耻、尚气节、慎交游、屏外诱）、自治（如守秩序、重礼节、慎言笑）、克己、服务，智育——才具（如应变有方、办事精细）、言语（长于演讲、论辩应对）、文学（长于国文词章）、科学、美学，体育——胆识（如冒险进取、警备非常）、卫生、体操、竞技。据第一师范校志载，1917 年 6 月全校 11 个班、400 多名学生参加了"人物互选"，结果有 34 名同学当选，其中得票最多的是毛泽东（49 票）。德、智、体 3 个细目中，毛泽东独得 6 项优秀。其中"言语""敦品"为全校之冠，"胆识"一项为毛泽东独有。在第一师范的最后一年，同学们在人品、胆识和文学方面把毛泽东作为学校的楷模。有的同学称毛泽东为"奇才"，还有人称他为"智囊"。

省议员、学监方维夏老师综合全体师生意见，对毛泽东的评语是：敦品："敦廉耻，尚气节，慎交游、屏外诱"；自治："守秩序，重礼节，慎言笑"；文学："长于国文词章"；言语："长于演讲，论辩应对"；才具："应变有方，办事精细"；胆识："冒险进取，警备非常"。

孙中山就任军政府大元帅时曾通电否认北洋军阀政府，北洋政府也在下令通缉孙中山的同时"武力统一"中国，孙中山想借用西南军阀的力量达到护法目的，西南军阀更想借用孙中山的影响扩充实力以对抗"统一"。1918 年 5 月 4 日，西南军阀操纵广州非常国会，通过了《修正军政府组织法案》，改大元帅制为七总裁制，推举清朝遗老岑春煊为主席总裁，将孙中山排挤出局。孙中山被迫于 5 月 21 日辞去大元帅，离开广州退往上海。

护法运动失败，南北军阀议和，北洋政府派遣陆军第三师师长吴佩孚为前敌总指挥，数月之内占领岳阳、长沙、衡山。4 月间，北洋政府又将皖系军阀张敬尧任命为湖南督军。

因北洋兵强占校舍，学校提前放假。

1918 年 6 月，毛泽东从湖南省立第一师范毕业。从此，他结束了"6 年孔夫子，7 年洋学堂"的学生时代 ①。

---

① 1936 年，毛泽东同斯诺谈话时说：我在"湖南省立第一师范度过的生活中发生了很多事情，我的政治思想在这个时期开始形成。我也是在这里获得社会行动的初步经验的"。（见《斯诺文集》Ⅱ，新华出版社，1984 年 8 月第 1 版，第 125 页）。

三、初到北京

　　1917 年，章士钊在北京大学担任逻辑学高级讲师，他向校长蔡元培推荐杨昌济教授伦理学，蔡元培同意，函邀杨昌济前往北大。杨昌济向往北大民主自由的学风，接到邀请，欣然应聘。1918 年 6 月初，杨昌济举家迁往北京，住在北京地安门鼓楼东大街豆腐池 9 号。杨昌济给毛泽东、蔡和森写信，谈起到法国去"勤于做工，俭以求学"（简称"勤工俭学"①）的问题，希望他们在长沙把勤工俭学运动搞起

---

　　① 留法勤工俭学运动，最初是在第一次世界大战前夕，由一些受西方文明影响的教育界人士发起的——1912 年初，蔡元培、吴玉章、李石曾、吴稚晖等人曾在北京组织过"留法俭学会"，鼓励人们以低廉的费用赴法国留学，从而输世界文明于国内，以改良中国社会。这个运动经历了留法俭学会、勤工俭学会、留法勤工俭学会等阶段。

　　1919 年前后，这一运动达到高潮（全国计有 1600 多人赴法，其中湖南一省有 400 多人）。蔡和森、蔡畅、李立三、向警予、李维汉、陈毅、聂荣臻、赵世炎、周恩来、朱德、李富春、王若飞、陈延年、邓小平等人都先后到达法国。他们当中有初步共产主义思想的知识分子，也有五四爱国运动的杰出领导和积极分子。他们到达法国后，有的去工厂，有的进学校。做工的分布在巴黎、克鲁邹等地的 70 多家工厂企业。读书的则分布在巴黎和其他地区的 26 所学校中，其中主要有蒙达尼公学、杜鲁中学等。

　　留法勤工俭学者一边从事艰苦的劳动，一边勤奋读书，学习西方新思潮，探索革命真理。他们当中的先进分子在法国组织了一些革命社团，在勤工俭学的学生和华工中开展革命活动。

　　其中最著名的是以蔡和森为首的旅法新民学会，以李维汉、李富春、张昆弟为首的工学世界社，以李立三、赵世炎、王若飞为首的劳动学会。这些社团的成立，不仅对领导留法勤工俭学学生和旅法华工开展革命斗争起了重要作用，而且为后来中共旅欧党团组织的建立从思想上和干部上准备了条件。

来，送青年到法国去。信中特别提到：希望润之立即到北京去，帮助推动这项运动。

湖南政局走马灯式的军阀更迭，使得教育被摧残殆尽，几至无学可求。在这种情况下，新民学会向外发展，才有出路。新民学会成立时就已讨论过出国问题，现在这个问题又一次引起毛泽东的注意。

6月下旬，毛泽东等同何叔衡、萧瑜、萧三、陈赞周、周世钊、蔡和森、邹鼎丞、张昆弟、陈书农、李维汉等在湖南第一师范附属小学召开新民学会会议，讨论会友"向外发展"问题。会议认为，留法勤工俭学有必要，应尽力进行，推举蔡和森、萧瑜负责。26日，蔡和森到北京，经杨昌济介绍，与李石曾、蔡元培接洽后，认为留法勤工俭学"颇有可为"，及函告萧瑜、毛泽东、陈赞周、邹鼎丞等从事邀集志愿留法的同志。

6月30日，蔡和森致信毛泽东："兄事已与杨师详切言之，师颇希望兄入北京大学。"北京大学校长蔡元培"正谋网罗海内人才，……吾三人有进大学之必要，进后有兼事之必要，可大可久之基，或者在此"。希望毛泽东与萧瑜讨论研究，决定行止。

7月，蔡和森致信毛泽东，促其尽快赴京，信中说："吾辈须有一二人驻此，自以兄在此间为最好，……兄对于会务，本有经纶天下之大经、立天下之大本的意趣，弟实极其同情，……自由研究以兄为之，必有多少成处，万不至无结果。"蔡和森信中说：润兄7月26日信"所论才、财、学三事，极合鄙意。究竟我们现所最急者，是一财字；而才次之；而学则无处不有，无时不可以白致。然非学无以广才，非才无以生财"。

蔡和森从北京来的好几封信，希望毛泽东速来北京，并强调这是

杨先生的意思。蔡和森希望毛泽东帮助他处理去法国的准备工作，杨昌济也牵挂着毛泽东的前程，希望他早日来京，下半年就可以进北京大学深造。

8月中旬，毛泽东致信七舅父、八舅父：从湘乡唐家圫到长沙已数日，决定13日动身去北京；感谢他们对患病母亲的照料；乡中良医少，特请人开来一药方为母亲治病，如不能愈，到秋收之后，拟接到省城治病。

8月15日，毛泽东向朋友借了钱，同罗学瓒、萧瑜、张昆弟、罗章龙、李维汉、陈赞周等一行25人北上。他们先是步行——沿着洞庭湖环行，再坐船到武汉，后乘火车。火车行至河南郾城县，因黄河涨水，大水冲断了铁路，火车在漯河站停下来，旅客们步行到大石桥。毛泽东利用这个机会同伙伴们一起到偃师县农村进行考察、访问。第二天，坐临时车子到了许昌，在那里停了一下，毛泽东对许昌这个魏都很感兴趣，但旧城已荒凉，他们向当地农民了解一些情况，步行郊外凭吊魏都旧墟，并作诗纪行。

8月19日，毛泽东等来到北京。到北京后，湖南青年分别暂住在湖南会馆和长沙、湘潭、浏阳的会馆（位于虎坊桥和珠市口附近的胡同）里，毛泽东住在位于烂缦胡同35号的湘乡会馆。

毛泽东很快见到了杨昌济先生。杨昌济向毛泽东谈起湖南在皖系军阀张敬尧的野蛮统治下，青年学生一不能读书，二不能做事；他谈到，北京还总算好一点，段祺瑞中央政府虽说十分昏庸，但还有些顾忌，因此学者们还可以做些事情，像蔡元培、李大钊、吴玉章、陈独秀、胡适这些知名人士还在讲学，像《新青年》这样的进步杂志还可以出版；他希望毛泽东要么到法国去，要么就留在北京大学读几年书。

毛泽东委婉地对杨先生说：目前赴法勤工俭学的青年以湖南、四川两省为最多，湖南已经到京 50 多人，正要来的还不是少数，连 43 岁的教育家徐特立、年过半百的女教师葛健豪也都报了名。如何将这些人安排好，使他们学成归国是一项很繁重的工作。因此，毛泽东表示：目前不能上大学，也不能去法国。

湖南学子办了一个预备班，在方家胡同召开了隆重的成立大会，由蔡元培主持，杨昌济讲了话，一批湖南名流也应邀参加。会后，报纸上发表了预备班成立的消息，在全国引起了反响，其他各省青年，陆续来到了北京。

1918 年 10 月 6 日，毛泽东同蔡和森、萧瑜到保定，迎接由陈赞周、邹鼎丞带领的第二批赴法勤工俭学的 30 多位湖南青年。7 日下午，他们在莲花池公园，同已在育德中学附设留法高等工艺预备班学习的张昆弟、李维汉、李富春、贺果等聚会，并同湘籍全体同学合影留念。10 日，毛泽东送蔡和森等 30 多位赴法预备班学员去河北省保定蠡县布里村，当时这个村去法国的华工很多。随后，同萧瑜返回北京，统筹勤工俭学事宜。

不久，办了 3 个留法预备班，分别在北京大学、保定育德中学、布里村（后来在长辛店铁路工厂又增加了 1 个）。预备班要办 1 年。主要学习法语，也学些机械制图。罗学瓒、萧瑜（任李石曾秘书）、陈赞周、萧三在北京，张昆弟、李维汉去了保定，蔡和森去了布里村。

毛泽东留在北京。同行来的罗章龙已考进北大预科。杨昌济希望

毛泽东也去报考北大。但是，教育部有一个规定，中等师范毕业生不能马上考大学，先要服务几年。进不了北大，生活费用没有来源，根据毛泽东的要求，须在北京找个职业，一方面继续协助勤工俭学事宜，另一方面继续在职求学。于是，经过杨昌济联系，北大校长蔡元培写了一个条子，交给图书馆主任李大钊教授。10月间，毛泽东被安排到图书馆做助理管理员。

李大钊，字守常，河北省乐亭县人，1889年10月29日（清光绪十五年十月初六日）出生。1907年，他没等中学毕业，就离开了家乡，考入天津北洋法政专门学校。靠妻子赵纫兰在家中典当挪借，在那里读了6年书。1913年，李大钊以优异成绩毕业，由校方挑选保送日本留学——入东京早稻田大学政治本科。在日本，李大钊曾组织"神州"学社等团体，进行反对袁世凯的斗争。1916年4月回国，曾任北京《晨钟》报总编辑、主编《甲寅月刊》等，发表大量文章，抨击北洋军阀的统治和封建文化思想。1918年5月，他出任北京大学经济系教授兼任图书馆主任。同陈独秀一起编辑《新青年》杂志，发表了《庶民的胜利》《布尔什维克的胜利》等论文，传播马克思主义。1918年北大图书馆购置的2万多册外文书籍中，有相当一部分是介绍各种社会主义思潮和俄国十月革命的。

毛泽东每天的工作除打扫卫生外，还在第二阅览室登记新到的报刊（月底送去装订）和登记前来阅览者的姓名，管理15种中外报纸。每月薪水8块钱。有时还要做些杂务，如为图书馆主任李大钊的办公室整理书刊报纸等。

北大的教授月薪大多是二三百元，虽然毛泽东只有8元的薪水，但因为可以在课余阅读各种新到的书刊，他对这个工作很满意。

在那些来阅览的人当中有一些新文化运动的头面人物，如傅斯年、罗家伦等，这些人使毛泽东很感兴趣。毛泽东很想和他们攀谈政治和文化问题，但是，一方面是毛泽东的职位低，人家看不起；另一方面是这些大人物都很忙。

毛泽东不灰心，他参加了哲学会和新闻学会，为的是能够在北大旁听。在新闻学会里，他遇到一些人，如，陈公博、谭平山、邵飘萍。

陈公博（1890—1946），广东省南海县人。1917年入北京大学读书，1921年初加入广州共产党早期组织，同年7月出席中国共产党第一次代表大会。1922年因支持陈炯明反对孙中山，受党的留党察看处分，后被开除出党。1923年去美国哥伦比亚大学读书，1925年加入中国国民党。1926年任国民党中央执行委员会委员、北伐军总司令政治训练部部长，1927年任国民党中央执行委员会常务委员兼工人部部长。抗日战争开始后，随汪精卫叛国投敌，1940年任伪国民政府主席、军事委员会委员长、行政院院长。抗日战争胜利后逃往日本，后被解送回国，1946年被枪决。

邵飘萍（1884—1926），名振青，笔名飘萍，浙江金华人，清末民初的新闻记者。1905年毕业于浙江高等学堂，1912年办《汉民日报》，因抨击时政，1914年报馆被袁世凯政府封闭。他东走日本，组织东京通讯社。1916年回国，任《申报》《时事新报》《日报》等报主笔。1918年在京创办新闻编译社和《京报》，因揭露段祺瑞卖国行径遭通缉，逃亡上海。后赴日，担任《朝日新闻》特约记者。1920年回国，重办《京报》，增出12种周刊，又在北京平民大学、政治大学等校讲授新闻学。他同情国民军，反对北洋政府。1926年被奉系军阀杀害。著有《实际应用新闻学》《新闻学总论》《新俄国之研究》等书。

这些人，特别是邵飘萍对他影响很大。

在这里，毛泽东还遇到了张国焘、康白情、段锡朋。

张国焘，1897年11月26日出生，字恺荫，又名特立，江西萍乡人。此时在北京大学理学院读书。后来，由于《新青年》和陈独秀、李大钊的影响，开始系统地对马克思主义进行研究。他将时间大部分花在图书馆里，贪婪地阅读社会主义的中英文书籍。后来在五四运动中，被推选为北京大学学生会干事。

康白情（1895—1959），四川省安岳县人，1917年就读于北京大学哲学系。1918年与李大钊、田汉、许德珩发起组织"少年中国学会"，并在《少年中国》《新潮》等刊物上发表了大量的新诗。其间，以文会友认识了毛泽东。毛泽东对康白情的新诗很感兴趣。

由于校长蔡元培主张"循自由思想原则，取兼容并包主义"，这时，北京大学的思想是十分活跃的，也可以说是十分混乱的：有着各式各样的主义，也就有各式各样的代表人物。

由于工作关系，毛泽东时常到李大钊处请教，读到一些传播马克思主义的书刊，并参加李大钊组织的学生研讨各种新思潮的活动。其间，毛泽东曾与在京的新民学会会员，邀请蔡元培、陶孟和、胡适分别在北京大学文科大楼谈话，主要讨论学术和人生问题。毛泽东还同北京大学学生朱谦之讨论无政府主义和它在中国的前景。

毛泽东对政治的兴趣继续增长，思想也越来越激进，但是，还有些混乱，正在找寻出路。

在此期间，毛泽东开始与杨教授家看门的老头住在一起（旧鼓楼大街豆腐池胡同9号），后来搬到景山东街三眼井吉安东夹道7号。

这是一处破旧的小院，毛泽东和罗学瓒等 8 人就挤在这里一间长不到一丈、宽不到 8 尺的东配房里。大家睡到炕上的时候，挤得几乎透不过气来，每逢要翻身，得先同两旁的人打招呼。虽然生活条件艰苦，但是，古都的美对于他还是有一种丰富多彩、生动有趣的补偿。

在北京，还有一件事对毛泽东的一生产生了影响——他开始恋爱了。他又见到了杨昌济老师的女儿——杨开慧。

杨先生有一儿一女，儿子为长，叫杨开智，女儿叫杨开慧。杨开慧，1901 年 11 月 6 日生，号霞，字云锦。父亲期望她在阳光的照耀下，生命如灿烂的云霞，美丽而火红。在故乡板仓，她度过了童年时代。7 岁时，父亲从国外来信，让她读书。

山里过去从来不让女孩读书，在争取下，杨开慧等入杨公庙长沙县第 40 初级小学读书，学校破例为杨开慧等 7 个女孩单开一个班。后杨开慧入隐储学校、衡粹女校、县立第一女子高小等处继续求学。1913 年她随父亲搬到长沙城，先后随父亲住在落星田、仰天湖、黄泥段和天鹅塘等处。在父亲的指导下，在家自修英文，并阅看了许多东西方新文化的书籍。

早在长沙的时候，一天，杨昌济讲完课回到家里，高兴地对家人说："我在第一师范看到了两个最好的学生，一个毛泽东，一个是蔡和森。他们将来定能成为国家的栋梁！"那是一个星期天，杨开慧帮着妈妈收拾完家务，只见几个青年学生走进门来。走在前面的青年身材魁伟，雄姿英发，穿着沈旧了的蓝布长衫，亲切地望着杨开慧说："你是小霞？"杨开慧点了点头。杨昌济听到毛泽东等同学的声音，忙出来迎接。杨开慧知道，一定是毛泽东他们来了，她忙转身去泡茶。

毛泽东和蔡和森、陈昌、张昆弟、罗学瓒等几位好友常于假日里去杨昌济家。他们或谈治学、做人之道，或纵论天下事、探求救国救民的真理。常常一谈就是一整天。

少年时代的杨开慧，娴静端庄，聪明好学。她深深地被毛泽东和大家欢快热烈的谈话所吸引，往往放下手中的功课，成了一名宁静而热心的"旁听生"。她常常帮助母亲为大家准备中饭，跟在父亲身后目送大家远去。

日子长了，杨开慧便同毛泽东等一道讨论：青年为什么要求学？怎样求学？立什么样的志，怎样立志？国家这样贫弱，民众这样贫困，青年应当怎么办？在讨论中，毛泽东的胆略使杨开慧深受感染，他的抱负使杨开慧深深地倾慕和向往，毛泽东常和学友到湘江江心橘子洲头、西岸的岳麓山，或登山竞走，或江边漫步，或日夜泛舟，或在墓地寺院风餐露宿，以练身励志，杨开慧经常与之同往。毛泽东常年坚持冷水浴，她也效法。父亲非常赞赏她这种毅力。她在作文中表达了自己的抱负："要救国，就要锻炼强健的身体。"

1917 年的一天，毛泽东带着《伦理学原理》一书来到杨昌济家。杨开慧接过毛泽东手中的书，翻开一看，只见字里行间、天地空白，圈圈点点，朱墨纷呈。杨开慧一边高兴地翻阅，一边喜形于色地说："难怪我爸爸总夸奖你，你真是'不动笔墨不看书'呀！"她一页一页地看下去，几乎每一页都写着种批论："切论""此语甚合吾意""荒谬""陋儒之谈也"……杨开慧不禁问道："为什么你对同一个人写的文章，有的那么称赞，有的却那么批评呢？"毛泽东热情地解释道："写书的人总是带着自己伦理的偏见，说的话不可能都是对的，况且古今不同时，事物多变化，我们不应该一味迷信古人和洋人，也不应该全盘否定前人成果。因此，我们读书要好好想一想，对的，才相信它，不对的就应该摒弃它，而且毫不可惜！"

杨昌济接受了北京大学的聘请，携家北上。17岁的杨开慧也随家去了北京，在家里自修，跟爸爸学习国文和英文。在北京，毛泽东和邓中夏[①]等同学常去杨教授家。

毛泽东又见到了杨开慧，他们相爱了。这引起了杨昌济教授和他的一些朋友们的注意。杨教授对于女儿的婚事，还没有最后下决心。杨昌济的好友北大教授章士钊到他家来做客。杨开慧来沏茶。章士钊随口问道："令爱是否已经许配人家？"杨教授回答："有位叫毛泽东的青年与开慧现在有些往来。他原来是我的学生，就学识来说是很不错的。就人品来说，也很不错。可有位先生曾对我说，毛泽东行动举止与众不同，劝我不要把女儿许配给他。"

毛泽东这个名字，章士钊也听一些同乡们和朋友介绍过，就没有机会见到其人。

章士钊对杨教授说："有机会，您是不是让我见见毛泽东？"之后，在章士钊举行的一次讲座会上，有人告诉章士钊，毛泽东就坐在几排几号，章士钊讲课时眼老盯着毛泽东。只见他坐在人群中，比一般的学生高出半个头，长长的头发朝脑后梳去，露出宽宽的额头。听课时，他全神贯注，很少记笔记。偶尔记上几笔，写字的动作十分潇洒、利索，举止落落大方。讲座结束后，章士钊顾不得回宿舍，匆匆来到杨教授家，来不及坐下，就冲着杨教授说："杨先生，您不要犹豫了，赶紧把小姐许配给毛泽东。"

---

① 邓中夏（1890—1933），又名邓康，湖南宜章人，在湖南高等师范读过书，和蔡和森是同班同学。1917年考入北京大学文学系。

杨开慧把这些告诉给毛泽东，毛泽东热血沸腾了。

1918年12月29日，毛泽东到黎锦熙老师家里，谈办报（后来创办的《湘江评论》）和世界问题。

冬天，毛泽东同萧三、罗章龙到天津大沽口观海，看要塞炮台。

毛泽东到北京长辛店铁路机车车辆厂调查。

1919年1月25日，北京大学哲学研究会成立，毛泽东参加了哲学研究会。

2月1日，毛泽东在黎锦熙家同度春节。黎锦熙将他的《国语研究调查之进行计划书》改订本交毛泽东提意见。

2月19日，毛泽东参加北京大学新闻研究会改组大会。蔡元培发表演说并被选为新闻学研究会会长。毛泽东在研究会听《京报》社长邵飘萍讲授《新闻工作的理论与实践》课程，并多次拜访邵飘萍，并得到邵飘萍在经济上的接济。

1919年3月12日，毛泽东闻悉母亲生病。于是，他从北京动身回湖南。他先送留法勤工俭学的同学去上海，但他只有到天津的车票，幸亏一位同学借了他10元钱，他才能购买到浦口的车票。在前往南京的途中，他下车登临了泰山，又去了曲阜。到达浦口时毛泽东又不名一文了。尤其糟糕的是，他仅有的一双鞋被贼偷去了。但他又碰上了好运气：在火车站外，他遇见了从湖南来的一个老朋友——李中。

李中，湖南省双峰县人，原名李声澥，字印霞。1913年秋考入湖南第一师范，认识了毛泽东。毕业后去上海，在一家古董玩器商店帮工。这期间，他经常为店主到浦口、南京去收购古董玩器。李中是他在上海期间使用的名字。他碰上毛泽东，慷慨解囊，借钱给毛泽东买了一双鞋，还足够买一张到上海的车票。李中因在浦口解了毛泽东的燃眉之急，在毛泽东心目中留下了深刻的印象。1951 年毛泽东曾三次写信邀李中去北京，但他不幸于 1951 年 7 月 9 日病逝于赴北京途中，时年 54 岁。

就这样，毛泽东顺利地到了上海。毛泽东了解到留法的朋友已经募集到了大批款项，他协助把同学们送到法国去，但他自己决定不去法国。他说："我觉得我们要有人到国外去，看些新东西，学些新道理，研究些有用的学问，拿回来改造我们的国家。同时也要有人留在本国，研究本国问题。我觉得关于自己的国家，我所知道的还太少，假使我把时间花在本国，则对本国更为有利。"

母亲有病，同时留法的旅费也要几百元。这些因素，对毛泽东决定是否出国留学也有影响。他送朋友们上轮船后，得到一些钱做路费，就起程回长沙。

4 月 6 日，毛泽东由上海回到湖南。当时，患病的母亲到长沙治疗，毛泽东对母亲亲侍汤药。28 日，毛泽东致信七舅母、八舅母："家母久寓尊府，备蒙照拂，至深感激。"

毛泽东回湖南后，主持新民学会会务。为解决生活问题和便于工作，毛泽东住到长沙修业小学，教历史课，并广泛接触长沙教育界、新闻界和青年学生，进行各种联络活动。

1919 年北京爆发五四爱国运动。同日，消息即传到湖南。毛泽东即同新民学会，各校学生骨干，新闻界、教育界的代表人物进行联系，

交换看法，提出在湖南开展爱国运动的具体意见。5月7日，长沙各校的学生举行国耻纪念游行，游行队伍被湖南军阀张敬尧派军警强行解散。

张敬尧（1881—1933），字勋臣，安徽霍邱人。保定军官学校毕业。北洋皖系军阀。历任北洋军第7师师长，苏、鲁、豫、皖四省边境剿匪督办等职，1918年任湖南督军兼省长，对人民实行残暴统治。兄弟四人张敬尧、张敬舜、张敬禹、张敬汤在湖南无恶不作，人民恨之入骨，称之为"堂堂乎张，尧舜禹汤，一二三四，虎豹豺狼"，"张毒不除，湖南无望"成了一致的呼声。湖南人民奋起开展"驱张"运动。在人民运动和湘军的逼迫下，张敬尧于1920年6月退出湖南。后在吴佩孚、张宗昌、张作霖部下担任司令、军长等职。1933年在北平（北京）被刺杀。

5月中旬，北京学生联合会派邓中夏回到湖南联络，介绍北京学生运动情况，商讨恢复和改组原湖南学生联合会的问题。5月23日，毛泽东约蒋竹如、陈书农、张国基等到第一师范后山操坪，商谈与北京学生采取一致行动问题。连日来，毛泽东到商业专门学校、明德中学等校进行活动，向学生骨干提出：1.反帝爱国方向要明确，力争山东主权完整，反对政府卖国政策；2.要有统一组织，使力量集中；3.要准备对付张敬尧的压迫。5月25日，毛泽东和蒋竹如、陈书农等同各校学生代表易礼容、彭璜、柳敏等20余人在楚怡小学开会，由毛泽东介绍邓中夏与各校代表见面。邓中夏报告北京学生运动发生经过，希望湖南学生实行总罢课，声援北京学生。会议决定，成立新的湖南学生联合会，发动学生总罢课，以推动反帝爱国运动。5月28日，新的湖南学生联合会成立，彭璜任会长。毛泽东经常到学联同负责人研究问题，指导工作。6月2日，湖南学生联合会召开全体大会，议决全省各校学生从3日起，一律罢课。6月3日，长沙的第一师范、湘雅医学院、商业专门学校等20个学校的学生举行总罢课。4日，长沙《大公报》发表学联罢课宣言："外交失败，内政分歧，国家将亡，急宜挽救"，湖南学生"力行救国之职责，誓为外交之后盾。宣言向政府提出拒绝巴黎和约、废除中日不平等等项要求"。随之罢课风潮遍及全省。6月，毛泽东同学联干部利用暑期放假，组织青年学生到城乡、车站、码头，作爱国反日宣传。7月9日，在毛泽东的指导下，湖南学联发起的湖南各界联合会成立。联合会以"救国十人团"为基层组织。7月间，"救国十人团"发展到400多个。10月间，湖南救国十人团联合会正式成立。

1919年6月10日，北洋政府发布了准免交通总长曹汝霖本职的命令；下午，发布了准免司法总长陆宗舆本职的命令；晚上，发布了准免交通总长章宗祥本职的命令。6月28日，出席巴黎和会的中国代表拒绝在卖国条约上签字。

学生运动取得胜利。

1919年7月初，徐特立等18人自长沙赴武汉，经上海赴法国勤工俭学。毛泽东、何叔衡、熊楚雄等人为他送行。

湖南学生联合会创办了一个刊物——《湘江评论》，这是一个小型的4开4版的报纸，毛泽东任主笔。这份刊物对于推动全国革命形势的发展和广大青年的进步，特别是对华南的学生运动产生了很大的影响。任弼时就是在此时受影响而开始革命活动的。《湘江评论》由

于文风新颖、笔锋尖锐犀利，文章通俗易懂，内容远见卓识，因而获得了广大读者的热烈欢迎。1919 年 7 月 14 日，创刊号印刷 2000 份，当天即销售一空，又加印 2000 份，不到 3 天又一抢而光。

自"世界革命"的呼声大倡，"人类解放"的运动猛进，从前吾人所不置疑的问题，所不遽取的方法，多所畏缩的说话，于今都要一改旧观，不疑者疑，不取者取，多畏缩者不畏缩了。这种潮流，任是什么力量，不能阻住。任是什么人物，不能不受他的软化。

世界什么问题最大？吃饭问题最大。什么力量最强？民众联合的力量最强。什么不要怕？天不要怕，鬼不要怕，死人不要怕，官僚不要怕，军阀不要怕，资本家不要怕。

自文艺复兴，思想解放，"人类应如何生活"？成了一个绝大的问题。从这个问题，加以研究，就得了"应该那样生活""不应该这样生活"的结论。一些学者倡之，大多民众和之，就成功或将要成功许多方面的改革。

见于宗教方面，为"宗教改革"，结果得了信教自由。见于文学方面，由贵族的文学，古典的文学，死形的文学，变为平民的文学，现代的文学，有生命的文学。见于政治方面，由独裁政治，变为代议政治。由有限制的选举，变为没限制的选举。见于社会方面，由少数阶级专制的黑暗社会，变为全体人民自由发展的光明社会。见于教育方面，为平民教育主义。见于经济方面，为劳获平均主义。见于思想方面，为实验主义。见于国际方面，为国际同盟。

各种改革，一言蔽之，"由强权得自由"而已。各种对抗强权的根本主义，为"平民主义"。宗教的强权，文学的强权，政治的强权，社会的强权，教育的强权，经济的强权，思想的强权，国际的强权，丝毫没有存在的余地。都要借平民主义的高呼，将他打倒。

如何打倒的方法，则有二说，一急烈的，一温和的。两样方法，我们应有一番选择。（一）我们承认强权者都是人，都是我们的同类。滥用强权，是他们不自觉的误谬与不幸，是旧社会旧思想传染他们遗害他们。（二）用强权打倒强权，结果仍然得到强权。不但自相矛盾，并且毫无效力。欧洲的"同盟""协约"战争，我国的"南""北"战争，都是这一类。

所以我们的见解，在学术方面，主张澈底研究。不受一切传说和迷信的束缚，要寻着什么是真理。在对人的方面，主张群众联合，向强权者为持续的"忠告运动"。实行"呼声革命"——面包的呼声，自由的呼声，平等的呼声——"无血革命"。不至张起大扰乱，行那没效果的"炸弹革命""有血革命"。

国际的强权，迫上了我们的眉睫，就是日本。罢课，罢市，罢工，排货，种种运动，就是直接间接对付强权日本有效的方法。

至于湘江，乃地球上东半球东方的一条江。他的水很清。他的流很长。住在这江上和他邻近的民族，浑浑噩噩。世界上事情，很少懂得。他们没有有组织的社会，人人自营散处。只知有最狭的一己，和最短的一时，共同生活，久远观念，多半未曾梦见。他们的政治，没有和意和澈底的解决，只知道私争。他们被外界的大潮卷急了，也办了些教育，却无其效力。一班官僚式教育家，死死盘据，把学校当监狱，待学生如囚徒。他们的产业没有开发。他们中也有一些有用人材，在各国各地方学好了学问和艺术。但没有给他们用武的余地，闭锁一个洞庭湖，将他们轻轻挡住。他们的部落思想又很利害，实行湖南饭湖南人吃的主义，教育实业界不能多多容纳异材。他们的脑子贫弱而又腐败，有增益改良的必要，没人提倡。他们正在求学的青年，很多，很有为，没人用有效的方法，将种种有益的新知识新艺术启导他们。咳！湘江湘江！你真枉存在于地球上。

时机到了！世界的大潮卷得更急了！洞庭湖的闸门动了，且开了！浩浩荡荡的新思潮业已奔腾澎湃于湘江两岸了！顺他的生。逆他的死。如何承受他？如何传播他？如何研究他？如何施行他？这是我们全体湘人最切最要的大问题，即是"湘江"出世最切最要的大任务。①

以后各期均印40000份，这在当时刊物的发行量中是相当可观的。

其中一篇《民众大联合》，1919年7月21日，《湘江评论》第2号发表一部分；7月28日，《湘江评论》第3号续发第二部分；8月4日，《湘江评论》第4号续发第三部分。

文章中写道：

国家坏到了极处，人类苦到了极处，社会黑暗到了极处。补救的方法，改造的方法，教育，兴业，努力，猛进，破坏，建设，固然是不错，有为这几样根本的一个方法，就是民众的大联合。

我们竖看历史。历史上的运动不论是那一种，无不是出于一些人的联合。较大的运动，必有较大的联合。最大的运动，必有最大的联合……

民众的大联合，何以这么利害呢？因为一国的民众，总比一国的

①《湘江评论》创刊宣言，一九一九年七月十四日。

贵族，资本家及其他强权者要多。贵族，资本家及其他强权者人数既少，所赖以维持自己的特殊利益，剥削多数平民的公共利益者，第一是知识，第二是金钱，第三是武力。从前的教育，是贵族和资本家的专利，一般平民，绝没有机会去受得。他们既独有知识，于是生出了智愚的阶级。金钱是生活的媒介，本来人人可以取得。但那些有知识的贵族和资本家，想出什么"资本集中"的种种法子，金钱就渐渐流入田主和工厂老板的手中。他们既将土地，和机器，房屋，收归他们自己，叫做什么"不动的财产"，又将叫做"动的财产"的金钱，收入他们的府库（银行）。于是替他们作工的千万平民，反只有一佛郎一辨士的零星给与。作工的既然没有金钱，于是生出了贫富的阶级。贵族、资本家有了知识和金钱，他们即便设军营练兵，设工厂造枪……

平民既巳〈已〉将贵族资本家三种法子窥破，并窥破他们实行这三种〈法子〉，是用联合的手段，又觉悟他们的人数是那么少，我们的人数是这么多，便大大的联合起来。联合以后的行动，有一派很激烈的，就用"即以其人之道还治其人之身"的办法，同他们拼命的倒担〈捣蛋〉。这一派的音〈首〉领，是一个生在德国的，叫做马克斯……

我们要知道世界上事情，本极易为。有不易为的，便是因于历史的势力——习惯。我们倘能齐声一呼，将这历史的势力冲破，更大大的联合，遇着我们所不以为然的，我们就列起队伍，向对抗的方面大呼。……我们起而一呼，奸人就要站起身来发抖，就要舍命的飞跑。我们要知道别国的同胞们，是通常用这种方法，求到他们的利益。我

们应该起而仿效，我们应该进行我们的大联合！

《民众大联合（一）》①

……农夫，工人，学生，女子，小学教师，警察，车夫，各色人等的一片哀声，他们受苦不过，就想组成切于他们利害的各种小联合。

……

所以大联合必要从小联合入手，我们应该起而仿效别国的同胞们。我们应该多多进行我们的小联合。

《民众大联合（二）》②

……圣文神武的皇帝，也是可以倒去的。大逆不道的民主，也是可以建设的。……我〈俄〉罗斯打倒贵族，驱逐富人，劳农两界合立了委办政府，红旗军东驰西突，扫荡了多少敌人，协约国为之改容，全世界为之震动。匈牙利崛起，布达佩斯又出现了崭新的劳农政府……怒涛西迈，转而东行，英法意美既演了多少的大罢工，印度朝鲜，又起了若干的大革命。异军特起，更有中华长城渤海之间，发生了"五四"运动。旌旗南向，过黄河而到长江，黄浦汉皋，屡演活剧，洞庭闽水，更起高潮。天地为之昭苏，奸邪为之辟易。咳！我们知道了！我们觉醒了！天下者我们的天下。国家者我们的国家。社会者我们的社会。我们不说，谁说？我们不干，谁干？刻不容缓的民众大联合，我们应该积极进行！

……

---

① 中共中央文献研究室、中共湖南省委《毛泽东早期文稿》编辑组编，《毛泽东早期文稿》（一九一二年六月——一九二〇年十一月），湖湘文库编辑出版委员会、湖南人民出版社，2008年11月第2版，第312—315、345—346页。

② 同上。

我们中华民族原有伟大的能力！压迫愈深，反动愈大，蓄之既久，其发必速。我敢说一怪话，他日中华民族的改革，将较任何民族为彻底。中华民族的社会，将较任何民族为光明。中华民族的大联合，将较任何地域任何民族而先告成功。诸君！诸君！我们总要努力！我们总要拼命的向前！我们黄金的世界，光华灿烂的世界，就在前面！（完）

《民众大联合（三）》[①]

胡适在《每周评论》第36期上，曾专门撰写介绍文章说："《湘江评论》的长处是在议论的一方面，《湘江评论》第二、三、四期的《民众大联合》由毛泽东撰写。一篇文章，眼光远大，议论也很痛快，确是现今的一篇重要文字。还有'湘江大事述评'一栏，记载湖南的新运动，使我们发生无限乐观。武人统治之下，能产生出我们这样一个好兄弟，真是我们意外的喜欢。"许多人指出，《湘江评论》的"魄力充足""议论精湛""内容完备"、是全国"最有分量、见解最深刻"的刊物。成都的《星期日》周刊、北京的《又新日报》、上海的《时事新报》以及《新青年》、《晨报副刊》等报刊分别转载、摘载、推荐《民众大联合》一文。

《湘江评论》似冲锋号角，一下子唤醒了湘江两岸的劳苦大众。《民众的大联合》似匕首投枪，字字直刺张敬尧的心脏。他害怕"中华民族的改革，将较任何民族为彻底"，害怕湖南的学生先于全国而

---

① 中共中央文献研究室、中共湖南省委《毛泽东早期文稿》编辑组编，《毛泽东早期文稿》（一九一二年六月——一九二〇年十一月），湖湘文库编辑出版委员会、湖南人民出版社，2008年11月第2版，第355—359页。

成功，所以采取了北洋政府都没敢采取的行动，先是张贴布告，派出军警冲击学联办公地点，强行解散湖南学联。8月中旬又查封了《湘江评论》，第5号尚未发行就被焚烧，接着，又强行要求各校把参与运动的学生赶出校门。

因此，《湘江评论》存在的历史极为短暂，自1919年7月14日创刊号问世起，共出五期（还有7月21日与第二期同时出版的《临时增刊》第一号）。由于湖南学生联合会领导长沙群众举行焚烧日货，张敬尧的军警包围湖南学生联合会，胁迫彭璜停止反日爱国运动，张贴布告，解散学联，8月中旬查封了《湘江评论》，并闯入湘鄂印刷公司，将刚印出的《湘江评论》第五号没收。

由于事先得知，毛泽东布置学联职员离开，重要文稿和学联印信移走，未受损失。当晚，毛泽东同留守的学联骨干在何叔衡处开会，决定6条：各校学生暂不用学联名义；学联活动要秘密进行；将查封《湘江评论》情况通报报界；要回乡学生宣传张敬尧的暴行；函达全国学联和各界联合会争取支援；积极准备驱张。此后，毛泽东和学联其他负责人到岳麓山继续进行革命活动。在毛泽东影响和帮助下办起来的湘雅医学专门学校的《新湖南》、周南女校的《女界钟》和修业小学的《小学生》等刊物，仍继续出版。

周刊《新湖南》从第七号开始由毛泽东主持编辑，此刊的宗旨是：批评社会，改造思想，介绍学术，讨论问题。此刊的大部分文章是毛泽东写的。9月5日，毛泽东致信黎锦熙：《新湖南》从第七号以后由他主持编辑。毛泽东在信中称赞《民铎》第六号刊载的《国语学之研究》和《俄罗斯文学思潮之一瞥》，是"近数年来不多见的大文章"，读后收益不少。毛泽东说：自己颇想研究国语，非将国语教科书编成，否则教育是没有办法的；至于留法一事，算是湖南教育界的一个新生命。

张敬尧的倒行逆施，成了湖南驱张运动的爆发点。

1919 年 9 月中旬，湖南原学生联合会的骨干在商业专门学校酝酿驱逐张敬尧的问题。毛泽东指出：北洋军阀内讧是驱张的大好时机，湖南要做主力。会议安排：1. 尽可能策动教员和新闻界人士支援学生驱张；2. 指派彭璜和商专代表李凤池等去上海，联络省外驱张力量；3. 积极恢复学联。

9 月 21 日、26 日，毛泽东先后在长沙《大公报》发表《表同情于师范学生》、《原来是他》两篇短文，对摧残教育、毒打车夫等社会现象表示愤慨，发出"旧有之师长见于街衢，则执手问先生何以教我"的质问。

被解散的湖南学联，秘密地由商专迁往岳麓山下的半学斋。学联恢复后的第一次会议上，毛泽东提出驱逐张敬尧的问题：庆父不死，鲁难未已；张贼不除，湘无宁日。要把湖南的反帝反封建反军阀运动开展下去，就必须把张敬尧驱逐出去。

张敬尧还不到 40 岁，是北洋嫡系中的皖系，当过北洋第 7 师师长和苏鲁豫皖剿匪督办，现在又是湖南督军兼省长，有枪又有权，要把他从湖南驱逐出去，比开展学生运动难得多，不少人对此缺乏信心，认为腰无分文、手无寸铁的学生根本不是督军的对手。

毛泽东说，张敬尧貌似强大，但从各方面的情况综合分析，驱张的成功存在着极大的可能性：1. 湖南学生运动已经受到社会各界的认同和支持，广大民众对解散学联和查封《湘江评论》是反对的，只要公开开展驱张运动，一定会得到各界民众的肯定和支持。2. 张敬尧主

政湖南横征暴敛、劫财害命、民不聊生，各界对张敬尧的怨恨已达极点，甚至到了忍无可忍的程度，驱张具有广泛的社会基础。3. 张敬尧的罪行已受到省内外湖南籍著名人士的反对，如在北京的湘籍人士熊希龄、范源濂，已通电揭发张敬尧贪赃枉法的事实，并向北洋政府控告了张敬尧的五大罪状。4. 辛亥革命以来，湖南这块地除了傅良佐、张敬尧两个外来军阀短暂执政外，大部时间都由思想较为倾向于国民革命的谭延闿执政。谭延闿容忍不了张敬尧这个外来户，早就想联合程潜等湖南籍官绅取而代之了。5. 张敬尧隶属于北洋嫡系中的皖系，而驻扎在衡阳的吴佩孚、驻扎在常德的冯玉祥却为直系。直、皖两系素有矛盾和冲突，张敬尧名为湖南执政，屁股下面却坐着吴佩孚、冯玉祥两个火药桶，一旦爆发冲突，张敬尧就有可能败走麦城。

毛泽东说张敬尧内有民愤、外有敌手，他的天下并不太平，只要我们利用好各方面的有利因素，调动省内外的积极力量，将张敬尧的罪行昭告天下，是完全能够把他赶出湖南的。参加会议的同志听后来了精神，立即组织材料起草《驱张宣言》，准备在"宣言"中列举出张敬尧的十大罪状。

1919 年 10 月 4 日，毛泽东接到二弟毛泽民从韶山派人送来告母亲病危的特急家信。

毛泽民，原名泽铭，字润（咏）莲，1896 年 4 月 3 日（清光绪二十二年二月二十一日）出生。由于毛泽东很早离家外出求学，毛泽民只读了几年私塾就辍学在家务农，帮助父亲持家理财。在精明能干的父亲身边，他十几岁就学会了多种农活，而且能写会算、勤俭持家。

毛泽东带上小弟毛泽覃星夜上路，直奔韶山。

毛泽覃，字润（咏）菊，1905 年 9 月 25 日（清光绪三十一年八月二十七日）出生，童年时代在家乡韶山度过。曾在清溪寺、瓦子坪等处读书，从小学习用功，并时常随大人到田间做一些农活。他活泼、勇敢、爱打抱不平。1918 年，泽覃 13 岁时，毛泽东把他带到长沙，安排到第一师范附属小学读书。

1918 年 4 月，毛泽东的母亲患了淋巴结核病，1919 年由二弟泽民带着从韶山到长沙求医，毛泽东弟兄三人曾同老母到照相馆合影留念。

100 里崎岖山路。毛泽东他们走了一天一夜。当毛泽东赶到韶山时，母亲已经过世两天了。按照韶山的习惯，已经入棺。

毛泽东母亲文素勤（文七妹）于 10 月 5 日，即民国八年八月十二日去世。毛泽民说：母亲在临终时还呼唤着他们的名字。毛泽东心似刀绞，泪如泉涌，母亲才 52 岁，不想一场小病，竟夺走了她的生命。他守在母亲灵前，对着暗淡的油灯，回想起童年的件件往事，慈母的形象时时浮于脑际。

1919 年 10 月 8 日，在悲痛中，他席地而坐写出了《祭母文》：

呜呼吾母，遽然而死。寿五十三，生有七子。七子余三，即东民覃。
其他不育，二女二男。育吾兄弟，艰辛备历。摧折作磨，因此遘疾。
中间万万，皆伤心史。不忍卒书，待徐温吐。今则欲言，只有两端。
一则盛德，一则恨偏。吾母高风，首推博爱。远近亲疏，一皆覆载。
恺恻慈祥，感动庶汇。爱力所及，原本真诚。不作诳言，不存欺心。
整饬成性，一丝不诡。手泽所经，皆有条理。头脑精密，劈理分清。
事无遗算，物无遁形。洁净之风，传遍戚里。不染一尘，身心表里。

五德荦荦，乃其大端。合其人格，如在上焉。恨偏所在，三纲之末。

有志未伸，有求不获。精神痛苦，以此为卓。天乎人欤？倾地一角。

次则儿辈，育之成行。如果未熟，介在青黄。病时揽手，酸心结肠。

但呼儿辈，各务为良。又次所怀，好亲至爱。或属素恩，或多劳瘁。

大小亲疏，均待报赍。总兹所述，盛德所辉。必秉悃忱，则效不违。

致于所恨？必补遗缺。念兹在兹，此心不越。养育深恩，春晖朝霭。

报之何时，精禽大海。呜呼吾母，母终未死。躯壳虽殒，灵则万古。

有生一日，皆报恩时。有生一日，皆伴亲时。今也言长，时则苦短。

惟挈大端，置其粗浅。此时家奠，尽此一觞。后有言陈，与日俱长。

尚飨！

1919 年 10 月 8 日

毛泽东还作泣母灵联两副：

疾革尚呼儿　无限关怀　万端遗恨皆须补

长生新学佛　不能住世　一掬慈容何处寻

春风南岸留晖远

秋雨韶山洒泪多 ①

过了"头七"，毛泽东才忍着悲哀，咽着泪水，与二弟泽民分别，带着小弟泽覃回到长沙。不久毛泽东给他的同学、好友邹蕴真写信说，

---

① 毛泽东将《祭母文》和灵联交于他的老师（族兄）毛宇居。新中国成立后毛宇居交给了人民政府。1978 年在给毛泽东父母修合葬墓时刻于碑上。

世界上共有三种人：损人利己的人；利己而不损人的人；可以损己而利人的人。他说他母亲正是最后一种人。

1919 年 10 月 22 日，毛泽东同湖南教育界 1272 人联名发出公启，揭露张敬尧派其私党操纵改选并控制省教育会的内幕，反对张敬尧摧残教育事业。

11 月 8—10 日，长沙《大公报》连续刊登特别启事："本报添约毛润之先生为馆外撰述员。"

11 月中旬，新民学会在长沙周南女校召开修改会章和改选大会。会议选举何叔衡、李思安任正副执行委员长，陶毅、周世钊、毛泽东、周敦祥、魏璧、陈书农、唐耀章、蒋竹如为评议员。

不久，《新湖南》也被张敬尧封闭了。毛泽东就在长沙《大公报》等报纸上发表文章。长沙一个叫赵五贞的女学生因不满被父母逼嫁一家有钱人在花轿中自杀。1919 年 11 月 18 日到 28 日，毛泽东在《大公报》《女界钟》上连写了 9 篇文章，评论此事，抨击封建婚姻制度，引起各报讨论。

新村主义是一种小资产阶级的社会主义学说，它最早产生于日本。这种学说主张另辟一块天地，在那里建立一个财产公有，没有剥削和压迫，人人平等自由，一起劳动，一起生活的"世外桃源"。这种学说介绍到中国后，引起了毛泽东的极大兴趣，并产生了仿效这种学说在中国进行实验的念头。1918 年他从湖南第 师范毕业后，曾和蔡和森等人一道试图在岳麓山找个地方试验这种理想的社会新生活——新村主义的半工半读生活，由于种种原因没搞成。1919 年，当毛泽东接

触马克思的科学社会主义以后，并没有立即抛弃这种学说，他草拟了一个在岳麓山一带创建半工半读新村的计划书，1919 年 12 月 1 日，毛泽东将计划书的《学生之工作》一章，公开发表在《湖南教育月刊》第 1 卷第 2 号上。毛泽东把新社会描述为："合若干之新家庭，即可创造一种社会。新社会之种类不可尽举，举其著者：公共育儿院、公共蒙养院、公共学校、公共图书馆、公共银行、公共农场、公共工作厂、公共消费社、公共剧院、公共病院、公园、博物馆、自治会。合此等之新学校、新社会，而为'新村'。"毛泽东认为，这种半工半读新村是财产公有、共同劳动、平均分配、人人平等、互助互爱、安居乐业的共产主义细胞。

四、再到北京

1919 年 12 月 3 日，毛泽东和新民学会会员同湖南学联骨干、积极分子在长沙白沙井开会，研究形势，讨论对策。4 日，毛泽东在楚怡小学出席长沙各校教职员代表和学生代表联席会议，会议决定开展驱张运动，继续发动全省学校总罢课、游行言说，之后，在楚怡小学召开紧急会议，决定组织驱张代表团，分赴北京、天津、上海、汉口、常德、衡阳、广州等地扩大驱张宣传。6 日，长沙各校学生罢课，湖南学联代表 13000 名学生向全国发出"张敬尧一日不去湖南，学生一日不回校"的誓言。同日，毛泽东代表新民学会，率领驱逐张敬尧的请愿团离长沙再赴北京。请愿团在汉口停留了 10 天左右，分头动员旅鄂湖南学生一道驱张，联络湖北学生支持驱张运动。12 月中旬，毛泽东从武汉绕道上海为赴法勤工俭学的蔡和森、向警予、蔡畅、葛健豪（蔡和森、蔡畅的母亲）等送行。

12 月 18 日，毛泽东从上海到达北京。邓中夏等 10 余人到车站迎接湖南驱张请愿团。毛泽东住在北长街 99 号（今 20 号）福佑寺的后配殿。在这里，毛泽东与张百龄、罗宗翰等人创办了专为驱逐张敬尧

作宣传的"平民通讯社"，毛泽东任社长。每天向京、津、沪、汉等地的报纸发布新闻稿件，许多报纸争相转载。12月27日，平民通讯社印发由毛泽东搜集资料而撰写、以湖南旅京公民署名的文章《湘人力争矿厂抵押呈总统府、国务院及外、财、农商三部文》，稿件发出的第二天，北京的《晨报》便全文转载。12月28日，毛泽东出席湖南旅京各界公民大会，讨论驱张办法，参加者千余人。大会要求与会的湘籍议员签字担保驱张。大会议决通电全国宣布张敬尧罪状并由国民公判等5项决议。12月31日，毛泽东和彭璜、张百龄等以湖南旅京公民名义，就张敬尧违禁运烟种事上书国务院，揭露张敬尧到湘后，大开烟禁，并劝民种烟，要求国务院"速即呈明大总统，将湖南督军张敬尧明令罢职，提交法庭依律处办，以全国法而救湘民"。

1920年1月18日，毛泽东、邓中夏等进步青年在陶然亭聚会，并在慈悲庵前的大槐树下合影留念。同月，毛泽东经李大钊、王光祈介绍，参加少年中国学会。该学会1919年7月1日正式成立，宗旨是"本科学的精神，为社会的活动，以创造'少年中国'"（该会于1925年底停止活动）。

1919年反帝反封建的伟大爱国运动在北京爆发。杨开慧积极投身五四运动的洪流。她剪着一头短发，显得更加英姿飒爽。在运动中，她钻研俄国十月革命的经验，阅读传播马克思主义的进步读物，初步接受了共产主义思想。这时她已不再满足于在家跟着父亲学习国文和英文，而是积极去北大旁听。她认真地阅读着《新青年》、《每周评论》、《新潮》、《新俄罗斯研究》和父亲订阅的英文版《布尔什维克》、《奥德维克》等传播马列主义的进步书刊。她深深地被俄国十月革命的胜利所鼓舞，被陈独秀、李大钊、鲁迅为代表的"打倒孔家店"的新文化运动所激励。人们称赞她：开慧志向远大，举止温婉，英文亦好，殊属难得。这年 7 月，杨开慧接连读到毛泽东主办的《湘江评论》，她深深地为毛泽东的气质和精神而振奋。她反复吟读着：世上什么问题最大？吃饭问题最大；什么力量最强？民众联合的力量最强；什么不要怕？天不要怕，鬼不要怕，死人不要怕，官僚不要怕，军阀不要怕，资本家不要怕。一天，杨老夫人接到一封乡下亲戚的来信，不禁感叹地说："一些亲戚的家境不如过去了，穷了。"正在看书的杨开慧答道："穷了就好，要是成了无产者，更能坚决地参加革命。""潮流总是要随时势而变换的，共产主义来了，门板也挡不住。"正在病中的杨昌济也禁不住接过话头。杨开慧望着父亲，阐述着自己的见解：今天的世界，有两个对立的阶级，就是无产阶级和资产阶级，随着资本主义的发展，资产阶级为自己准备了掘墓人；在俄国，列宁领导的俄国无产者，打倒了资产阶级，建立了劳农专政的苏维埃国家，过去做奴隶的工农掌了权，做了主人；我们中国也要走俄国革命道路，这就是我们苦难中国的光辉灿烂的前程。杨开慧用初学的马克思主义思想分析问题的一席话，父亲听了频频点头，母亲也高兴地笑了。

1919 年 12 月初，杨昌济病情较重，由北京西山医院转德国医院治疗。恰在这时，毛泽东率代表团为驱逐军阀张敬尧第二次来到北京。得悉老师病重的消息后，他顾不上旅途劳顿，立即到医院看望，以后，在紧张的工作之余多次前往探视。1920 年 1 月 17 日凌晨 5 时，杨昌济先生不幸去世，时年 49 岁。

据萧瑜回忆：早在长沙时，杨昌济就用一只特制的大盆，里面装满凉水，天天早晨都要泡在里面洗冷水浴。到北平后，他仍继续坚持，

杨昌济说："人必须每天做一件艰苦的事来磨炼自己的意志。冷水不仅磨炼意志，还能增强体质。"萧子升断定在滴水成冰的北平，冬天洗冷水浴是杨先生早逝的原因之一。杨昌济即使躺在病床上，也根本没有想到死，他曾对前来看望的友人说，自信可以活100岁，并且准备5年之后，全家移居巴黎，准备学习和研究法、德两国的文字。他临终前还在与友人谈话，说："吾意正畅"，说罢便溘然长逝，时年49岁。

杨先生临终前写信给友人、时任广州军政府秘书长的章士钊说："吾郑重语君，二子海内人才，前程远大，君不言救国则已，救国必先重二子。"李肖聃在《北京大学日刊》上发表的文章中说：杨昌济"在长沙5年，弟子著录以千百计，尤心赏毛泽东、蔡林彬"。

毛泽东与杨开慧、杨开智一起守灵。悲哀笼罩在他的心头，短短两个多月，人世间两个他最敬爱的亲人——母亲和杨先生——先后离开了人世。

1920年1月22日，蔡元培、范源濂、章士钊、杨度、黎锦熙、朱剑凡以及毛泽东等联名在《北京大学日刊》发出《启事》称：杨先生操行纯洁，笃志嗜学，无意于富贵利达，依薪资维持生计，为抚恤遗孤，请诸知己慨加赙助。

为解决杨昌济身后家属的生活困难，北京大学评议会作出决定："杨昌济教授及刘师培教授身后恤金，应根据田北湖、朱蓬仙教授先例，各赠送两月俸金。"

1920年1月25日，北京和湖南教育界都举行了隆重的追悼会。北京的追悼会在法源寺举行，许多著名学者都参加了追悼会，不少人送了挽联。

在此期间，上海新民学会给毛泽东发来信件，通知 4 月份全国各地的学联到上海开会；北京驱张代表团开会决定由他前去上海继续开展驱张活动，并参加会议。毛泽东陷入矛盾之中，不知如何取舍。杨开慧一听毛泽东因为上海与会、扶柩南归在时间上有冲突，马上说："润之，父亲的丧事你已经尽心尽力了。父亲在世时，不止一次对我说过，凡事要以你的事业为重。现在驱张之事关系重大。你就送到武汉吧。这样两边都没误。"几天后，杨昌济的夫人向振熙与杨开智、杨开慧、李一纯、学生陈赞周，还有从长沙赶来的向明卿扶柩南归。

杨开慧一家扶柩南下安葬于长沙板仓。

回到故乡板仓，杨开慧经父亲生前好友李肖聃先生的推荐，入长沙福湘女中进修班，自修国文、算术、英文三门课程。坐落在长沙市城北兴汉门外留芳岭下的福湘女中，是美国人创办的一所教会学校。在此校读书期间，杨开慧和国文教员李肖聃先生的女儿李淑一一起剪短发，不讲梳洗打扮，不参加"礼拜"，阅读进步书刊。在李肖聃主编的校刊上，她发表《呈某世伯父》等文章，揭露旧社会制度的不合理，抨击封建军阀政府的腐朽与反动。她还投入"开放女禁"的妇女解放运动，提倡"男女同校"。她动员和串联了福湘、周南女中的徐乾等 6 名女同学，毅然离开女校，上了岳云男子中学学习。

毛泽东的母亲病逝后，仅 100 天，父亲毛顺生也因患伤寒于 1920 年 1 月 23 日（民国八年十二月初三）在韶山家乡去世，享年 50 岁。与毛泽东的母亲文素勤合葬于韶山土地冲。

毛泽东因在北京积极参加"驱张"活动，未回家奔丧。

在北京期间，毛泽东和易培基着手组织了一个"平民通讯社"，

由毛泽东担任社长。通讯社设在北长街 99 号福佑寺的马神庙里面。大部分学生住在这里。

1920 年 1 月 28 日，湖南公民、教职员、学生 3 个代表团数十人，自上午 12 时开始，分 3 路向国务院驻地出发，后来，又转赴国务院总理靳云鹏的棉花胡同私宅。为要求撤销张敬尧向北京政府最后一次请愿。毛泽东以湖南公民代表团团长的身份参加。请愿团数十人，从中午 12 时开始，从前门、后门、西华门分三路向新华门总理府进发。请愿的队伍顶着凛冽的寒风，在总理府门前等待数小时，不见总理靳云鹏的人影，便离开新华门，经北长街景山出后门，至棉花胡同靳云鹏私宅。毛泽东等 6 人被推举为交涉代表。靳云鹏托词不见，派副官长接见。6 代表痛陈张敬尧祸湘罪恶，要求靳云鹏当众宣布解决办法。靳承诺"明日国务会议将湖南问题提出"，下星期四学生代表到靳宅候信。请愿团到晚 7 时离去。

2 月 5 日，毛泽东等湖南 6 位代表以"一周期满"，到棉花胡同靳云鹏住宅请愿候信。但这一带早有兵警设防，阻止各代表通过。这次请愿没有结果。

2 月 15 日，旅京湖南学会成立，毛泽东被选为编纂干事，每星期日上午开学术研究会，下午请中外名人讲演（9 月以后，学会停止活动）。

2 月，毛泽东致信在长沙周南女校的新民学会会员陶毅：我们要结合一个高尚、纯粹、勇猛、精进的同志团体，对于改造社会，要有共同的讨论，讨论共同的目的和共同的方法，再讨论方法怎样实践，这样，将来才有共同的研究，共同的准备，共同的破坏和共同的建设，要避免那种个人冥想和人自为战的弊病；想和同志成立一个"自由研究社"（或名为自修大学），用一二年的时间，将古今中外学术大纲弄个清楚，作为出洋考察的工具，然后组织一个留俄队，赴俄勤工俭学，留俄这桩事，我正和李大钊君等商量，我为这件事，脑子里装满了愉快和希望；今日到工读互助团①女子组看望，觉得很有趣味，但也许终究失败，因为男子组可说已经失败了。

3月5日，毛泽东和陈独秀、王光祈等联名的《上海工读互助团募捐启》在上海《申报》发表：为求得教育与职业合一，学问与生计合一，使上海一般有新思想的青年男女，可以解除旧社会旧家庭种种经济上意志上的束缚，而另外产生一种新生活、新组织，实行半工半读，互助协助，这是发起工读的唯一宗旨；该团章规定，团员每天工作6小时，工作所得归团体公有，衣食住及教育费、医药费、书籍费均由团体供给。

毛泽东曾饶有兴趣地参观了王光祈试办的女子工读互助团，并写信向长沙的新民学会做了介绍，说："觉得很有趣味！但将来的成绩怎样？还要看他们的能力和道德力如何，也许终究失败（男子组大概可说已经失败了）。"

3月上旬，毛泽东接到彭璜等为在上海的湖南改造促成会所拟的《湖南建设问题条件商榷》，即分发在京有关人士征求意见。《商榷》的主要内容：废除督军，裁减军队，增加教育经费，实行自治，保障

---

① "工读互助团"，是少年中国学会个别负责人在北京发起组织的。他们集合北京大学等学校几十个男女学生，成立3个组，实行半工半读。其中男子组办了三四个月，因开支太大等原因，终于瓦解。女子组共8人，其中6人为湘籍学生。

人民各种自由权利等。同月 12 日，毛泽东致信黎锦熙，并附《湖南建设问题条件商榷》，信中说：弟于吾湘将来究竟应该怎样改革，本不明白，并且湖南是中国里面的一省，除非将来改变局势，地位变成美之"州"或德之"邦"，是不容易有独立创设的；从中国现下全般局势而论，稍有觉悟的人，应该就从如先生所说的"根本解决"下手；《商榷》所列各条，虽然是"支支节节的向老虎口里讨碎肉"，是"次货"，但就中国目前状况来说，实在是"上货"，如果连这一着都不做，便觉太不好意思了；《商榷》中有许多地方尚应大加斟酌。6 月14 日，《商榷》在上海《申报》发表。

3 月 10 日，毛泽东在黎锦熙住处进行长时间的谈话，讨论社会解放与改造问题。从下午 4 时谈到夜里，内容是约定的 3 个全面而切身的问题：1. 究竟选定哪一种社会主义；2. 怎样创造自己的哲学；3. 如何分工进行？

3 月 14 日，毛泽东给周世钊写长信，谈国内研究和出国研究的先后等问题。毛泽东在信中说：我觉得求学实在没有必要在什么地方的理，中国出过洋的总不下几万乃至几十万，好的实在很少；因此我想暂不出国去，暂时在国内研究各种学问的纲要；我觉得暂时在国内研究，有下列几种好处：1. 看译本较原本快迅得多，可于较短的时间求到较多的知识；2. 世界文明分东西两流，东方文明在世界文明内，要占个半壁的地位，然东方文明可以说就是中国文明，吾人似应先研究过吾国古今学说制度的大要，再到西洋留学才有可资比较的东西；3. 吾人如果要在现今的世界里稍为尽一点力，当然脱不开中国这个地盘，关于这地盘内的情形，似不可不加以实地的调查及研究，这层功夫，如果留在出洋回来的时候做，因人事及生活的关系，恐怕有些困难，不如现在做了，一来无方才所说的困难，二来又可携带些经验到西洋去，考察时可以借资比较；老实说，现在我于种种主义，种种学说，都还没有得到一个比较明了的概念，想从译本及时贤所作的报章杂志，将中外古今的学说刺取精华，使它们各构成一个明了的概念；我不是绝对反对留学的人，而且是一个主张大留学政策的人，我觉得我们一些人都要过一回"出洋"的瘾才对；俄国是世界第一个文明国，我想两三年后，我们要组织一个游俄队；要在长沙办自修大学，在这个大学里"实行共产的生活"。

1920 年 3 月 25 日，由毛泽东领衔，湖南 3 个代表团共 45 人，向全国发出快邮通电，声讨"保张团"——旅京湘事维持会，是被张敬尧收买的政客组织，重申湖南人民"以驱张除奸为职志"。快邮代电于 4 月 1 日发表在上海《民国日报》。

此时，直皖两系的军阀利害冲突日趋激烈，吴佩孚通电全国控告张敬尧的搜刮政策，湘军湘人有联合驱张之势，张敬尧已经陷入四面楚歌之中。

1920 年 4 月 1 日，"湖南改造促成会"在上海成立，这是一个寻求如何改造和建设湖南的群众性政治团体。由新民学会会员发起，旅沪的一些新闻界、教育界人士组成。4 月上旬，毛泽东邀集湖南代表在景山东街中老胡同商讨结束在京驱张问题。会议决定，除留罗宗翰少数人在京外，其他代表分赴武汉、上海、广东及回湘继续驱张。

毛泽东在北京组织驱张期间，与李大钊、邓中夏、罗章龙等有密切联系，用心阅读他们介绍马克思主义的书刊，热心地搜寻能够找到

的为数不多的中文共产主义书籍，《共产党宣言》就是其中一本（按照德文版刚翻译出的）①。

---

①1936 年，毛泽东同斯诺谈话中说："1920 年冬天，我第一次在政治上把工人们组织起来了，在这项工作中我开始受到马克思主义理论和俄国革命历史的影响的指引。我第二次到北京期间，读了许多关于俄国情况的书。我热心地搜寻那时候能找到的为数不多的用中文写的共产主义书籍。有三本书特别深地铭刻在我的心中，建立起我对马克思主义的信仰。我一旦接受了马克思主义是对历史的正确解释以后，我对马克思主义的信仰就没有动摇过。这三本书是《共产党宣言》，陈望道译，这是用中文出版的第一本马克思主义的书；《阶级斗争》，考茨基著；《社会主义史》，柯卡普著。到了 1920 年夏天，在理论上，而且在某种程度的行动上，我已成为一个马克思主义者了，而且从此我也认为自己是一个马克思主义者了。"（见《斯诺文集》Ⅱ，新华出版社，1984 年 8 月第 1 版，第 135—136 页。）

五、小住上海

1920 年 4 月 11 日，毛泽东离开北京去上海。目的是同彭璜率领的驱张代表团会合，商讨下一步的行动计划。同时第二批赴法勤工俭学的会员也将要从上海启程，可以乘便送行。

途中，毛泽东在天津、济南、泰山、曲阜、南京等处参观游览。

5 月 5 日，毛泽东来到上海，住在哈同路民厚南里 29 号（今安义路 63 号）。

5 月 8 日，毛泽东同新民学会会员萧三、彭璜、李思安等为欢送即将赴法的陈赞周等 6 名会员，在上海半淞园开欢送会。会上讨论了新民学会的会务问题。确定"潜在切实，不务虚荣，不出风头"为学会态度，介绍新会员此后务宜谨慎。议决新会员的条件是：纯洁、诚恳、奋斗、服从真理。

1920 年 5 月，毛泽东应彭璜之邀，与湖南一师的同学张文亮等一起试验工读生活。在附近租了几间房了，共同做工，共同读书，有饭同吃，有衣同穿，过着简朴的生活。一个月后，彭璜写信给湖南说：觉得这种工读生活，却也不容易办到，上海工读互助团不能说不失败。

　　1920 年 6 月 7 日，毛泽东致信黎锦熙："我一生恨极了学校，所以我决定不再进学校，自由研究，只要有规律，有方法，未必全不可能。外国语真是一张门户，不可不将它打通，现在每天读一点英语，要是能够有恒，总可稍有所得。我对于学问，尚无专究某一种的意思，想用辐射线的办法，门门涉猎一下。颇觉常识不具，难语专攻，集拢常识，加以条贯，便容易到达深湛""对于文字学、言语学和佛学，我都想研究，我近来功课，英文、哲学、报，只这 3 科，哲学从'现代三大哲学家'起，渐次进于各家，英文最浅近读本每天念一短课，报则逐日细看，剪下好的材料；旅京湖南学会，是一种混合的团体，很不容易共事，不如另找具体的鲜明的热烈的东西，易于见效，兴味较大，我觉得具体、鲜明、热烈，在人类社会中无论是一种运动，或是一宗学说，都要有这三个条件，无之便是附庸，不是大国，或是因袭，不是创造，便是改良派，不是革命派；我太富感情，中了慷慨的弊病，脑子不能入静，工夫难得持久，我易被感情驱使，总难厉行规则的生活"。

　　北洋军阀内部直系、皖系、奉系之间争斗十分激烈，皖系段祺瑞政府摇摇欲坠，直系曹锟有取而代之的架势，奉系张作霖愿意站在直系一边。曹锟为了攫取北京政权，就将心腹大将吴佩孚从湖南撤回北京。吴佩孚和湘军将领早有默契，吴佩孚自 1920 年 5 月 5 日起开始自衡阳撤退，他退一步，湘军就进一步。皖系督军张敬尧的军队，既不敢和吴佩孚战于长沙，也抵挡不住湘军快速北上。1920 年 6 月 11 日，这位作恶多端的张大帅，放了一把火，烧毁了自己住了两年的镇湘楼和荷花池的军火库，夹带着 30 万元银洋，匆匆忙忙地逃出了长沙。

6月12日，湘军前锋进入长沙。6月14日，湘军第1师师长赵恒惕到长沙。6月17日，湘军总司令谭延闿到长沙，自封为湖南督军兼省长。为笼络人心，他们打起了"湘人治湘"和"施行民治"的旗子。

1920年6月9日、11日、18日，毛泽东连续在上海《时事新报》上发表文章——《湘人为人格而战》、《湖南人再进一步》、《湖南人民的自决》。文章说：湖南驱张运动将要完结，湖南人应该更进一步，努力为废督运动，怎样废去督军，建设民治，乃是湖南人今后应该积极注意的大问题，湖南人有驱汤芗铭、驱傅良佐、驱张敬尧的勇气，何不拿点勇气把督军废去。文章提出中国民治的总建设，要先由一省一省的人民各自解决，合起来便可得到全国的总解决，文章说："社会的腐朽，民族的颓败，非有绝大努力，给他个连根拔起，不足以言摧陷廓清。这样的责任，乃全国人民的责任，不是少数官僚政客武人的责任""湖南的事，应由全体湖南人民自决之，赞助自决者，湖南人之友，障碍此自决者，湖南人之仇"。文章说："我愿湖南人望一望世界的大势，兼想一想八九年来自己经过的痛苦，发狠地去干这一着。"

6月23日，毛泽东起草以湖南改造促成会的名义复信湘籍老同盟会会员、上海报人曾毅。毛泽东在信中说：中国20年内没有实现"自治之总建设"的希望，在此期间，湖南应实行自决自治，自办教育，自兴产业，自筑铁路、汽车站，充分发挥湖南人之精神，造一种湖南文明于湖南领域以内。信中并向打着"湘事湘人自治"旗号的谭延闿、赵恒惕新政府，提出了两点要求："第一，能遵守自决主义，不引虎入室，已入室将入室之虎又能正式拒而去之。第二，能遵守民治主义，自认为平民之一，干净洗脱其丘八气、官僚气、绅士气，往后举措，

一以三千万平民之公意为从违。最重要者，废督裁兵，钱不浪用，教育力图普及，三千万人都有言论、出版、集会、结社之自由。"6月28日，此信以《湖南改造促成会复曾毅书》为题全文发表于上海《申报》。

　　在上海，毛泽东第二次见到了陈独秀（第一次是在北京大学里）。陈独秀，原名陈乾生，字重甫（后改为仲甫），安徽怀宁（安庆）人，生于1879年。他早年受康有为、梁启超维新思想的影响。1900年，他在杭州求是书院读书时，即因有反清言论被当地警察所追捕。1901年10月留学日本，同孙中山以及同盟会中许多领导人有过接触。1902年，他加入由留日学生组织的"励志会"，同年冬又退出。再和冯自由、蒋百里等人另组"中国青年会"。1904年7月，应章士钊之邀，回到上海，参加了杨笃生、何海樵等人的暗杀团，后参加由暗杀团改组的光复会。1905年，和柏文蔚等人在安徽建立秘密的反清团体"岳王会"，任会长。辛亥革命后，两次出任安徽都督府的秘书长，并积极参加了由孙中山领导的，以反袁世凯为主要目标的"二次革命"。1913年他又参加了反袁斗争，并为此在芜湖被捕。但他对孙中山领导的同盟会及其所走的道路存在着分歧，他始终未加入同盟会。1915年9月起，陈独秀创办并主编《青年》（后改名为《新青年》）杂志。他曾十分自信地对人说："让我办十年杂志，全国思想都全改观。"《青年》一出，果然影响全国。陈独秀一跃成为进步知识界的领袖。在蔡元培的盛情邀请下，1916年末任北京大学教授、文学科学长。1918年和李大钊创办《每周评论》，倡导新文化，是五四运动的领导人之一。五四运动后，他接受和宣传马克思主义。1919年6月11日，他和高一涵等去北京前门外新世界游艺场散发由他起草的《北京市民宣言》时，被京师警察厅逮捕。他的被捕，在学生界、思想界引起了很大的震动，全国各大报刊纷纷发表消息、刊登评论及社会团体、学者名流和学生们的营救通电。在孙中山和社会各界的营救下，于1919年9月16日被释放。1920年初，陈独秀回到上海，5月建立了上海共产党早期组织。毛泽东说：陈独秀对他的影响也许超过任何人。

陈独秀正在上海筹备组建共产党，毛泽东同陈独秀讨论过组织湖南改造促成会的计划和自己读过的马克思主义书籍[①]。

6月，毛泽东为组织革命活动以及一部分同志去欧洲勤工俭学，急需一笔数额较大的款项，毛泽东在上海找章士钊帮忙。章士钊当即发动社会各界名流捐款，热情相助，共筹集了两万银圆，全部交给了毛泽东。

1920年7月初，从上海返湘途中，毛泽东在武昌停留了一个星期，与利群书社创建人恽代英接触交谈。并与恽代英商谈在长沙开办"文化书社"的问题。

7月7日，毛泽东回到长沙。先住储英源楚怡小学校。

9日，毛泽东致信胡适，告诉他"湘自张去，气象一新，教育界颇有蓬勃之象"。

20日，湖南学生联合会在长沙《大公报》发表《全体学生终至

---

①1936年，毛泽东同斯诺谈话中说："我第二次到上海去的时候，曾经和陈独秀讨论我读过的马克思主义书籍。陈独秀谈他自己的信仰的那些话，在我一生中可能是关键性的这个时期，对我产生了深刻的印象。"（见《斯诺文集》Ⅱ，新华出版社，1984年8月第1版，第137页。）

罢学宣言》："现在湘局，虽侥幸解决，但来日方长，种种均待整理，……我们此次的牺牲太大，所得的代价，殊不满足。并且此次驱张，纯系军事上的色彩，转足以重民众的苦痛。自今以往，我们更应有彻底的觉悟，对于这种无价值的牺牲，绝对不干。要救湖南，事事须靠自己，没再做无谓的周旋，向老虎嘴里去请愿。"

25 日，毛泽东和在长沙的湘潭教育界人士，在长沙大公报馆开会，商讨湘潭教育改进问题。会议决定成立湘潭教育促进会，毛泽东被公推为 4 名筹备员之一，共同负责起草简章。27 日，湘潭教育促进会成立，毛泽东当选促进会文牍干事。30 日，湘潭教育促进会第一次干事会议决定起草促进会宣言书，由毛泽东主稿。31 日，毛泽东拟出促进会宣言书："教育为促使社会进化之工具，教育者为运用此种工具之人。故教育学理及教育方法必日有进化，乃能促社会使之进化；教育者之思想必日有进化，乃能吸收运用此种进化之学理及方法而促社会使之进化。"

1920 年 7 月 31 日，长沙《大公报》发表由毛泽东起草的《发起文化书社》。文章说，现在全中国全世界都还没有新文化，只有一枝新文化小花，发现在北冰洋岸的俄罗斯。文章指出："没有新文化由于没有新思想，没有新思想由于没有新研究，没有新研究由于没有新材料。湖南人现在脑子饥荒实在过于肚子饥荒，青年人尤其嗷嗷待哺。文化书社愿以最迅速、最简便的方法，介绍中外各种最新书刊，以充青年及全体湖南人新研究的材料。也许因此而有新思想、新文化的产生，那真是馨香祷祝、希望不尽的！"

8 月 2 日，毛泽东和文化书社其他发起人在楚怡小学开成立大会，通过毛泽东起草的《文化书社组织大纲》，规定："本社以运销中外各种有价值之书报杂志为主旨，……使各种有价值之新出版物，广布全省，人人有阅读之机会。"

1920年8月下旬，毛泽东在韶山乡下休息。9月1日，赶回长沙。

9月3日，毛泽东在长沙《大公报》新开辟的"湖南建设问题"专栏，发表《湖南建设问题的根本问题——湖南共和国》，坚持先分省自治后解决全国总建设的观点。文章说："九年假共和大战乱的经验，迫人不得不醒觉，知道全国的总建设在一个期内完全无望。最好办法，是索性不谋总建设，索性分裂，去谋各省的分建设，实行'各省人民自决主义'，……湖南人没有别的法子，唯一的法子是湖南人自决自治，是湖南人在湖南地域建设一个'湖南共和国'。我曾着实想过，救湖南，救中国，图与全世界解放的民族携手，均非这样不行。"①

毛泽东设想：我们主张"湖南国"的人，并不是一定要在字面上改一个名称，只是要得到一种"全自治"，而不以仅仅得到"半自治"为满足；实行全国总建设一时还完全无望，最好的办法是"索性分裂去谋各省的分建设"，先和正处于混乱中的"大中国"脱钩，待十年二十年各国"分建设"好了，再搞彻底的总革命，这实是进于总解决

---

① 中共中央文献研究室编，《毛泽东年谱》（1893—1949）修订本上卷，中央文献出版社，2013年12月第1版，第62页。

的一个紧要手段。①

1920 年 9 月 5 日，毛泽东应湖南通俗报馆馆长何叔衡邀请，参加《通俗报》第一次编辑会议。毛泽东在会上发言说：《通俗报》是向一般群众进行教育的武器，文字必须浅显、生动，短小精悍，要根据事实说话，不可专谈空洞的大道理。此后，毛泽东常在通俗报馆约集新民学会会员谈论建立共产党的问题。

9 月，毛泽东应湖南省教育会长兼第一师范学校校长易培基的聘请，任第一师范附属小学的主事（校长），毛泽东在附小教学方面实行一些改革，设园艺、畜牧、印刷等实习课，要学生注意研究实际问题。毛泽东题写的一副对联"世界是我们的，做事要大家来"，挂在附小礼堂。毛泽东为提高工人文化水平，把 1918 年 4 月停办的工人夜校恢复起来，还在初小部开设平民夜校和失学青年补习班，并主持教学工作。

秋天，毛泽东和十几位新民学会会员发起组织星期同乐会，每至星期日，到长沙近郊的名胜古迹，如天心阁、水陆洲、碧浪湖等处聚会游览，作诗文，交谈个人的思想、工作和学习，有时也邀请信仰无政府主义的人参加，用自己掌握的思想影响他们。

毛泽东同时被一师校友会推为会长（连任两年半）。不久又破例被聘请为第一师范 22 班的级任（班主任）兼国语教员。

1920 年 10 月，毛泽东在湖南建立中国社会主义青年团，并兼任

---

① 中共中央文献研究室编，逄先知、金冲及主编，《毛泽东传》（一），中央文献出版社，2013 年 11 月第 3 版，第 66 页。

团的书记。新民学会的许多会员都加入了青年团，同时还吸收了许多工人参加（到中共"一大"以前，发展到 38 人）。

杨开慧成为第一批青年团员之一。

1920 年冬天，毛泽东和杨开慧结婚。杨师母向振熙从板仓乡下给开慧写信，说她完全赞成这一门婚事，而且告诉她：父亲生前也是早已同意了的。结婚那天，杨开慧不坐花轿，没备嫁妆，也没有媒妁之言，她带着一个书包，来到湖南第一师范教员宿舍——妙高峰下的青山祠，仅同陈昌的爱人毛秉琴等，办了一席 6 块银圆的晚餐，招待了何叔衡、陈昌、方维夏、谢觉哉、彭璜、王季范等几位挚友。

1921 年春，毛泽东回韶山时，把被送到别人家做童养媳的菊妹子接回家中。菊妹子，1905 年出生于韶山冲东茅塘，因出生时正值满山遍野菊花盛开的季节，父母给她取乳名为"菊妹子"。

菊妹子的父亲毛尉生，是一个贫穷的佃农，由于过度劳累，39 岁就去世了。母亲陈氏，带着菊妹子和 3 个弟弟，过着饥寒交迫的生活。菊妹子从小除了上山捡柴，下地挖野菜外，在寒冬季节，还经常跟着母亲沿户乞讨，养活弟妹。在她 5 岁时，韶山发生了大灾荒，她家的生活更加困难。毛泽东的父母就把菊妹子接到了上屋场，作为过继女儿收养。毛泽东的父母相继去世后，14 岁的菊妹子从上屋场回到了自己的家中。不久被送到杨林乡萧家作童养媳。

毛泽东把菊妹子接回家中后，一家人围在火塘边，毛泽东对弟弟妹妹们说，要舍小家为大家，为改造旧中国而奋斗！菊妹子听入了神，恳求大哥："我不愿当童养媳，我也要跟你干革命！"毛泽东高兴地答应了她的要求，决定先送她去读书。毛泽东知道她还没有正式的名

字，随手在一张纸盒上写了"毛泽建"三个字，从此，她就有了新的名字。毛泽东帮助毛泽建解除了封建婚约，把她带到长沙，送她进崇实女子中学读书，在文化书社里借宿。由于她刻苦攻读，进步很快。她还为文化书社推销书刊，替秘密开会的同志站岗放哨。1921年，她加入了中国社会主义青年团。

六、从事建党活动

20 世纪初，是日本早期社会主义思潮澎湃的年代。1903 年，湖南武陵（今常德）人赵必振把日本福井准造的《近世社会主义》译成了中文。以 2 万字的篇幅介绍了马克思的生平和学说。1904 年，日本早期社会主义者幸德秋水宣传马克思主义的名著《社会主义神髓》问世，并很快被翻译成几种汉文译本，在中国留日学生中广泛流传。1906 年，孙中山在东京出版的同盟会机关刊物《民报》登载了朱执信介绍马克思生平和学说的文章《德意志社会革命家小传》。湖南桃源人宋教仁也在《民报》上发表了《万国社会党大会略史》，记述了第一国际、第二国际创立和发展的经过（但这些译著因不是马克思主义原著，多有差误）。1919 年 3 月，列宁在莫斯科创建第三国际——共产国际。改变了第二国际在民族问题上的机会主义立场。把各被压迫民族的解放斗争当作世界无产阶级革命的重要组成部分而加以援助。

1919 年 7 月 25 日，俄罗斯苏维埃联邦社会主义共和国外交委员加拉罕签署发表《对中国人民和中国南北政府的宣言》（第一次对华宣言）："……宣言废止一切中俄及其昔日之联盟国所秘密条约……

将俄皇政府自行掠取或与日本及联盟国共同侵夺者，概行交还中国人民……愿将中国中东铁路及租让之一切矿产、森林、金产及其他各种产业，由俄皇政府……等侵占得来一概无条件归还中国，毫不索偿……放弃庚子赔款之俄国部分……废弃一切特别权利，及在中国境内之俄国贸易区。……如中国人民愿取得自由，一若俄国人民之有今日，并愿免蹈使中国成为第二朝鲜或印度之……命运，则愿其了解，足以作为其在为国家自由而奋斗中之联盟与兄弟者，舍俄国工人农民及其赤军而莫属。"①

共产国际成立后不久，就陆续派员来中国联系。起初，以苏俄政府外交工作人员和华俄通讯社代表的身份来华，由于中国反动政府的阻挠，他们的活动没有取得显著的成效。1920年春，共产国际成立了远东局，负责联络中国、日本、朝鲜等国。

1920年远东局获悉中国爆发了五四运动的消息，引起了列宁和共产国际对东方革命的关注。共产国际派远东局负责人魏金斯基（中文名字吴庭康或伍庭康）来华联系。列宁给魏金斯基的任务主要有三项：①同中国社会主义团体联系，组织正式的中国共产党和青年团；②指导中国的工人运动，成立各种工会；③物色一些进步分子到莫斯科东方大学学习。魏金斯基是个年仅27岁的青年，1918年才开始从事革命活动。对中国的情况也基本上不了解。但他为人谦虚、作风民主，对中国党关怀备至，大家都很尊敬他。同他一起来的还有他的夫人库兹涅佐娃，秘书马迈也夫，马迈也娃，翻译杨明斋（俄籍华人、俄共

---

①这个宣言于1920年4月间在中国报刊上公开发表。参见《解密档案中的孙中山》，姚金果著，东方出版社，2011年10月第1版，第105页；参见《毛泽东同志的青少年时代和初期革命活动》，萧三著，中国青年出版社，1980年7月第1版，第85页。

产党员）。1920 年 3 月，魏金斯基来到北京后，经北京大学俄籍教授柏烈伟介绍，会见了北京大学图书馆馆长李大钊。

李大钊热情接待魏金斯基（公开身份是记者）一行，邀请进步人士和他们多次座谈。举行欢迎会、演讲会，深入交谈了解十月革命后的苏俄及列宁领导下的布尔什维克党的情况。最后请魏金斯基在北大红楼图书馆里再次会谈了建党问题。魏金斯基根据苏俄的革命经验和他来到中国后的见闻，认为组织中国共产党，加入共产国际，是中国革命的当务之急；并认为中国已经具备了建立共产党的条件。4 月，李大钊介绍苏联客人去上海会见陈独秀，商谈建党问题。

1920 年 5 月，陈独秀等人在共产国际代表的帮助下，在上海建立了"马克思主义研究会"。8 月左右，由陈独秀、李达、李汉俊、俞秀松、陈望道、沈玄庐、杨明斋、施存统（时在日本）等人发起建立党组织。关于党的名称，是叫"社会党"，还是叫"共产党"？陈独秀拿不定主意，他写信向李大钊征求意见。李大钊根据马克思、恩格斯最初建立的无产阶级政党的名称，明确答复：就叫共产党！后来加入的成员有：邵力子、沈雁冰、李启汉、沈泽民、林伯渠、李中、袁振英等。陈独秀为书记。魏金斯基和杨明斋还在上海帮助建立社会主义青年团，书记为俞秀松。在上海团组织的带动下，北京、广州、长沙、武汉、济南等地也建立了社会主义青年团。杨明斋还负责管理培养干部的"外国语学社"，创办"华俄通讯社"。"外国语学社"送刘少奇、任弼时、罗亦农、萧劲光去苏联，进入共产国际创办的东方劳动者共产主义大学学习。

刘少奇，湖南宁乡人，1898 年 11 月 24 日生。1919 年在北京、保定参加五四运动。1920 年 10 月在长沙加入中国社会主义青年团。

1921年到苏联学习，同年转入中国共产党。1922年夏回国，参加中国劳动组合书记部工作，同年秋任中共湘区区委委员。1923年任安源路矿工人俱乐部主任。1925年当选为中华全国总工会执行委员会副委员长，参加领导了"五卅"运动。1926年2月下旬，代理中华全国总工会委员长，领导省港大罢工运动。

任弼时，湖南湘阴人，1904年生。1920年秋加入中国社会主义青年团。1921年到苏联学习，1922年1月转入中国共产党。1924年回国，1925年任共青团中央组织部部长（1927年任共青团中央总书记）。

罗亦农，又名罗觉，湖南湘潭人，1902年生。1920年赴苏联学习，1921年加入中国共产党。1925年回国后到广州工作。1926年1月任中共江浙区委书记，参加领导上海工人三次武装起义。1927年先后任中共江西、湖北省委书记。"八七"会议后任中共中央长江局书记，同年11月在中共中央扩大会议上被选为中共中央政治局常委和中央组织局主任。1928年4月因叛徒出卖，在上海英租界被帝国主义当局逮捕，21日被国民党反动派杀害于上海龙华。

萧劲光，湖南长沙人，1903年生。1920年加入中国社会主义青年团。1921年赴苏联学习。1922年转入中国共产党。1924年回国，任国民革命军第2军6师党代表，参加北伐。1927年再赴苏联入列宁格勒军政学院学习，1930年回国。

1920年10月，继上海共产党早期组织成立后，李大钊、张申府、张国焘在北京大学李大钊办公室正式成立北京共产党早期组织。11月7日，创办了《劳动者》周刊。1921年1月，北京共产党早期组织举行会议，正式定名为"中国共产党北京支部"，一致推选李大钊为书记，张国焘负责组织，罗章龙负责宣传（1920年11月，张申府去法国教书）。至1921年7月，北京小组有成员：李大钊、张国焘、邓中夏、罗章龙、刘仁静、高君宇、何孟雄、缪伯英（女）、范鸿劼、朱务善、李骏、张太雷等12人。1921年5月1日，北京小组帮助成立长辛店工会——工人俱乐部。北京小组还举办劳动补习学校，组织工会，组织社会主义青年团并帮助各地建立党团组织。李大钊亲赴郑州，派人到天津、唐山、济南等地指导工人运动并帮助建立革命组织。

蔡和森于1920年1月去法国勤工俭学后，收集了近百种小册子，夜以继日地猛看猛译，在短短半年时间里，就将各派社会主义和俄国革命的情况基本弄清楚了。他主张走俄国人的路，在中国建立共产党。从1920年下半年起，他和毛泽东写信探讨关于建党的理论原则问题，毛泽东表示深切的赞同。毛泽东和蔡和森分别组织新民学会会员以开学年会、写信等公式，继续探讨建党问题。

1920年7月6日至10日，新民学会留法会员等13人，在蒙达尼召开会议，讨论新民学会方针问题。经过5天讨论，决定学会的方针为"改造中国与世界"。在讨论改造的方法时，出现了革命与改良两种不同意见。蔡和森主张：组织共产党，使无产阶级专政，其主旨与方法多倾向于苏俄。萧子升则主张温和的革命，倾向于无政府主义。争论双方都写了较详细的信给国内的毛泽东，请他发表意见。

1920年8月13日，蔡和森给毛泽东写信："我以为先要组织党——共产党。因为他是革命运动的发动者、宣传者、先锋队、作战部。以中国现在的情形看来，须先组织他，然合工团，合作社，才能发生有力的组织。革命运动、劳动运动，才有神经中枢。我愿你准备做俄国的十月革命。这种预言，我自信有九分对。因此你在国内不可不早有所准备。……

"木斯哥万国共产党（即莫斯科共产国际）。是去年3月成立的，今年7月15日开第二次大会，到会代表30多国。中国①、高丽亦各到代表2人，土耳其、印度各有代表5人。据昨日报土耳其共产党业已成立。英国于本月初一亦成立一大共产党。法社会党拟改名共产党。现在第二国际党已解体。脱离出来者都加入新国际党，就是木斯哥万国共产党。我意中国于2年内须成立一主义明确、方法得当和俄一致的党，这事关系不小，望你注意。……

"现在内地组织此事须秘密。乌合之众不行，离开工业界不行。……"②

9月16日，蔡和森又给毛泽东写了一封长信："我认为党的组织是很重要的。组织的步骤：一、结合极有此种了解及主张的人组织一个研究宣传的团体及出版物。二、普遍联络各处做一个要求集会、结社、出版、自由的运动，取消治安警察法及报纸条例。三、严格的物色确实党员，分布各职业机关、工厂、农场、议会等处。四、显然公布一种有力的出版物，然后明目张胆正式成立一个中国共产党。……"我以（为）世界革命运动自俄革命成功以来已经转了一个大方向，这

①1919年3月2日至6日，列宁在莫斯科召开共产国际第一次代表大会时，中国有2名代表列席：刘绍周（1892年出生于中国广东省高要县，5岁时随父到达俄国，曾就读于彼得堡大学物理系、彼得堡工业大学建筑系，1917年4月当选为"中华旅俄联合会"会长，1918年12月当选为"旅俄华工联合会"会长）、张永奎（"旅俄华工联合会"莫斯科分会主席）。1920年7月19日至8月7日，列宁主持召开共产国际"二大"时，出席大会的中国代表是安恩学（"俄国共产党华员局"主席）、刘绍周（"俄国共产党华员局"成员）及江亢虎。

②《新民学会会员通信集》第三集，第7—8页。

方向就是'无产阶级获得政权来改造社会'。……"①

这封长信，由萧瑜带回中国，直至 1920 年底毛泽东才收到。

1920 年 9 月 9 日，由社会各界捐资协助，毛泽东等人出面创办的文化书社（谭延闿为"文化书社"亲笔题字）在长沙市潮宗街 56 号正式开业。毛泽东任文化书社的特别交涉员。书社经理易礼容。书社特聘李大钊、陈独秀、恽代英等为"信用介绍"。书架上的书刊有：《共产党宣言》、《马克思资本论入门》、《社会主义史》、《新俄罗斯之研究》、《劳动政府与中国》、《向导》、《新青年》、《少年中国》、《语丝》、《劳动界》、《新教育》、《时事新报》副刊《晨报小说》等。文化书社在长沙第一师范、楚怡、修业等学校等 7 处设立了小卖部。1920 年冬天，先后在浏阳、平江、宝庆（邵阳）、衡阳、宁乡、武冈、溆浦等地设立了分社。半年多时间，先后与全国 60 家书报社和文化团体建立了密切的联系。销售书籍达 160 多种，杂志 40 余种，日报繁多。据《文化书社社务报告》第二期统计，其中售出 200 册以上的书有《马克思资本论入门》等，售出 1000 本以上的刊物有《劳动界》《新青年》等。

根据毛泽东提议，书社规定凡来书社贩运小册子卖给劳动界的，一律照进价转售，不赚分文。书社成为毛泽东参加建党活动的一个重要联络点，许多革命同志经常在这里开会；毛泽东与北京、上海等革命同志及留法勤工俭学的新民学会会员来往信件也都由文化书社收转。

在创办文化书社的同时，毛泽东发起建立湖南俄罗斯研究会，成员来自教育、新闻界的进步人士。1920 年 8 月 22 日在长沙县知事公

---

① 《中国现代史资料丛刊》（新民学会资料），人民出版社，1980 年版。

署召开发起会，长沙县知事姜济寰、第一师范学校校长易培基、方维夏、何叔衡等 10 余人在长沙县知事公署开会，发起组织俄罗斯研究会。会议指定何叔衡、毛泽东、彭璜、包道平（新闻界人士）为发起俄罗斯研究会筹备员，进行筹备。何叔衡在会上宣读了简章，指出："本会以研究俄罗斯一切事情为主旨，……本会会务，1. 研究所得后，发行俄罗斯丛刊；2. 派人赴俄实地调查；3. 提倡留俄勤工俭学。"研究会于 1920 年 9 月 16 日正式成立，成员有何叔衡、彭璜、陈昌、夏曦、郭亮、萧述凡等人，其中以第一师范的校友和学生为多，会议公推姜济寰为总务干事，毛泽东为书记干事，彭璜为会计干事并驻会接洽一切。会议决定派张丕宗赴京转赴俄国，郭开第在船山学社办俄文班。会议还讨论发行俄罗斯丛刊问题。与会者一致认为："研究俄国学术精神及其事情，有十分必要，一班脑筋陈腐的人，盲目反对，是不中用的。"1920 年 9 月 23 日，上海《民国日报》报道："湖（湘）人组织俄罗斯研究会于本月 16 日开会，推举正式干事，姜咏洪总干事，毛泽东书记干事，彭璜会计干事，并推彭君驻会接洽一切。……"研究会成立后，组织会员学习《共产党宣言》《国家与革命》等书，研究俄国革命，还发表文章，介绍俄国情况，使湖南许多青年向往俄国。于是，研究会又积极开展留俄勤工俭学运动。当时，有一批青年，经毛泽东介绍到上海外国语学校，学习俄文，然后克服重重困难到达俄国（任弼时、萧劲光就是其中的两个）。

新任湖南总督谭延闿匆忙于 1920 年 9 月 13 日召集"自治会议"，决定由省政府和省议会各推举若干人充任"湖南自治会"的起草员，来草拟一部"省宪法"，然后召开制宪会议。谭延闿官办自治的方案刚发表，毛泽东、彭璜和《大公报》主编龙兼公就动议搞一个民办自治的文件。稿成后题为《由"湖南革命政府"召集"湖南人民宪法会议"制定"湖南宪法"以建设"新湖南"之建议》。这个文件利用谭延闿的开明姿态，承认谭延闿为首的湖南省政府"实在是一个革命政府"，认为在这"千载一时的机会"，由这个政府召开人民宪法会议是比较现实的。同时提出：人民宪法会议代表，必须实行直接的平等的选举，每五万人中产生一个。由人民宪法会议制定宪法，根据宪法产生正式的湖南议会、湖南政府以及县、区、乡、自治机关。至此，"新的湖南乃建设告成"。

这个文件于 10 月 5 日至 6 日在长沙《大公报》上公开发表，签名者达 377 人，几天后增加到 436 人。毛泽东为实施这个文件多方筹划奔走。7 日，他参加湖南学联召开的省城各团体、各报馆代表联席会议，决定双十节举行自治运动游行请愿，推举龙兼公、毛泽东起草《请愿书》。8 日，毛泽东又出席省教育会召集的"第二次筹备自治运动之各界联系会议"，到会代表 436 人，由毛泽东担任主席，详细评论了宪法会议选举和组织法要点，并推举方维夏、陶毅等 15 人将讨论结果提交湖南省政府。9 日，谭延闿客气地接见了 15 名代表。

10 月 10 日，长沙近两万群众冒着大雨上街游行。到达督军府门前时，彭璜等代表向谭延闿递交了毛泽东起草的《请愿书》，要求迅速召开人民制宪会议。在省议会门前，出于对包办"制宪"的不满，还有人扯下了省议会的旗帜。谭延闿接下了《请愿书》，但对所提各项要求却在事后断然拒绝。11 月下旬，取谭而代为湘军总司令的赵恒惕，更撕下开明的伪装。他们知道毛泽东是这场运动的关键人物，便制造谣言，说是毛泽东扯下了省议会的旗帜，还想捣毁省议会。警察

厅随即把毛泽东召去诘问，想借此造成一种高压的恐怖气氛。毛泽东不得不在《大公报》上登出《辩证函》，郑重声明："无论何人，不得于我之身体及名誉有丝毫侵犯。"警察没有再采取什么行动。

11月7日，是俄国十月革命胜利3周年，新民学会组织了示威游行。

毛泽东告诉朋友，"我的生活实在太劳了"。11月下旬，毛泽东决定离开省城休息些日子，到了江西萍乡。

11月底，毛泽东还做完了一件很有意思的事情：他把新民学会会员之间的往来通信，编辑成两册，并在一些信件上写了提要或按语，在12月间印制出来。这是毛泽东对他和新民学会两年多来思想探索的道路做了一个总结性的回顾。毛泽东在《通信集》中一封讨论驱张运动和自治运动的信件上加写了一段话："这两种运动都只是应付目前环境的一种权宜之计，决不是我们的根本主张，我们的主张远在这些运动之外。"[1]

毛泽东一面当教员，一面继续在新民学会的活动。反动军阀张敬尧被驱逐后，黑暗的军阀统治依然是换汤不换药，人民仍旧处于水深火热之中。新民学会这时的纲领是要争取湖南"独立"，实行自治。他们对北京的北洋政府深恶痛绝，认为只要湖南和北京脱离关系，就可以迅速地现代化。1920年11月23日，接替张敬尧的谭延闿又被军阀赵恒惕赶出湖南，25日，赵恒惕任湘军总司令，后又兼任湖南省长。

在新民学会的领导下，举行了一次对省议会的冲击。因大多数议

---

[1] 中共中央文献研究室编，逄先知、金冲及主编，《毛泽东传》，中央文献出版社，2013年11月第3版，第69页。

员都是军阀指派的地主豪绅，冲击省议会吓坏了统治者。赵恒惕背叛了他的主张，凶暴地压制这一民主要求。因此新民学会又把斗争矛头指向赵恒惕。

毛泽东得到陈独秀的委托，以新民学会的骨干为核心，于 1920 年 11 月，在湖南正式成立共产党早期组织（9 月酝酿），成员有毛泽东、何叔衡、肖铮、彭璜（又名殷柏，湘乡人，"五四"时任湖南学生联合会会长，全国各界联合会干事）、陈子博、贺民范 [又名贺寿乾，宝庆（邵阳）人，时年已近六旬。1907 年曾留学日本，肄业于日本东京吉田大学，辛亥革命前任邵阳驻长沙中学校长，"五四"前后任船山中学校长。曾资助毛泽东创办文化书社，介绍刘少奇加入社会主义青年团] 等 6 人。主要活动是：宣传马克思主义，开办民众夜校和失学青年补习班，筹备自修大学，促进工人运动和组织社会主义青年团等。

毛泽东注重从思想上建党。1920 年 11 月 25 日，他在致罗章龙的信中说："不可徒然做人的聚集，感情的结合，要变为主义的结合才好。"

11 月 26 日，毛泽东给在法国的罗学瓒连复两信。其中写道："我的生活实在太劳了，怀中先生在时，曾屡劝我要节劳，要多休息，但我总不能信他的话。"自己工作学习起来，"常常接连三四点钟不休息，甚或夜以继日，并非乐此不疲，实是疲而不舍"。

长沙共产党早期组织还注重组织与活动的严密，不张扬，不暴露，不轻易地以小组名义散发宣言、传单、主办的刊物。小组内没有无政府主义者和变节者。

毛泽东经过深思熟虑，于 1920 年 12 月 1 日给萧瑜、蔡和森及在

法诸友写了一封长信，表明自己接受马克思主义，走俄国十月革命的道路。回信赞同以"改造中国与世界"为学会的方针，并说这"正与我平日的主张相合"，认为这个方针是世界主义的，"这种世界主义，就是四海同胞主义，就是愿意自己好也愿意别人好的主义，也就是所谓的社会主义"。

次年1月21日，毛泽东又写信给蔡和森。两封信都明确表示赞同"俄式的方法"，反对"温和革命"，尖锐指出，"共产党人非取政权……安能握得教育权？"毛泽东说蔡和森的见解"见地极当，我没有一个字不赞成。党一层陈仲甫先生等已在进行组织。出版物一层上海出的'共产党'，你处谅可得到，颇不愧'旗帜鲜明'四字……唯物史观是吾党哲学的根据，这是事实，不像唯理观之不能证实而容易被人摇动。我固无研究，但我现在不承认无政府的原理是可以证实的原理，有很强固的理由。……况乎尚有非得政权则不能发动革命，不能保护革命，不能完成革命，……"[1]

12月3日，毛泽东以第一师范附小主事的名义致函湖南省警厅，对过去有人诬控他双十节游行在省议会扯旗，这次又有人诬控他图谋捣毁省议会两事，进行辩诬："无论何人，不得于我之身体及名誉有丝毫侵犯。"

1921年元旦，大雪满城。1月1日至3日，长沙新民学会学员毛泽东与何叔衡、彭璜、周世钊、熊瑾玎、陶毅、陈书农、易礼容等10余人在文化书社举行新年大会，主席何叔衡。会议主要讨论3个问题：

---

① 中共中央文献研究室编，《毛泽东年谱》（1893—1949）修订本上卷，中央文献出版社，2013年12月第1版，第78—79页。

新民学会应以什么作共同目的；达到目的需要采用什么方法？方法进行即刻如何着手？毛泽东首先介绍了巴黎会友的讨论概况。经过讨论，绝大多数同志赞成学会的目的为"改造中国与世界"；对第二个问题，一部分主张用急进方法，一部分人主张用缓进方法；第三个问题，一部分主张组织共产党，一部分人主张实行工学主义及教育改造。会议在讨论如何达到目的的途径时，毛泽东报告了巴黎方面蔡和森的提议，并说明世界上解决问题的方法大致有 5 种：1. 社会政策；2. 社会民主主义；3. 激烈方法的共产主义（列宁的主义）；4. 温和方法的共产主义（罗素的主义）；5. 无政府主义。

毛泽东在会上发言说："社会政策，是补苴罅漏的政策，不成办法。社会民主主义，借议会为改造工具，但事实上议会的立法总是保护有产阶级的。无政府主义否认权力，这种主义，恐怕永世都做不到。温和方法的共产主义，如罗素[①]所主张的极端的自由，放任资本家，亦是永世做不到的；急烈方法的共产主义，即所谓劳农主义，用阶级专政的方法，是可以预计效果的，故最宜采用。"[②]

会议经过认真讨论，最后表决：赞成采用布尔什维主义的为毛泽东、何叔衡等 12 人，赞成民主主义的 2 人，赞成温和方法的共产主义的 1 人，未表态者 3 人。

会议提出需要做几种基本事业：学校、菜园、通俗报、讲演团、

---

① 柏特兰·罗素（1872—1970），英国著名哲学家，他主张搞"温和的共产主义"。他表示相信共产主义是一种好学说，主张用循序渐进的方法来实行，不赞成阶级斗争和平民专制，他认为中国首要的事情是兴办教育和发展实业。1920 年 10 月，他曾到长沙市内湖南省公署大礼堂进行讲演。

② 中共中央文献研究室编，《毛泽东年谱》（1893—1949）修订本上卷，中央文献出版社，2013 年 12 月第 1 版，第 76—77 页。

印刷局、编译社，并认为文化书社最经济有效，望大家设法推广。会议一致通过研究及修养的内容，组织社会主义青年团，宣传方法，联络同志，组织储蓄会等。

会议决定组织"妇女成美会"，推举陶毅等为筹备员。会议讨论了会友健康及娱乐问题，增进健康一项，包括早起、运动、沐雨、沐浴、节劳、戒烟酒等。增进娱乐，包括游江会、游山会、踏青会、聚餐会、踏雪会、球会等。

会议决定，4月17日为学会成立纪念日。

1月16日，新民学会在文化书社举行会议，到会21人，继续讨论新年大会未决问题：1. 会友个人的进行计划；2. 会友个人的生活方法；3. 个性之介绍及批评。

毛泽东在谈到自己的计划时说："觉得普通知识要紧，现在号称有专门学问的人，他的学问，还止算得普通或还不及。自身决定三十以内只求普通知识，因缺乏数学、物理、化学等自然的基础科学知识，想设法补足。文学虽不能创作，但也有兴会，喜研究哲学。应用方面，研究教育学及教育方法等。做事一层，觉得'各做各事'的办法，毫无效力，极不经济，愿于大家决定进行的事业中担负其一部分，使于若干年后与别人担负的部分合拢，即成功了一件事。"在谈到自己的生活方法时，说："我可愿做的工作：一教书，一新闻记者，将来多半要赖这两项工作的月薪来生活，现觉脑力的工作很苦，想学一宗用体力的工作，如打袜子，制面包之类，这种工作学好了，向世界任何地方跑，均可得食。至于消费，赞成简单，反对奢泰，……生活奢了，不特无益，而且有害，主张依科学的指导，以适合于体内应须的养料，身上应留的温度，和相应的房屋为主，这便是'备'，多的即出于

'备'之外，害就因此侵来。"

1月28日，毛泽东复信彭璜："我觉得吾人惟有主义之争，而无私人之争，主义之争，出于不得不争，所争者主义，非私人也。私人之争，世亦多有，则大概是可以相让的。"①

1月31日，毛泽东主持编辑《新民学会会员通信集》第三版，指出："这一集以讨论'共产主义'和'会务'为两个重要点。"

1月，毛泽东撰写《新民学会会务报告（第一号）》，详细记述新民学会的发起、3年来发展及会员在各地的活动情形，总结学会的经验及优缺点："我们学会无形中有几种信条：像'不标榜''不张扬''不求急效''不依赖旧势力'皆是。……多数会友彼此间从少面誉，'言必及义'，自谦和勉励的话，总较多于高兴和得意的话。"会友无论求学做事，"只觉现在是'打基础'，结果都在将来，要将来结果好和结果大，就应该将基础打得好，打得大"。学会会友还有几种好处：第一，头脑清晰，多数会友没有陈腐气，能容纳新的思想；第二，富奋斗精神；第三，有互助及牺牲精神。关于学会的缺点，报告列举4条：1.学术根浅柢薄；2.思想及行为幼稚；3.一部分会友做事多于求学；4.一部分会友间尚无亲切之联络与了解。

毛泽东重办湖南第一师范工人夜校，向工人进行马克思主义基本知识的教育，并在一师附小创办一所补习学校，招收失学工人子弟入学。毛泽东和共产党早期组织的其他成员还深入到工人中去，先后在纺织、铁路、造币、印刷、泥木、搬运等行业了解工人劳动、生活的

---

① 中共中央文献研究室编，《毛泽东年谱》（1893—1949）修订本上卷，中央文献出版社，2013年12月第1版，第77—79页。

情况，向工人宣传马克思主义，促进马克思主义与工人运动的结合。1921年"五一"节，长沙织造、铁业、泥土等行业工人和学生数万人，举行游行示威大会。在湖南第一师范举行劳动节游艺会。通过宣传教育，长沙的产业工人和手工业工人逐渐组织起来。

3月14日，毛泽东、何叔衡、贺民范等28人发起组织"中韩互助社"，支持朝鲜人民争取民族独立的斗争。毛、何、贺分任该社通讯、宣传、经济部的中方主任，朝鲜黄永熙、李基彰、李愚珉分任朝方各部主任。社址设在船山学舍。

4月25日至27日，毛泽东在长沙《大公报》连续发表《省宪法草案的最大缺点》：省宪法草案的第一个大缺点，是对人民的权利规定得不够，应增加3项极重要的条文：1.人民不分男女，均有承受其亲属遗产之权；2.人民有自由主张其婚姻之权；3.人民有依其自由意志求得正当职业之权。文章强调，女子要有财产权和婚姻自决权。省宪法草案的第二个最大缺点是，规定无正当职业之人也有被选举权，关于劳动的事项没有规定；"议员而不有职业的限制，则事实上仍然有钱的人当选，无钱的人落空，……结果仍然是一种不利于平民的政治"。文章认为，宪法应规定劳动者的工时、工值、红利、教育等项。

春夏间，毛泽东和易礼容、陈书农到沿洞庭湖的岳阳、华容、常德、湘阴等地，考察学校教育，进行社会调查，沿途曾写通讯寄湖南《通俗报》。《通俗报》主编谢觉哉说，接到毛泽东"自滨湖各县寄来的通信。好优美的文章！为我从来所未见过的。我总是把它刊在报上的最显著地位"。

　　1920 年秋，武汉共产党早期组织（武汉共产主义研究小组）成立。参加成员有董必武、陈潭秋、包惠僧、郑凯卿、张国恩。大家推举包惠僧为书记，陈潭秋负责组织工作。一个多月后，小组又增加了赵子健、赵子骏两名成员。1921 年春，又有刘子通、黄负生两名成员加入。张国恩在小组成立了 3 个月后申明退出。

　　董必武，原名贤琮，又名用威，字洁畬，号璧伍，湖北省黄安（今红安）县人，1886 年生，1903 年考中秀才，1914 年东渡日本，在东京私立日本大学攻读法律。在日本，他见到孙中山，并加入中华革命党。1918 年 3 月，担任鄂西靖国军总司令蔡济民的秘书，参与护法战争。1919 年到上海主持湖北善后公会会务时，结识了李汉俊，接触到了马克思学说，后回武汉创办了私立武汉中学。

　　陈潭秋，原名陈澄，湖北省黄冈县人，1896 年出生，1912 年考入湖北省高等第一中学，1916 年考入国立武昌高等师范学校英语部，1919 年参加五四运动，后和董必武共创武汉中学，并担任英语教员。

　　陈独秀在上海组织了共产党早期组织后，致函山东的新文化运动主将、五四运动中的活跃人物王乐平，约他在山东组织共产党。王乐平虽说是进步的开明人士，却不愿加入共产党，更不愿出面组织山东共产党。他把此事转交给了他的远亲、同乡王尽美（王尽美于 1920 年 9 月在济南创建山东马克思学说研究会，成员有山东省立第一中学的学生邓恩铭和育英中学的国文教师王翔千等人）。同时，李大钊从北京派人找王尽美、邓恩铭、王翔千等商议如何在山东建立共产党。1921 年初，济南共产党早期组织秘密成立。主要成员有：王尽美、邓恩铭、王翔千、庄龙甲等，王尽美任书记。主要活动是：宣传马克思主义，

组织先进青年，成立工会。

1920年12月，陈独秀抵达广州，在他的主持下成立了共产党组织，主要成员有：陈独秀、谭平山、陈公博、谭植棠等。书记先由陈独秀担任，后来改由谭平山。陈公博负责组织工作，谭植棠负责宣传工作。

留学日本的施存统、周佛海（两人均是上海共产党早期组织的成员）于1920年成立了旅日共产党早期组织。

北京共产党早期组织成员、北京大学讲师张申府（1893—1986，中共"四大"时脱党）随北京大学校长蔡元培到法国，被吴稚晖聘为里昂大学中国学院逻辑学教授。在此期间，他发展刘清扬加入中共（后两人结为夫妇）。他们两人于1921年2月发展旅法的周恩来加入中共，接着由上海共产党早期组织又去了两名成员：赵世炎、陈公培。他们五人成立了一个小组。

1921年5月，中国党派张太雷参加共产国际远东局书记处工作。同年6月，张太雷参加共产国际第三次代表大会。与欧洲各国相比，中国党是受特别重视的。像英国、法国、意大利等国的社会党中的左翼，都有数万名党员，但他们必须按照共产国际的规定，驱逐社会党中的修正主义者出党、更换党名"共产党"才能加入共产国际。中国共产党还未成立，也不是共产国际的成员，却参加了共产国际大会。

七、参加中共"一大"

1921 年春，魏金斯基回国向共产国际报告中国建党情况，尔后留在共产国际远东书记处任秘书。

1921 年 6 月 3 日，共产国际派马林到达上海。马林，原名亨德立克斯·斯内夫利特，在中国的笔名为孙铎，曾在印尼从事工人运动多年，对建党工作有丰富的经验，但对中国的情况缺乏了解。与马林同月抵沪的有赤色职工国际代表尼柯尔斯基。此外，在广州筹建俄国通讯社的米诺尔和别斯林也参加了建党活动。

马林（1883—1942），当年 38 岁，已有 20 年从事工人运动和革命工作的经历。他原籍荷兰，1900 年即在荷兰铁路上工作，1902 年参加荷兰社会民主党。1913 年到荷属东印度（印度尼西亚）搞工人运动和建党工作，1919 年被当局驱逐出境。1920 年 7 月，代表东印度社会民主联盟和泛回教联盟出席共产国际第二次代表大会，担任民族和殖民地委员会秘书（列宁担任主席），并被选为共产国际执行委员会会员。1920 年 8 月，被委任为共产国际驻中国代表。

1921 年 6 月，马林从上海到北京会见李大钊，商谈召开党的代表

大会，正式成立中国共产党的问题，并研究中国同志与苏俄驻北京代表建立联系事宜。李大钊欣然赞同共产国际的意见，委派邓中夏陪同马林去上海，与上海共产党早期组织李汉俊、李达（1920 年 12 月，孙中山通过广东省省长陈炯明邀请陈独秀去广州工作，12 月 16 日，陈独秀由上海去广州，出任广东省政府教育委员会委员长，李达、李汉俊主持上海的建党工作）等商谈，决定召开中国共产党第一次全国代表大会。

上海共产党早期组织代理书记李达和李汉俊写信给广州的陈独秀，请他回上海主持大会，并通知广州、北京、济南、长沙、武汉和日本的中国共产党早期组织，要求各派两名代表于 7 月到上海出席大会。旅欧小组离国内较远，没通知他们回国。

1921 年 6 月 29 日，毛泽东与何叔衡作为湖南共产主义组织的代表离长沙参加中国共产党第一次全国代表大会。7 月初，到达上海，住白尔路博文女校。

出席会议的有 12 名代表：长沙（湖南）：毛泽东（28 岁）、何叔衡（42 岁）；武汉（湖北）：董必武（35 岁）、陈潭秋（25 岁）；济南：王尽美[1]（23 岁）、邓恩铭（20 岁）；上海：李达（29 岁）、李汉俊（31 岁）；北京：张国焘（24 岁）、刘仁静（19 岁）；广州：陈公博（31 岁）；留日代表：周佛海（24 岁）。12 名代表，代表全国 53 名党员，党员成分除武汉、山东等地有个别党员是工人之外，其

---

[1] 王尽美，原名叫王瑞俊，山东莒县（今属诸城县）人，1898 年出生，出席中共一大后改用此名，并作诗自勉："贫富阶级见疆场，尽善尽美为解放。潍水泥沙流入海，乔有麓下看沧桑。"

余都是知识分子。

除 12 名正式代表外,还有一名包惠僧。包惠僧原为武汉支部委员,1921 年 1 月,在准备去苏联留学途经上海时,被临时中央留在上海,住在法租界新渔阳里 6 号临时中央工作部,参加党的宣传教育工作。1921 年 5 月,包受临时中央李汉俊的委派,作为"信使"前往广州同陈独秀联系工作。6 月从广州回到上海。不久,临时中央工作部的"一大"代表,为便于商量开会事务,搬到博文女校。作为在临时中央工作的唯一没有社会职业者的包惠僧,也随代表搬到这里。因此,包惠僧也参加了会议。

中国共产党的两个创始人陈独秀和李大钊都没有出席"一大"——陈独秀因在广东政府任职,正在筹措广东大学预科校舍经费不能离开;北京支部书记李大钊因为正值北大学年终结期间,校务纷繁,不能抽身前往。

北京的张国焘是到达上海最早的一个外地代表(大约是在 5 月中旬);济南的两个代表到得也较早(张国焘路过济南时,王尽美和邓恩铭曾约集济南几个共产党员在大明湖上和张国焘谈了一天);北京的另一个代表刘仁静于 7 月 2—4 日参加了南京的"少年中国学会"大会后到达上海;长沙代表毛泽东、何叔衡于 6 月 29 日下午乘船(经武汉)约于 7 月 4 日以后到达上海;广州代表陈公博于 7 月 14 日起程,乘船经香港,7 月 20 日前到上海;武汉代表董必武、陈潭秋于 7 月 23 日前到达上海;旅日小组代表周佛海于 7 月 23 日前到上海。

由李达爱人王会悟(《妇女声》杂志编辑、社会主义青年团团员)用"北京大学暑期旅行团"的名义,租了法国租界蒲柏路私立博文女子学校(今太仓路 127 号)楼上三间房,作为各地代表住所(只有陈

公博带了夫人住在公共租界豪华的大东旅馆）。因为放暑假，博文女校的学生和教员都回家了，只有厨役一人，做饭兼看门。毛泽东睡在用两条长凳架起来的一个单人木床上，这房间很暗，只能住一个人。其他代表没有床，由王会悟买了苇席子，一人一张睡在楼板上。

各代表盼望陈独秀回上海主持大会，并确定他为大会的主席。陈公博带来陈独秀致各代表的信，说明他辞职尚未获准，不能抽身出席，同时向大会提出有关组织方面与政策方面的四点意见："一曰培植党人，二曰民权主义之指导，三曰纪纲，四曰慎重进行征服群众政权问题。"

"一大"的筹备工作，最初由李达、李汉俊与共产国际代表马林商量进行。张国焘到上海后，参与了筹备工作。

大会正式开会前，代表们先开预备会，交换意见，拟定了主要议事日程：①讨论和通过《中国共产党宣言》（中国共产党第一次代表大会宣言）；②讨论和通过党纲（党章）；③讨论和通过今后工作方针；④选举。

1921年7月23日晚上8点，在上海法租界贝勒路树德里3号（国民党时期改称望志路106号，新中国成立后改称兴业路76号）李汉俊寓所（李汉俊和其兄李书城住在一起，李书城夫妇去外地避暑去了）的客堂里，中国共产党第一次代表大会正式开幕。共产国际代表马林和尼柯尔斯基（后者为共产国际远东书记处代表）也参加会议。临时推选张国焘为大会主席，毛泽东和周佛海作记录。当晚，主要是共产国际两位代表讲话。马林身材高大、连鬓胡子，他用流利的英语作报告，口若悬河，纵横捭阖。刘仁静作翻译。马林的发言要点是：中国共产党成立了，他代表第三国际祝贺，他讲了国际形势、第三国际的工作状况及使命、中国共产党的任务，并介绍了自己在印尼从事革命活动的经验。他建议：中国共产党要特别注意建立工人的组织，选出一个起草纲领和工作计划委员会。尼柯尔斯基的报告很简短，他介绍了共产国际成立远东局的情况和俄国的情况。

第二天晚上，大会仍在原址举行，13 名代表全部到会。张国焘作《北京共产主义组织的报告》、陈公博作《广东共产党的报告》、湖北的报告是包惠僧作的，他曾任湖北支部书记。

其他各地代表也作了报告。报告的共同点是：①党员很缺少；②组织工人的方法和进行宣传工作的方法。根据马林的建议，选出了一个起草纲领和工作计划委员会，委员包括董必武、张国焘、李汉俊、刘仁静、周佛海等，张国焘被推荐为两个文件的起草人。大会决定给予委员会两天的时间起草计划和纲领，在此期间没有开会。

张国焘根据汇集陈独秀和各代表的意见起草了《中国共产党成立宣言》（《宣言》）、《中国共产党纲领》（《党纲》）两个文件（草案），油印后发给大家。接着召开第三、第四、第五次会议，讨论这两个文件。

《党纲》草案第 3 条规定："本党采用苏维埃形式，组织工人、农人及士兵，宣扬共产主义，决定社会革命为本党的主要政策。"李汉俊认为："共产主义革命在中国还未成熟，目前共产党人应着重（搞）研究和宣传方面的工作。……中国无产阶级太幼稚，不懂马克思主义……目前要集中做学生运动与文化宣传工作，首先把知识分子组织好，施以马克思主义的理论教育，等候马克思主义在中国知识分子中有了普遍的影响，然后由这些知识分子去组织工人、教育工人。"李达与陈公博拥护李汉俊的观点。

与李汉俊针锋相对的是刘仁静。他认为：中国共产党不应该是马克思主义的研究团体；中国共产党应信仰革命的马克思主义，以武装暴动夺取政权，建立无产阶级专政，实现共产主义为最高原则。刘仁静在北大英文系学习，读过马克思的《哥达纲领批判》和列宁的《国家与革命》等英译本。包惠僧赞成刘仁静的意见。张国焘也发言批评李汉俊的意见。

《党纲》草案第4条规定，党员"必须接受本党的纲领和政策，并保证忠于本党……在入党前必须与反对本党纲领的任何政党或团体断绝关系"。

第5条规定：介绍申请人入党，"应将申请人提请地方支部审查……经过多数党员同意……如该地区已成立党委员会，则其党员资格应由委员会批准"。李汉俊提出修正意见，认为："对于征求党员也不可限制太严……只要信仰马克思主义就够了……主要多吸收知识分子参加。"李汉俊的修正意见，遭到多数代表的反对，批评他那种自由联合的想法，支持原有的草案。

《党纲》草案第12条规定："任何地区支部的财务、出版及政策，应受中央执行委员会监督与指导。"李汉俊认为："中共未来的中央不过是一个联络机关，不可任意发号施令，一切应征求各地方组织同意，须有共同讨论、遇事公开的精神。"这个问题，李汉俊与陈独秀也有过争论。

《党纲》草案第14条规定，共产党员"不得担任资产阶级政府官员或议会议员"，并进一步口头解释，各大专学校校长及普通学校校长，如系政府任命的话，即视为作了政府的官吏。这条规定引起极大的辩论。李汉俊主张：必须把分开的和秘密的工作结合起来……起义的机会不会常有……公开宣传我们的理论，是取得成就的绝对必要条件；而利用同其他被压迫党派在国会中的共同行动，也可以部分的取得成就……我们的做官没有任何危险；并且建议挑选党员加入国会，以使他们在党的领导下进行工作。

张国焘、刘仁静则坚持不同意共产党员担任资产阶级政府官吏和议会议员。认为："采取国会制会把我们的党变成黄色的党，人们加入国会就会逐渐放弃自己的原则，成为资产阶级的一部分，变成叛徒。"

中间，李汉俊提出修正意见："共产党员不得作资产阶级的政务官……不应作部长、省长，不应担任重要职务，但一般职务不受此限。"大家也不同意。陈公博与李汉俊的意见相同："为什么连校长都不可干？"

后来提出表决，多数主张基本维持原案。本条的文字表决为："党员除为现行法律所压迫或已取得本党同意者外，不得担任任何政府官吏或议会议员。但士兵、警察和机关雇员不在此限。"

可第二天晚上开会，张国焘提出取消昨夜的决议。陈公博问："为什么大会通过的草案可以取消？"张国焘说是俄国代表的意见。

在讨论《宣言》时，也有争论。《宣言》草案中，对于广东非常国会选出的孙中山先生与北洋军阀左右下的徐世昌的国会相提并论。张国焘说："南北是一丘之貉，对于南北政府应一律攻击。"包惠僧认为："我们与孙中山是代表两个敌对的阶级，没有妥协的可能。"董必武不同意上述意见，认为："孙中山是革命的领袖。"李汉俊主张："应支持孙中山的革命运动，在孙中山先生的革命成功以后，共产党可以参加议会。"周佛海主张："应与孙中山领导的广东政府合

作。"陈公博也表示反对《宣言》草案和包惠僧的说法。对这个问题辩论很久，最后，张国焘的主张获得通过。

李汉俊在讨论中坚持他的意见，但会后不与人争吵。当他的主张被否决时，总是坦率地表示服从多数人的决定。

毛泽东在"一大"上采取谨慎谦虚的态度，不轻易发表意见，也没有坚持什么特殊的主张。但他十分注意听取别人的发言。毛泽东在回忆本人历史和党的历史时曾说过："从1921年组织党到1927年北伐，只晓得要革命，但怎么革命，方法、路线、政策，啥也不懂。后来初步懂得，还是在斗争中学会的""如果说我什么都懂也不正确""错误教育了我，别人的错误也教育了我"。

大会只在第一天开幕时，邀请共产国际的代表出席，第二、三、四、五次讨论（都是晚上）没有邀请他们。但会下张国焘和他们保持接触。

7月30日晚上7时，第六次会议仍在李汉俊家召开。原来决议每日开会均更换地点，以免被坏人识破。但张国焘认为李汉俊的观点不是列宁的理论，而是考茨基的主张，故意一连数日在他家开会。

共产国际代表马林对大会的争论甚感兴趣，要求准许他出席大会，他的要求为大会所接受。李达夫人王会悟护送马林和尼柯尔斯基到会场后，就在楼下照看门户。突然她看到一个陌生人从厢房里上楼去。王会悟立即叫住他问他是谁，李家的厨师答道"他是侄少爷的同学"，说是找社联组织的主席王某。相距李汉俊房子有三幢房远的地方，确有一个社联组织，但这一组织并没有主席，更没有姓王的人。王会悟琢磨有些蹊跷，就到会场上回报了这件事。

马林有地下工作经验，警惕性很高，听说后，从座位上一跃而起，以手击桌说："我建议会议立即停止，所有的人分途离开。"说完后，就同尼柯尔斯基先走了。各位代表也随之散去。

会议人员散去不到几分钟，突然来了9个人：1个法国巡总、2个法国侦探、2个中国侦探、1个法国兵、3个翻译。他们问："为什么开会？"李汉俊和陈公博答（他俩未走）：不是开会，只是寻常的叙谈。巡总问："那两个教授是哪国人？""英国人。"巡总很狐疑，即下命令，他们翻箱搜箧，骚扰了足有半个钟头。他们什么都看过，唯有摆在抽屉里一张共产党纲领草案，却始终没有注意。最后他们走了。

代表们从李汉俊家里出来后，不约而同地来到法租界老渔阳2号（今南昌路100弄2号）陈独秀家。陈独秀的夫人高君曼和女儿陈子美、小儿子陈鹤年在家。晚上10时以后，张国焘让包惠僧去李家探视，知道受到法国警探的搜查，显然明天的会不能在那里开了。于是会议只好停止几天。

大家便商谈开会的地址。李达爱人王会悟热心地表示，如果上海找不到合适的地点，可以到她的家乡嘉兴南湖去开。她说："南湖风景优美，我可以雇一只大画艇，一面游湖，一面开会。"大家都同意这个意见，李达让王会悟当晚去上海北站了解到嘉兴的火车班次。

1921年8月5日，计11名代表由上海乘火车去嘉兴。陈公博借口与他到上海度蜜月的夫人李励庄很害怕，他俩乘火车去杭州游西湖、逛灵隐寺去了；李汉俊、共产国际两位代表也未去嘉兴。

8月5日早上，王会悟为安排会务与董必武、何叔衡先行出发。其

他代表乘第二班车，上午 8 点到达嘉兴，在张家弄鸳湖旅馆落脚。因没有大船，便雇了一个中号船，9 点多钟代表们离开旅馆去南湖。根据王会悟的建议，船上还备了一副麻将牌，代表们以打牌为掩护，继续开会。

代表们继续讨论和通过在上海未完结的议案。与前几次会议一样，代表们对几个问题有争论。同时，代表们都集中研讨急须解决的具体问题。会议讨论和通过了《中国共产党关于（奋斗）目标的决议案》。

会议讨论了对孙中山的态度问题：包惠僧认为共产党与孙中山是代表两个不同的阶级，不应有任何的妥协，因此对孙中山应和对北洋军阀一样看待，甚至要把他看得更坏一些，因为孙中山的宣传，容易使群众彷徨。这一主张受到大会代表的反对。大会对这一问题通过了以下方针：一般地说，对孙文学说应有批评地、有区别地对待，但他的个别的、实际上是进步的行动应予以拥护，可采取党外形式和他合作。

会议第四项是选举，讨论结果，一致认为，现在的党员人数很少，因此决定不组织正式的中央，并暂不必根据党纲规定设立人数较多的中央执行委员会，只选出三个委员，分担书记、组织、宣传等工作。选举采取无记名投票方式，顺利选出陈独秀、李达、张国焘 3 人组成临时中央局，决定：陈独秀为中央局书记，李达为中央局宣传部主任，张国焘为中央局组织部主任。候补委员为周佛海、李汉俊、刘仁静。[1]通过 5 天的会议，通过了中国共产党第一个纲领，全文如下：

---

① 陈潭秋《回忆党的"一大"》，1936 年 6 月 7 日发表于《共产国际》（莫斯科出版）期刊中文版，《百科知识》1979 年第 2 期重新刊载。

中国共产党第一个纲领（英文译稿）

（一九二一年）

一、我党定名为"中国共产党"。

二、我党纲领如下：

1. 以无产阶级革命军队推翻资产阶级，由劳动阶级重建国家，直至消灭阶级差别；

2. 采用无产阶级专政，以达到阶级斗争的目的——消灭阶级；

3. 废除资本私有制，没收一切生产资料，如机器、土地、厂房、半成品等，归社会所有；

4. 联合第三国际。

三、我党采取苏维埃的形式，把工农劳动者和士兵组织起来，宣传共产主义，承认社会革命为我党的首要政策；坚决同黄色知识分子阶层及其他类似党派断绝一切联系。

四、凡接受我党的纲领和政策，愿意忠于党，不分性别、国籍，经过一名党员介绍，均可成为我们的同志；但在加入我党之前，必须断绝同反对我党党纲之任何党派的关系。

五、介绍党员的手续如下：被介绍人应由当地委员会审查；审查期限至多两个月。审查后经过半数以上党员同意，申请人即可取得党员资格。如该地区已成立执行委员会，应由该委员会批准。

六、在公开时机未成熟前，党的主张以至党员身份都应保守秘密。

七、有五名党员的地方可建立地方委员会。

八、一个地方的委员成员，经当地书记介绍，可转至另一个地方

的委员会。

九、不到十人的地方委员会，只设书记一人管理事务；超过十人者，应设财务委员一人、组织委员一人、宣传委员一人；超过三十人者，应组织执行委员会。该委员会的章程另订。

十、各地在党员增加的情况下，应根据职业的不同，利用工人、农民、士兵和学生组织，在党外进行活动。这些组织必须受党的地方执行委员会指导。

十一、（英文版原注）（十一、遗漏——译者）

十二、地方委员会的财政、出版和政策都应受中央执行委员会的监督和指导。

十三、在党员人数超过五百，或已成立五个以上地方执行委员会时，应选择一适当地点成立由全国代表会议选出之十名委员组成之中央执行委员会。如果上述条件尚不具备，应组织临时中央执行委员会，以应需要。有关中央执行委员会的详细规章另订。

十四、除为现行法律所迫或征得党的同意外，不得担任政府官员或国会议员，但士兵，警察，文职雇员不受此限。

十五、本纲领需经全国代表大会三分之二的代表通过修正案时方可修改①。

下午6时，全部议程完毕，中国共产党第一次代表大会宣告闭幕。代表们当天赶晚车回到上海，不久即回到各自的工作岗位，领导全国

---

① 本文译自1924年陈公博用英文写的《中国的共产主义运动》论文的附录《中国共产党的第一个纲领》，美国哥伦比亚大学1962年英文版，C.H.维尔巴编；《共产主义运动在中国》，陈公博著，中国社会科学出版社，1982年版。

各地的斗争。

1921 年 8 月，陈独秀以治胃病为名，辞去广东省政府职务，回到上海，专做党的工作。

八、受命之初

1921年8月上旬，中共"一大"闭幕后，毛泽东从上海到杭州、南京一带游历。8月中旬回到长沙。8月11日，中国劳动组合书记部在上海成立。不久在北京、武汉、长沙、广州、济南设立分部，毛泽东任湖南部主任。

8月中旬，毛泽东与何叔衡在船山学社董事会总理仇鳌和社长贺民范的支持下，利用船山学社社址和经费，创办了湖南自修大学。1920年初，毛泽东在北京就酝酿筹备湖南的"工读互助团"。当时，他曾把办学的目的与初步计划向北大教授胡适作了透露，并征求了胡适的意见。胡适提议将"工读互助团"改名为"自修大学"，目的是要改变瞧不起做工的人的思想，打破一点轻视工人的心理。但在办学的宗旨上，毛泽东同胡适的意见不一致，毛泽东是要创办一种新的生活——实行共产的生活。胡适则说："提倡工读主义的人，与其先替团员规定共产互助的章程，不如早点替他们计划怎样才可以做自修的学问的方法。"尽管他们的意见不一致，在拟定章程时，毛泽东还是采纳了胡适提出的一些具体条件和办法。贺民范为校长，毛泽东为指导主任。

毛泽东起草了《湖南自修大学创立宣言》，宣言说：自修大学为一种平民主义的大学，校外学生凡有志向学均可入学，打破学术秘密；自修大学的学生可以到学校里研究，也可以在自己家里研究，也可以在各种店铺里、团体里和公事的机关里研究；自修大学的学习内容和方法，主要是自己看书，自己思索，共同讨论，共同研究，辅之以教师指导；学生不但修学，还要有向上的意思，养成健全的人格，湔涤不良的习惯，为革新社会的准备。夏明翰就是经何叔衡介绍参加了自修大学，并经何叔衡、毛泽东介绍入了党。湖南自修大学的创办，在社会上引起了强烈的反响。《新教育》、《教育新刊》、《新时代》等杂志发表了评论。蔡元培不仅为自修大学题了词，还撰写《湖南自修大学介绍与说明》一文，他说："吾实觉得他们自修大学的组织，可以为各省的模范。内部的组织法，当然可以随地变通；他们的主义，实在是颠扑不破的。"

夏明翰（1900—1928），字桂根，曾随母姓，取名陈日习，湖南衡阳人。五四运动时，在衡阳积极参加学生的爱国运动，为湘南学联第三任总干事，主编和发行《湘南学生联合周刊》。1921 年入湖南自修大学学习，不久加入中国共产党。1925 年后任中共湖南省委委员兼组织部部长、农民部部长和长沙地委书记。他重视培养农运干部，极力主张武装农民。1927 年起，他历任武昌中央农民运动讲习所秘书，中共湖南省委常委，平江、浏阳特委书记和湖北省委委员。1928 年 2 月 8 日，在汉口被国民党反动派逮捕，3 月 20 日，英勇就义。临刑前写下了"砍头不要紧，只要主义真。杀了夏明翰，还有后来人"的著名壮烈诗篇。

同年夏秋间，毛泽东被聘任为湖南第一师范第 22 班的国文教员。

毛泽东推荐何叔衡接任第一师范附小的主事。毛泽东主张第一师范的教育方针是民主的和切合实际的，教育方法要注意启发。在一次校务会议上，毛泽东提出学生自治会的代表可以参加校务会议，学校的经济要公开，不开除学生等意见。毛泽东的意见获得校务会议通过。

1921 年 10 月 10 日，农历九月初十，中国共产党湖南支部在长沙城郊协操坪旁的一个小树丛里成立。参加人员有：毛泽东、何叔衡、彭平平、陈子博、易礼容。毛泽东任支部书记，何叔衡、易礼容等为支部委员。

党支部决定了第一个工作任务就是开展群众运动。

清水塘，位于长沙小吴门外，是一个离城很近而又比较幽静的地方，塘水粼粼，清澈见底。靠近塘边有一栋木板平房，平房围墙外有几处菜农居住的茅屋，下边小山丘上有几竿经年常绿的斑竹和几棵水杉树。1921 年冬，毛泽东以一师附小主事的身份，租了这栋房子——清水塘 22 号，作为党的秘密机关。杨开慧初期担任机关的机要和交通联络工作。租赁了一所房子，作为支部的秘密机关，毛泽东与杨开慧搬到这里居住。

1921 年冬天，毛泽东辞去第一师范 22 班的国文教员公职，集中精力从事革命活动。

中共湖南支部建立后，慎重地吸收学生和工人中的先进分子入党，先在湖南自修大学、湖南第一师范学校、岳云中学、甲种工业学校等发展了一批党员。在长沙第一纱厂、电灯公司、长沙的粤汉铁路工人中以及泥木、缝纫、印刷等行业的工人中也发展了党员。

1921 年 10 月中旬，毛泽东与夏明翰溯湘江而上，到衡阳湖南第三师范学校研究发展党员、成立党的组织问题。随后，吸收心社（1921年 3 月建立）负责人蒋先云、黄静源和教员蒋晓青等人加入中国共产党。

10 月 22 日，毛泽东同何叔衡、陈昌等出席湖南第一师范同学会常年大会，并欢送夏曦代表中共湖南支部赴俄参加共产国际在莫斯科召开的远东各国共产党及民族革命团体第一次代表大会。毛泽东在会上发表演说，强调学校要有"主义"；"从前学校是没有主义的，所标的主义又不正确，结果是盲撞瞎说，闹不出什么名堂，我们总要为有主义的进行"。

同月，毛泽东还出席了湖南第一师范马克思主义学术研究会，作关于剩余价值的讲演。

1921 年 11 月，中共中央局发出关于建立与发展党、团、工会组织及宣传工作决议的通告，要求：上海、北京、广州、武汉、长沙区，在本年内至迟在明年 7 月之前，都能发展党员到 30 人，成立区执行委员会；在劳动运动方面，须以全力组织全国铁道工会，上海、北京、武汉、长沙、广州等地的同志，都要尽力执行这一计划。

11 月下旬，湖南劳工会接受毛泽东建议，进行改组，把各工团的合议制改变为书记制，将原来的 8 个部，集中为书记、宣传、组织 3 个部，并请毛泽东助理会务。

1921 年 12 月中旬，共产国际代表马林由上海前往桂林与孙中山会谈，路过长沙，会见中共党员毛泽东、易礼容及湖南劳工领导人黄

爱、庞人铨等人。马林介绍了俄国革命的情况。12 月 25 日，中共湖南支部根据中共中央关于太平洋会议[1]宣传文件精神，通过湖南劳工会和湖南省学生联合会，发动长沙工人及各界群众近万人，举行游行大会，反对美、英、法、日等帝国主义国家召开损害中国主权的太平洋会议。大会主席黄爱，总指挥庞人铨。

12 月月中，安源路矿一部分工人致信中国劳动组合书记部，请求派人到安源帮助并指导一切。中国劳动组合书记部当即派毛泽东、李立三（1921 年 10 月自法国归国，被中共中央批准为中共党员，派往湖南工作）、宋友生、张理全 4 人到安源。毛泽东深入矿井工棚了解工人的痛苦和受压迫的情形，以交朋友的方式与工人谈心。毛泽东派李立三在安源创办工人补习学校，建立社会主义青年团的支部。12 月底，毛泽东邀劳动领导人黄爱、庞人铨到清水塘交谈。

1917 年，黄爱、庞人铨两人同时毕业于湖南甲种工业学校。黄爱后到天津直隶高等工业学校读书，五四运动时在天津学联执行部工作，担任过由周恩来主编的《天津学生联合会报》的编辑，两次参加天津各界人士进京请愿团。此后，他曾在工人补习学校授课，组织过营救周恩来、郭隆真等请愿代表的活动，参加过北京工读互助团，并成为觉悟社的第一批社友之一。1920 年春，经李大钊介绍赴上海，在《新青年》杂志社作缮写、校对工作。在上海期间，他开始注意研究十月革命的经验，决意从事劳工运动，想通过实际斗争摸索出一条改造社

---

　　①太平洋会议，又称华盛顿会议。1921 年 11 月至 1922 年 2 月在华盛顿召开，美、英、法、日、意、比、荷、葡和中国 9 个国家参加（实际由美、英、法、日、意 5 国操纵）。这是帝国主义大国为争夺海上霸权和重新分割东亚、太平洋地区的会议。其中与会各国签订的《九国公约》，使中国实际成了帝国主义共同宰割的对象。

会的道路来。1920 年他离沪返湘，与庞人铨不期而遇。庞人铨自甲种学校毕业后，当过工人，组织过家庭织造社，过着"日间织布，夜间读书"的工读生活。在帝国主义和封建军阀的重重压榨下，织造社很快破产了。他不得不弃工从戎，在湘军陈嘉佑部作副官，在驱逐张敬尧的斗争中出力颇多，1920 年庞人铨退伍还乡。两人经过筹备，于1920 年 11 月 21 日在长沙成立了湖南劳工会。在他们的主持下，主办工人夜校和工人读书会，设立图书室和阅报处，成立工人新剧组，组织工人学习文化和政治。先后在长沙组织各业劳工会 20 余个，会员达7000 余人。劳工会成立后即向赵恒惕的省自治根本法筹备处提交了意见书，其中"经济纲领"部分，就是根据《共产党宣言》第十条纲领提出来的。

劳工会还在长沙创办了女子职业学校，宣传妇女解放、男女平等、男女互助，并为工厂招收女工、维护女工的权利进行斗争。毛泽东领导的湖南党、团组织给黄爱、庞人铨以及时的帮助，毛泽东专门找黄爱谈话。不久，工人都加入了中国社会主义青年团。劳工会成立一周年时，毛泽东在《所希望于劳工会》一文中，充分肯定了劳工会一年来的成绩，同时也提出了希望和意见。黄、庞在湖南率先领导长沙工人团体集会游行，反对帝国主义的太平洋会议。

陈独秀在给共产国际的报告中写道：在全国反对太平洋会议运动中，除上海外，长沙工人最猛烈。1922 年初，在全省不少人被军阀赵恒惕的"自治运动"和《湖南省宪法》所蒙骗时，庞人铨发表文章，尖锐揭露赵恒惕玩弄的是"官治诡言民治，被治诡言自治"的鬼把戏，是"假联省自治之名，行军阀割据之实"。

1922 年 1 月，湖南第一纱厂爆发年终索薪斗争。工人罢工后，赵

恒惕派武装包围纱厂，在黄爱、庞人铨的主持下，劳工会向赵恒惕提出抗议，要求将军队撤走。

16日，赵恒惕命令省会警察厅长张辉瓒派兵将黄爱、庞人铨两人逮捕，17日凌晨将两人惨杀于长沙浏阳门外。

毛泽东得知两位工人领袖被害的消息，立即从板仓的杨开慧家中返回长沙，在一师校长易培基的家中召开会议，决定开展一个悼念烈士活动及控诉与反对赵恒惕的运动。在毛泽东的主持下，长沙各界在船山学社召开追悼会，印发纪念特刊，通电全国，并分发了"黄、庞精神不死"的纪念章。省外的陈独秀、李大钊、毛泽东、周恩来（写下了《生别死离》的诗篇）、李达等先后发表讲演，撰写文章、挽联和挽诗，称黄、庞是"劳动阶级的先驱"。毛泽东还派正在安源的李立三到常德动员黄爱的父亲同去上海，向社会各界控诉赵恒惕的暴行。

1922年1月，毛泽东派蒋先云去安源协助李立三组织与发动工人运动。2月，中共安源支部成立，李立三任书记，这是湘区最早建立的产业工人党支部。随后，中共湖南第一师范学校支部、湖南自修大学支部、衡阳湖南第三师范学校支部等相继成立，统归中共湖南支部领导。

1922年2月，为黄爱、庞人铨被害事，毛泽东被派到上海去组织反对军阀赵恒惕的运动。途经武昌，在黄土坡26号中共武汉区委机关，毛泽东停留了一周多，同包惠僧、陈潭秋谈及黄、庞事件，毛泽东提出，劳动运动要采取产业组合的方式，京汉铁路与粤汉铁路必须密切联合。3月，毛泽东到达上海，出席追悼黄爱、庞人铨大会。4月中旬，毛泽东回到长沙。

1922年4月底，毛泽东同夏曦及负责全省工运工作的彭平之由长沙到常宁水口山，了解铅锌矿工人情况。随后，毛泽东又到衡阳省立第三师范了解建党建团情况，并在三师作关于社会主义的学术讲演，指出：要改造社会必须有一种正确的远大理想，并且为这种理想而奋斗，这个理想就是社会主义。毛泽东还在三师召开的骨干和党团员会上做报告，要求湘南学联担负起对水口山的宣传工作，不要放松深入各界的宣传。5月1日，毛泽东参加衡阳湘南学联举办的纪念会，并做讲演。随后成立了中国社会主义青年团衡阳地方执行委员会。毛泽东撰写的文章《更宜注意的问题》，在五一劳动节上发表在长沙《大公报》上，文章揭露赵恒惕公布的省宪法"全民政治"的欺骗性。文章强调要注意劳工的3件事：生存权、劳动权和劳动全收权。毛泽东说：工人做的东西应该完全归工人自己，这就是劳动全收权，劳动全收权自然是共产主义实行以后的事，但也不要太忽略了，因为世界上已经有了一个大潮流；劳工的三权问题自然会引起大家的注意，俄罗斯的资产阶级、贵族阶级就是个榜样，他们现在是已经悔之不及了！5月3日，毛泽东自衡阳回长沙。

1922年5月，毛泽东同李立三、杨开慧到安源检查工作，发展组织。途经醴陵，毛泽东参观醴陵师范讲习所，向全体师生发表关于阶级斗争的3个小时的演讲。毛泽东参加安源工人俱乐部干部会，同夜校工人谈话，访问工人家庭，强调工人要加强团结，壮大组织。

毛泽东在给安源工人讲课时，在黑板上写出一个"工"字，他解释道，上边的一横线是"天"，下边的一横线是"地"，中间的竖线代表工人阶级自己，工人头顶蓝天，脚踏大地，顶天立地，整个世界都是你们的。

毛泽东看到贴有打倒帝国主义、打倒军阀、打倒资产者的标语，向工人们提出：你们打倒军阀，打倒资本家，打是要打倒，不过要有步骤，要一步一步地来，把基础搞好。毛泽东在安源小住后返回长沙。

5月5日，根据中共中央关于纪念马克思诞生104周年的部署，中共湖南支部通过长沙马克思学说研究社在第一师范举办纪念会，到会2000余人，会议由熊瑾玎主持。毛泽东在会上做关于"共产主义"和"共产主义与中国"的讲演。其他人的讲演内容有"马克思主义的历史""唯物史观与阶级争斗""剩余掠夺""无产阶级专政""改造社会应取何种方法""共产主义与俄国"等。

1922年5月底，中共湘区执行委员会成立。毛泽东任书记，何叔衡、易礼容、李立三等为委员。区委机关仍设在长沙清水塘22号。这时湘区党员已经发展到30多人。

1922年夏初，毛泽东同长沙新河车站铁路工人程地广去岳州，了解铁路工人的情况。6月17日，毛泽东在长沙主持召开中国社会主义青年团长沙执行委员会改组大会。大会选出长沙执行委员会委员3人，毛泽东被选举为书记。

1922年7月16—23日，中国共产党第二次代表大会在上海召开，出席大会的代表有陈独秀、张国焘、李达、蔡和森（1921年回国）、向警予、谭平山、李震瀛、杨明斋、王尽美、施存统、许白昊、罗章龙等12人。会议正确地分析了国际形势的特点和中国社会的情况，指出了帝国主义和封建军阀是我国民族民生革命时期的主要敌人。会议通过《关于民主联合战线的决议案》《中国共产党加入第三国际决议案》等 8 个决议案，大会制定了中国共产党的最低纲领和最高纲领。党的最低纲领，即民主主义革命阶段的纲领是：消除内乱，打倒军阀，建设国内和平；推翻国际帝国主义的压迫，达到中华民族完全独立；统一中国为真正民主共和国。党的最高纲领是"建立劳农专政的政治，铲除私有财产制度，渐次达到一个共产主义的社会"。大会选举了新的中央执行委员会，陈独秀为委员长。

毛泽东说，他本想参加会议，可是他忘记了开会的地点，又找不到任何同志，结果没有出席。中国共产党第二次全国代表大会后，中共中央执行委员会委员长陈独秀接见了刚从苏联归国的刘少奇。陈独秀派刘少奇回湖南工作。7 月，在清水塘中共湘区执行委员会驻地，刘少奇向毛泽东报到。

在清水塘，刘少奇认识了何宝珍。此时，青年学生何宝珍因学潮被学校开除，正与杨开慧住在一起。1923 年 4 月，何宝珍和刘少奇结婚。何宝珍于 1934 年牺牲于南京雨花台。

1922 年 8 月 23 日，在中共湘区执行委员会的组织领导下，长沙织造工人为要求资方按照 1919 年工价折合洋银发放工资，遭到资方拒绝。于是 1500 余名织造工人举行罢工，罢工得到长沙土木等各业工人的支持。罢工历经一个多月，最后取得了胜利。

安源路矿当局勾结地方政府，下令封闭工人俱乐部，激起工人的义愤；同时工人又要求增加工资，改善待遇。工人因此提出罢工问题。9 月初，毛泽东再次到安源，同蒋先云、朱少连研究当前情况，认为罢工时机已经成熟。毛泽东要求做好各种具体准备，迅速将大多数的工人组织起来，争取各方面的同情与支持，准备进行义无反顾的斗争。

毛泽东并写信给正在醴陵的李立三请其立即赶回安源。

　　毛泽东由安源回到长沙。9月5日，长沙土木工会召开成立大会，大会通过了由毛泽东起草的《长沙土木工会章程》。章程规定土木工会"以改进工人生活，拥护工人权利为宗旨"。工会会员已有1080人，大会选举任树德、袁福清等40人组成土木工会委员会，易礼容为秘书。

　　9月6日至8日，根据中国共产党第二次全国代表大会《关于工会运动与共产党决议案》，必须开展劳动立法运动。8月间，北京政府声言要重开国会，制定宪法。利用这个时机，中国劳动组合书记部总部主任邓中夏，武汉、上海、湖南、广东、山东各分部主任林育南、阮达时、毛泽东、谭平山、王尽美联名递送北京参众两院的劳动立法请愿书《劳动立法运动之进行》在长沙《大公报》连载。请愿书提出："最近如苏维埃俄罗斯，更完全由劳动者建设劳农政府，掌握政权，国内宪法，悉由劳动者手定。……工人在社会完全为生产者，在国内各阶级中，用力最多，境遇最苦，而对于国家社会功绩又最巨。"请愿书提出劳动法案大纲19条，要求两院采纳通过并在国家宪法中规定工人有集会、结社、同盟罢工、团体缔结契约、国际联合、8小时工作、增加工资、改良待遇、参加工厂管理、受教育等各项权利。

　　9月9日，毛泽东同岳州工人俱乐部秘书郭亮、徐家棚站工人俱乐部林育南领导粤汉铁路武汉、长沙段3000多名工人罢工，要求当局撤换虐待工人的工头和提高工资。其中，毛泽东直接领导长沙、新河两车站的罢工斗争。罢工坚持近20天，在京汉铁路和其他各地工人团体的支援下，9月25日，吴佩孚等被迫接受工人提出的条件，罢工胜利结束。

1922 年 9 月 9 日，李立三赶到安源。根据中国劳动组合书记部的命令，经湘区委研究确定，再派刘少奇去安源参加领导安源路矿的工人运动。9 月 11 日，刘少奇到达安源。罢工前夕，毛泽东从长沙致信李立三等：罢工胜利的条件，首先要靠工人群众有坚固的团结和坚强的斗志，同时必须取得社会舆论的同情和支持；因此，必须用"哀兵必胜"的道理，提出哀而动人的口号。中共安源党组织召开紧急会议，根据毛泽东的意见，提出"从前是牛马，现在要做人"的口号，并对罢工斗争作了部署。会议决定成立罢工指挥部，李立三为罢工总指挥，刘少奇为工人俱乐部全权代表。9 月 14 日凌晨，安源路矿 17000 人举行罢工，发表罢工宣言，宣言提出改良待遇、增加工资、组织工会等17 项条件。罢工期间，中国劳动组合书记部湖南分部致电萍乡安源路矿的工友表示竭力援助。

9 月 17 日，工人们冲进锅炉房，愤怒地警告资本家："如果再不接受罢工条件，我们就炸掉锅炉房！"锅炉房被炸，矿井就要被淹没。资本家无可奈何，不得不答应了工人的条件。

9 月 18 日，工人俱乐部的代表、路矿两局代表会同地方商会和绅士调停人，对工人提出的条件磋商，同意工人提出的条件，三方签订协议。罢工取得胜利，工人游行庆祝。安源工人俱乐部会员由 700 人迅速发展到 17000 多人，俱乐部改组，选举李立三为总主任，朱少连为路局主任，刘少奇为窑外主任。

1922 年 9 月 29 日，中共湘区委领导长沙缝纫工人 600 余人，为增加工资、改善工作条件举行罢工。

10 月 4 日，在长沙泥木工会等工团的支援下，罢工取得胜利。

10月初，毛泽东在清水塘同泥木工会主任任树德等研究泥木工人罢工问题，认为罢工的时机已经成熟。10月5日，泥木工会委员会召集会议，赞同毛泽东的意见。10月6日，长沙泥木工人全体罢工。《大公报》全文发表由毛泽东起草的泥木工人罢工宣言，宣言说："我们苦力工人，一天的工作，硬是把一天的阳寿和精力来换几个钱去养家赡眷，并非坐食冤枉，……试看他们商家，不上几天又把价码一涨，为什么又没有人反对呢？独于我们工人凭整天'汗''力'得来的几个工钱，还要惨受这样摧残！……我们别的权利虽是享不着，而我们营业和工作的自由是应当享有的。……现在我们采取的唯一方法，就是冒得三角四分（甲工）和二角六分（乙工）钱一天的工价，我们全体同盟，决定不做。"10月22日，长沙县署贴出布告，禁止请愿。有人担心再次发生黄、庞事件。毛泽东连夜找任树德等工人代表谈话，说明现在形势已大不相同，工人有了组织，有社会各界的支持；这次与赵恒惕关系也不大。10月23日，长沙2000多名泥木工人在任树德、易礼容的带领下，举行游行示威请愿大会。毛泽东参加并指挥游行。毛泽东穿一件对襟衣服，走在工人中间，领着工人喊口号。24日，泥木工人代表同湖南省政务厅厅长吴景鸿谈判3小时，厅长答应泥、木两行各写一呈文，说明要求增加工资、营业自由的理由。毛泽东记录下谈话内容，写成呈文交省长赵恒惕。25日，毛泽东与任树德等12名代表到政务厅催批呈文，获得批准。

10月8日，在湖南省教育会坪，毛泽东主持长沙人力车工会成立大会，到会800余人，毛泽东发表演说。会后参加者手持"劳工神圣""打破资本主义"等标语口号举行游行示威。工会成立之前，毛泽东曾到工人夜校讲课，并派罗学瓒去做工作。10月8日，中共湘区委领导长沙500余名理发工人为争取营业自由、增加工资等举行罢工游行（这次罢工坚持两个多月，至12月28日工人所提的要求才为店主接受）。10月10日，湖南学生联合会组织长沙市"双十节"游行请愿大会。有40多个学校和团体25000人参加，向省议会和省政府要求实现言论、出版、集会、结社四大自由。

10月23日上午8时，6000多名泥木工人早早地集合在省教育会坪。任树德报告了这次示威请愿的目的。9点整，激愤的工人开始游行。一百多个纠察队员负责疏通道路、维持秩序。高高举起的横幅上写着："硬要三角四分，不达目的不出衙门。"游行队伍缓缓地向县署衙门行进。工人们沿途大呼口号，场面非常壮观。毛泽东穿一件对襟衣，行走在游行队伍中间，带着哨子，指挥周围的人呼喊口号。这样声势浩大的工人请愿斗争，在长沙还是第一次。

1922年11月1日，毛泽东在长沙新河主持召开粤汉铁路总工会成立大会，被选举为主席并代表中国劳动组合书记部湖南分部发表演说。

11月5日，湖南全省各工团召开第二次代表会议，正式成立全省工团联合会，下辖15个工会。会议通过会章，选举毛泽东任工团联合会总干事。

11月14日，长沙笔业工人罢工，笔业工会提出增加工资、改发银洋、改善伙食、不准私自开除工人等6项条件，并发表宣言。毛泽东邀集粤汉铁路及各行业12个代表在船山学社开会，发动大家支援笔业工人。粤汉铁路总工会、长沙工会和泥木、理发、人力车等工会纷纷致函，质问笔业店主。12月23日，店主答应工人的要求，罢工取得

胜利。

11月21日，毛泽东出席湖南劳工会成立二周年纪念大会。毛泽东在大会上讲话说：经济问题不解决，则社会上一切问题俱不能解决。

11月，水口山铅锌矿工人代表刘东轩到安源俱乐部见李立三、刘少奇，要求派人到水口山领导成立工人俱乐部。经毛泽东同意，中共安源党组织派蒋先云、谢怀德等4人帮助工作。27日，水口山3000多名工人召开俱乐部成立大会。30日，工人俱乐部向矿局提出增加工资等要求。12月5日，工人俱乐部发出罢工宣言，水口山3000多名工人全体罢工。中国劳动组合书记部湖南分部通电全国，请各工会团体支援。27日，矿局答应工人提出增加工资、实行8小时工作制、承认工人俱乐部的地位等项要求。坚持23天的罢工取得胜利。罢工胜利之后，毛泽东从长沙派校长和教员来这里创办了工人俱乐部学校。

长沙铅印活版工会曾向各印刷公司经理提出增加工资、改良待遇等13项要求，要求3日内答复。赵恒惕政府只答应每月增加工资1元，工人非常不满。毛泽东同工会骨干研究，一致认为罢工时机已成熟，11月25日，宣布罢工。印刷工人罢工之后，全城十余家印刷局同时休业，报刊十余家同时停刊，长沙看不到当地出版的报纸，社会上震动很大。经过调停，各公司和报界接受工人提出的大部分条件，基本满足工人的要求，坚持17天的罢工胜利。13日，长沙各报复刊。当天，长沙《大公报》发表铅印活版印刷工人的《上工宣言》，对调停人毛泽东、张平子、陶菊隐及各工团给予的援助，表示感谢。但，《大公报》总编之一的李抱一，在复刊第一天以"盾"的笔名发表《印刷工人罢工后的几句话》：印刷工人罢工没有必要；蔑视工人没有学问，欠缺常识、不守秩序和不知卫生真谛，要工人不受人驱策，不为人作试验主义的牺牲等。12 月 14 日，毛泽东以铅印活版工会名义写《铅印活版工会致大公报记者盾书》，在长沙《大公报》发表："先生穿起长衣告诫我们工人，我们当然很感谢先生的盛意；但先生如果脱去长衣，站在我工人地位向我们尽忠告，我们不更感谢先生么？……但愿教训我们的人，能站在我们的地位来教训我们；能够不为我们的师长，而降格以为我们的朋友，……但愿教训我们的人，能将事实调查清楚，不要含沙射影，更不要蔑视人家的人格，……但愿教训我们的人，能够下得身段，真真实实地教训我们，……我们很愿先生能真个脱去长衣，辞去大编辑职务，帮助我们，干劳动运动，……我们只承认能牺牲自己的地位，忍饥吃苦，为我们大多数工人谋利益的人，是我们的好朋友！……但愿教训我们的人，能替我们仔细想想，我们当用何种方法而后能读书和运动的机会？……我们非减少工作时间，不能取得读书的机会；我们非自己团结起来，自己创办补习学校，不能取得读书的场所。"[1]

由于近来劳资纠纷增多，政府破坏罢工事件不断发生，工人的愤慨和恐慌日益增加。毛泽东认为"实有与各级行政官厅交涉之必要"。为此，毛泽东以湖南省工团联合会总干事的身份，率领粤汉铁路、泥木、理发、铅印活版等 11 个工会的代表郭亮、任树德、罗学瓒等 20 余人于 1922 年 12 月 11 日会见长沙知事周瀛干、省警察厅厅长石成金，12 日会见省政务厅厅长吴景鸿，13 日会见省长赵恒惕。就 10 个问题与他们进行交涉，问题基本得到解决。

---

① 中共中央文献研究室编，《毛泽东年谱》（1893—1949）修订本上卷，中央文献出版社，2013 年 12 月第 1 版，第 105—106 页。

1923年2月1日，京汉铁路总工会在郑州召开成立大会，被军警强行解散。2月4日，京汉铁路全路工人举行总同盟罢工。2月7日，吴佩孚调集军警对汉口江岸、郑州、长辛店等罢工工人进行血腥镇压，造成震惊中外的"二七"惨案。惨案发生后，湖南全省工团联合会的领导小组，号召粤汉铁路全体工人举行罢工，援助京汉路委员会，发动募捐援助，通电全国，声讨吴佩孚。同时，"二七"惨案后，毛泽东对安源工人的指导意见是：要以弯弓待发的姿态等待，看形势发展再决定是否罢工。安源只举行了游行示威，在斗争条件方面也只提出不高的经济要求，并很快被矿局所接受。安源的工人运动没有受到损失，反而有所发展。

1923年1月，中共中央决定派李维汉担任中共湘区执行委员会书记，毛泽东将调中央工作。2月上半月，毛泽东要李维汉先回家过春节，尔后再接任工作。4月10日，毛泽东与李达创办的湖南自修大学校刊《新时代》创刊号出版。毛泽东在《新时代》创刊号发表《外力、军阀与革命》的文章：国内目前存在三种势力——革命的民主派、非革命的民主派、反动派；革命的民主派主体是国民党，新兴的共产派是和国民党合作的；非革命的民主派，包括研究系、新兴的知识阶级派和新兴的商人派；反动派的范围最广，包括直奉皖三派；今后中国政治的形势将成为以下情况：一方最急进的共产派和缓进的研究系知识派商人派都为了推动共同敌人和国民党合作，成功为一个大的民主派；一方就是反动的军阀派；中国政治的结局是民主派战胜军阀派，但目前及最近之将来一个时期内，中国必仍然是军阀的天下，一是由于国际资本帝国主义对中国的侵略，而反动政治完全霸占中国对帝国主义最为有利；二是由于中国的社会经济最有利于军阀的统治；这个时期内是外力和军阀勾结为恶，是一种极反动极混乱的政治的；但是政治越反动越混乱的结果，必然要激起全国国民的革命观念，国民组织能力也会一天进步一天；这是和平统一的来源，是革命的生母，是民主独立的圣药，大家不可不知道。同月，毛泽东同蒋先云再到安源，在工人俱乐部开干部会，朱少连、任弼时、陆沉、袁达时、刘少奇、李立三等人参加。毛泽东在会上讲了苏联的情况和国内军阀的情况，毛泽东还到工人夜校讲演。随后返回长沙。4月，中共中央决定调李立三到武汉工作，中共湘区委决定由刘少奇接任李立三的工作。

1923年4月，毛泽东离长沙到上海中共中央工作。行前向李维汉移交工作。毛泽东把领导工人运动、农民运动和社会主义青年团的具体工作分别交给郭亮、夏曦等。在清水塘湘区委召开的两次会议上，毛泽东向李维汉介绍全区的工作情况和组织情况。在介绍经验时，他强调两点：1.利用赵恒惕政府省宪法的民主条文进行斗争；2.用接近群众的方法，如在工人中办夜校、读书班，在学生中办刊物或组织社团，从中发现和培养积极分子，并逐步扩大成为建立工会、学生会的核心。毛泽东还陪同李维汉到从事上层统战工作的李六如家里，一起交谈湖南上层人物的情况。

4月10日，湖南自修大学创办了《新时代》月刊。创刊号第一篇文章是毛泽东写的《外力、军阀与革命》，这是毛泽东在革命活动初期写的一篇重要政治论文。毛泽东提出：中国的反动势力太大了，外力和军阀勾结为恶，共产党和一些"非革命的民主派"都将同"革命

的民主派"国民党合作，以"成功一个大的民主派"。

　　毛泽东的父母相继去世后，毛泽民便挑起了家庭重担，学会了勤俭持家的本领。1921年春，毛泽东回到故乡，对毛泽民说："我和你嫂子都投入了革命事业，泽覃和泽建也决定跟我去。古话说：一人犯法满门抄斩。你们留在家里也是不可能的了，只有革命这条路可走；当然，你还可以走另一条路，或宣布与我脱离兄弟关系，或躲避他乡，但我相信你不会走那条路的。"毛泽东说：我们出去之后，房子可以让给人家住，田地可以给人家种，我们欠人家的钱一次还清，人家欠我们的一笔勾销。在哥哥的开导下，毛泽民懂得了"国乱民不安生"的道理，他决心舍去家庭，跟着哥哥出来干革命。毛泽民到长沙后，首先在毛泽东任主事的第一师范附小搞校务，负责管理全校师生的伙食。他的理财特长在这里初露锋芒。他为改善师生伙食，不辞劳苦，经常到外地采购廉价的肉食、蔬菜，还发动大家种菜、养猪，以增加收入，减少开支。学生的膳杂费，学校原来规定每学期一次交清，许多穷学生往往因此而辍学。毛泽民和主事商量后，改为分期交纳，减轻了学生的负担，受到欢迎。1922年秋天，毛泽民转到湖南自修大学任庶务，同时还兼任省学联的庶务，办自修大学的经费每月只有400元，毛泽民处处精打细算，把为数不多的经费使用得很得当。1922年10月，长沙笔业工会成立，毛泽民担任工会秘书。10月中旬，笔业工人要求增加工资，改善待遇，遭到省、县当局和资方蛮横无理的拒绝，工会决定罢工。在罢工期间，毛泽民根据中共湘区区委的指示，发动工人互助互济，妥善地解决了工人的生活困难，使罢工得到了胜利。1922年冬天，毛泽民加入了中国共产党。同年年底，受中共湘区委员会的指派，到江西安源路矿从事工人运动。为方便工人的生活，防止中间盘剥，安源路矿工人俱乐部于 1923 年 3 月创办工人消费合作社，毛泽民是该社的负责人之一，他常到工人群众中进行调查，根据群众的需要，派人或亲自去长沙、汉口等地购货。合作社出售的物品比私商的便宜三分之一到二分之一，工人们深感合作社是为工人谋利益的，纷纷要求加入，并主动向合作社捐款，踊跃到合作社购货。后成立合作总社，毛泽民出任总经理。合作社不仅打击了投机商人和封建把头，维护工人利益，还为党筹集了一笔活动经费，积累开发工运和开办工人消费合作社的经验。

九、加入国民党

　　1921 年前后，共产国际远东书记处和苏俄外交人民委员会，为了帮助中国的革命，在中国寻找支持的对象，他们主张联合吴佩孚。马林来中国后，经过一段时间调查，认为孙中山的国民党较吴佩孚进步，是一个可以联合的革命党。他积极促进国共合作。

　　在中国共产党的第一次代表大会上，就曾讨论过共产党和国民党的关系问题。当时虽然有人主张同孙中山的国民党合作，但，由于中国共产党这时统一战线的策略思想还未形成，因此，大会决议中规定："不得同其他政党或团体有任何关系。"

　　"一大"后，马林在上海会见了国民党人张继。马林后来又在张太雷的陪同下，于 1921 年 12 月 23 日到达广西桂林，同孙中山讨论了同国民党结成联盟的可能性。会谈中，马林向孙中山提出了 3 条具体建议：①建立一个能够联系各阶层，尤其是联合工农群众的党；②建立革命的武装核心，应先办军官学校，以培养革命骨干；③与共产党合作。孙中山对马林的建议很欣赏，但提出与共产党合作只能是共产党加入国民党。马林回到上海后，向中共中央建议：放弃对国民党的排斥态度，"到国民党中去进行政治活动"。当时中央不接受马林的意见。

1922年1月下旬，共产国际在莫斯科召开了远东各国共产党及民族革命团体第一次代表大会。大会邀请中国共产党和国民党及其他革命团体的代表39人参加会议。中国共产党指派张国焘、瞿秋白、高君宇、王尽美、邓恩铭等人出席了大会，张秋白、王乐平等代表中国国民党出席了会议。会议指出：中国和远东各被压迫民族的任务，是进行反帝反封建的民族革命。会议通过了关于共产党与民主革命派合作问题。会议期间，列宁带病接见了中国代表张国焘、王尽美、邓恩铭、张秋白和邓培（中国工人代表）等人。列宁询问了中国的政治、经济和工人运动的情况，向中国代表提出"国共两党是否可以合作"的问题。

张国焘回国后，向中共中央汇报了这次会议情况和列宁的意见，中共中央仍反对与国民党合作。

从1922年3月起，共产国际代表马林根据共产国际促成国共两党合作的精神，安排了一系列与中国共产党和国民党领导人的会见。马林与国民党执行中央委员会要员谈话的内容是——要国民党允许中国共产党人在国民党内进行共产主义宣传；他和共产党人谈话的内容是——要中国共产党放弃排斥国民党的立场，并加入国民党，在国民党内部开展政治活动。马林还建议中国共产党的中央执行委员会迁到广州，在那里进行公开的工作。

马林的建议最初没有被中共中央所接受，尤以张国焘的反对最激烈，陈独秀原则上同意建立国共合作，但对共产党员加入国民党持不同见解。

辛亥革命后，陈独秀虽然两次出任安徽都督府的秘书长，并积极参加了由孙中山领导的反对袁世凯的"二次革命"，但他始终未加入同盟会，原因是他对同盟会的纲领和活动方式有着不同意见。他认为同盟会只讲"排满"，不讲反帝，纲领不彻底；专力军事行动，轻视民众宣传；领导也太软弱——他很钦佩孙中山、廖仲恺、朱执信，但认为除这些人外，其他人都是一些平庸之才，是一堆全躯保妻子之徒，绝对干不了革命，不足与谋，也不足与信；他反对同盟会采取的利用军阀的策略，认为军阀是不可信的；同盟会还轻视党的训练。

1922年4月6日，陈独秀代表中共中央写信给魏金斯基，提出反对的五条理由：①共产党同国民党宗旨不同；②国民党在国际上联合美国，在国内联合奉张皖段的政策与共产主义不相容；③国民党未发表政纲，广东以外各省人民视之为一争权夺利的政党，共产党加入将在社会上全失信仰；④广东实力派陈炯明反对孙中山甚烈，我党加入国民党将受陈敌视，在广东将无法活动；⑤我党加入国民党也得不到孙中山的重视。

马林则坚持共产党员以个人身份加入国民党，其理由是：①孙中山坚持；②认为中国无产阶级及其政党还比较幼稚，无力单独进行民族民主革命；③认为国民党不只是代表资产阶级利益的政党，而是一个包括小资产阶级以至工人的松散联盟，共产党加入后有可能将其改造成领导国民革命的大党。

1922年4月24日，马林离开上海。经新加坡、马赛、柏林，7月回到莫斯科，向共产国际汇报工作，提出了"中国共产党加入国民党"的建议，得到了共产国际的批准。7月18日，共产国际指示中共尽快地进行这一工作，并要中共中央由上海搬迁到广州。同时又指示中共中央"所有工作都必须在菲力浦同志（即马林）紧密领导下进行"。
马林把共产国际的指示打印在他的衬衣上，于同年8月回到中国。在
马林的提议下，中共中央于8月29日至30日在杭州西湖举行特别会
议，出席会议的有中央执行委员陈独秀、李大钊、蔡和森、张国焘、
高君宇，还有马林、张太雷（翻译）共7人。出席会议的5名中共中
央执行委员一致反对马林关于中共党员加入国民党的提议，主要理由
是："党内联合乃混合了阶级组织和牵制了我们的独立政策。"最后，
马林提出中国共产党是否要服从共产国际决议的问题。于是中共中央
为尊重共产国际纪律，接受共产国际以中共党员个人身份加入国民党，
实行国共合作的指示。会议指出：国民党必须按照民主的原则进行改
组，接受中国共产党反帝反封建的纲领和扶助农工的政策；同时取消
要求加入国民党时打手模和向孙中山本人宣誓等封建主义的形式；共
产党可先有少数负责人以个人身份加入国民党，再劝说全体党员加入
国民党。

1922年4月26日，少共国际代表达林到广州出席中国社会主义
青年团第一次代表大会。达林在广州会见了孙中山。他们共同讨论了
中俄关系和在中国实行何种社会制度等问题。达林向孙中山阐明共产
国际关于现阶段中国革命的基本方针，以及建立民族民主革命统一战
线的必要性，及其可行的办法等问题。但是孙中山仍只同意共产党员
加入国民党。

1922年6月16日清晨2点，广东军阀陈炯明公开叛变革命，率
叛军4000人围攻孙中山的广东政府总统府，并用大炮轰炸孙中山在观
音山的住所粤秀楼。

陈炯明（1878—1933），字竞存，广东海丰县人。清末秀才，1911 年参加辛亥革命，被推为广东副都督，后任都督，1917 年任援闽粤军总司令。1920 年驱逐桂系军阀莫荣新，任广东省长兼粤军总司令。1922 年 6 月勾结英帝国主义和直系军阀背叛孙中山。1923 年被粤军许崇智击败，率部退守东江。1925 年所部被广东革命军消灭。1933 年 9 月病死香港。

8 月 9 日，孙中山在军舰上领导海军反击叛军近两个月后，得知无望夺回广州，怀着沉重的心情乘英舰"摩轩号"经香港于 8 月 14 日抵达上海。吴佩孚和西南各省，都在明里暗里支持陈炯明，国民党内的李石曾、吴稚晖第 49 人也联名通电要孙中山下野，英、美等国坐观其变，孙中山孤立无援。两次护法斗争的失败，尤其是陈炯明的叛变，给孙中山以异常沉重的打击。因为过去历次失败，毕竟是失败于敌人，完全没有想到相从 10 余年的下属、辛亥革命的同党竟要置自己于死地。孙中山陷入了苦闷彷徨之中。2022 年 9 月 18 日他在上海发表《就陈炯明叛变事件致海外同志书》沉痛写道："文率同志为民国而奋斗垂三十年。中间出死入生，失败之数不可偻指，顾失败之惨酷未有甚于此役者！"[1]痛定思痛，他深刻地感到他领导的国民党堕落了，混入了许多卑鄙的人，同时又缺乏坚实的群众基础。要振兴这个党，必须对党进行彻底的改造，也必须改变过去那种依靠一个军阀打另一个军阀的办法。他在寻找新的道路。

就在这个时候，共产国际和中国共产党分别向孙中山伸出友谊的手。列宁和共产国际多次派使者向孙中山介绍俄国革命的经验，对中

---

①《孙中山选集》下卷，人民出版社，2011 年 12 月第 2 版，第 536 页。

国革命问题提出建议。8月12日，苏俄副外长越飞以全权大使身份抵北京，专门派代表携函到上海与孙中山接洽。孙中山也很早就向往十月革命，希望学习俄国的革命经验。

陈炯明叛变后，中国共产党立即声讨陈炯明的叛逆行为。早在6月15日，中共就发表了《中国共产党对于时局的主张》提出"打倒帝国主义""打倒军阀"的革命口号，对孙中山领导的中国国民党作了公正的评价，指出"中国现存有的各政党，只有国民党比较是革命的民主派"，并表明中国共产党愿与孙中山联合，向帝国主义和封建军阀作坚决斗争的具体主张。[①]

陈独秀、李大钊等中共领导人分别拜见了孙中山。尤其是李大钊和孙中山进行过多次交谈，讨论了"振兴国民党以便进而振兴中国"的种种问题，说明共产党关于施行国共合作的主张。处于绝望中的孙中山不顾国民党内顽固分子的反对，欣然表示同意，并赞同依照民主的原则改组国民党。孙中山邀请并亲自主盟让李大钊保留共产党员党籍的情况下，以个人的身份加入国民党。接着陈独秀、蔡和森、张太雷、张国焘等一批共产党员也以个人身份陆续加入国民党。孙中山在中国共产党人的帮助下，开始改组国民党。9月14日，孙中山在上海召开研究改进国民党计划的首次会议，孙中山邀请了共产国际代表马林参加并讲了话，还指定陈独秀为中国国民党改进案起草委员会的9名委员之一。

1923年元旦，孙中山发布《中国国民党宣言》，旋又公布了党纲和党章，并于1月下旬，宣布了有共产党人任职的国民党党部干部

---

①《中国共产党第一次对于时局的主张》（1922年6月15日），载《中共党史参考资料》（一），人民出版社，1979年10月第1版，第331—341页。

名单。

1923 年 1 月 12 日，共产国际执行委员会作出《关于中国共产党与国民党的关系问题的决议》，指出"中国唯一重大的民族革命团体是国民党"，"由于国内独立的工人运动尚不强大，由于中国的中心任务是反对帝国主义者及其在中国的封建代理人的民族革命，而且由于这个民族革命问题的解决直接关系到工人阶级的利益"，所以"国民党与年青的中国共产党合作是必要的"。不过，中国共产党"必须保持自己原有的组织和严格集中的领导机构"。

1923 年 2 月 7 日，中国爆发了震动全国的京汉铁路大罢工，使孙中山领导的国民党进一步认识了工人阶级力量的强大；大罢工因军阀吴佩孚的大屠杀而失败，也使中共对国共合作的必要性的认识有了很大的提高，从而加速了国共合作的步伐。

1923 年 4 月，毛泽东到上海。6 月上旬，毛泽东离开上海到广州，参加中共"三大"预备会议。会议由陈独秀主持。李大钊、张国焘、谭平山、蔡和森、罗章龙和共产国际代表马林等出席。马林传达共产国际关于国共合作问题的意见，报告国际形势。会议讨论中央委员人选和起草"三大"的各个决议案问题。

1923 年 6 月 12 日至 20 日，中国共产党在广东东山恤孤院后街 31 号（现今恤孤院路 3 号）一所两层小楼里举行了第三次全国代表大会。

出席会议的代表：陈独秀、蔡和森、李大钊、张国焘、毛泽东、瞿秋白、张太雷、项英、孙云鹏、何孟雄、谭平山、王荷波、罗章龙、邓培、向警予、林育南、王仲一、于树德、金佛庄、刘仁静、阮啸仙、刘尔崧、陈为人、王用章、王俊、陈潭秋、徐梅坤、朱少连、冯菊坡等30余人，代表党员423人。共产国际代表马林参加了会议。毛泽东同朱少连作为湘区党组织的代表出席中共第三次全国代表大会。[①]

陈独秀主持了大会，并代表上届中央委员会做工作报告。

陈独秀在中共三大上总结二大以来中央和各地区工作时说："就地区来说，我们可以说，上海的同志为党做的工作太少了。北京的同志由于不了解党组织，造成了很多困难。湖北的同志没有及时防止冲突，因而工人的力量未能增加。只有湖南的同志可以说工作得很好。"[②]

大会的主要议程是研讨关于同孙中山领导的国民党合作、建立统一战线问题。1922年8月杭州西湖会议后，中共党内公开反对加入国民党的主张不复多见了。但在怎样同国民党合作和应该如何在国民党内为国民革命运动而工作的问题上，仍然存在严重分歧。一种意见是

---

① 另一说法，会议代表：

北方区：李大钊、邓培；

两湖区：毛泽东（湖南）、陈潭秋（湖北）；

江浙区：徐梅坤、王振一；

广东区：谭平山、冯菊坡、阮啸仙、刘尔崧（后两人是列席代表）；

中央：陈独秀、张国焘、张太雷；

京汉铁路：王俊、孙云鹏（后者是京汉铁路二七罢工的代表）；

津浦铁路：沈茂坤；

杭州支部：于树德、金佛庄；

法国回国：蔡和森、向警予；

苏联回国：瞿秋白；

刘仁静以中共出席共产国际"四大"代表的身份列席了会议。

会议记录是广东区委工作人员罗绮园，他不是代表。

共产国际的代表马林自始至终参加会议。

② 中共中央文献研究室编，逄先知、金冲及主编，《毛泽东传》，中央文献出版社，2013年11月第3版，第91页。

以共产国际代表马林及陈独秀为代表，主要支持者有瞿秋白、张太雷等；另一种意见是以张国焘为代表，主要支持者有蔡和森、刘仁静等。

马林主张"一切工作归国民党"，他说："只要孙中山能接受反帝国主义的口号，什么东西都可以归给国民党"；他坚持全体共产党没有例外地都要加入国民党，并在国民党内积极工作；他指责："一切低估国民党和夸大工人阶级力量的说法，都是左倾的空谈。"陈独秀等赞成马林的主张，同意全体中共党员加入国民党，集中势力于国民党，从事国民革命的工作。

陈独秀这种思想的发展有一个过程。如前所述，最初他对国共合作是持反对态度的。1922年西湖会议前，他曾两次写信给共产国际远东局负责人魏金斯基提出6条反对的理由。西湖会议上经过激烈的争论，陈独秀才接受了国共合作的决定。当时，中国共产党的马列主义理论水平不高，在特定的历史条件下，共产国际的理论指导，对中国共产党的路线、方针、政策的确立，有时会起决定作用。共产国际通过了《关于国共合作关系的决议》，参加会议的陈独秀就是带着这个文件回国，并用以指导党的"三大"工作的。同年，陈独秀先后发表《资产阶级革命与支持革命的资产阶级》和《中国国民革命与社会各阶级》的文章。他认为，现阶段的中国革命既然是资产阶级民主主义，就应该由资产阶级来领导，国民党的前途只能是建立资产阶级专政的国家，无产阶级只不过得到一些自由和权利，无产阶级要等待资本主义发展起来后，再来进行社会主义革命。

张国焘则强调劳工运动的独立性，坚决反对全体中共党员加入国民党；主张"担任中共各级领导工作的中共党员，担任与国民党无关的工作如职工运动等的中共党员，则不必加入国民党或加入而不必在国民党内担任实际工作，否则，共产国际训令中所谓'保留组织独立'的话，就毫无意义了"。蔡和森、刘仁静等认为：产业工人是共产党的基础，产业工人不应加入国民党内去，工人应该在自己的政党的旗帜下参加民族革命，若加入国民党，便不免有混乱无产阶级思想的危险。

张国焘的观点成为会议争论的焦点，多数人不同意他的观点。会上，大多数代表拥护共产国际的决议，赞成共产党员以个人身份参加国民党，把国民党改造成为工人、农民、小资产阶级和民族资产阶级的革命联盟，同时保持共产党的独立性。大会讨论了共产党员加入国民党的 3 个目的：①改组国民党为左盟的政党；②在中国共产党不能公开活动的地方，扩大国民党；③把优秀的国民党员吸收到我们党内来。大会最后通过了《关于国民运动及国民党问题的决议案》，既否定了张国焘强调独立的劳工运动观点，也没有赞同马林和陈独秀的"一切工作归国民党"的主张。会议决定全体共产党员以个人名义加入国民党。

在中共"三大"会议上，毛泽东有过多次发言，主要内容是：①阐述中共在坚持独立自主原则下建立统一战线的重要性①；②他在会上做《湖南工农运动报告》，指出湖南工人数量很少，国民党员和共产党员更少，可是满山遍野都是农民，中国国民党在广东有基础，无非是有些农民组织的军队，如中共也注重农民运动，把农民发动起来，

---

① 利用大会休息期间，李大钊、陈独秀、毛泽东找到廖仲恺、谭延闿等国民党上层人士商讨国共合作问题。会后，国民党本部刚好要派国民党元老覃振回湖南，毛泽东便托覃振带信给李维汉，要湘区委协助覃振在湖南筹备国民党组织。当时，在湖南的国民党员只有邱维震一个人。湘区委接受毛泽东的建议，派何叔衡、夏曦、刘少奇和覃振、邱维震成立了筹备组。

也不难形成类似广东的局面。①

　　毛泽东一直认为，建立新中国的斗争是一场反对帝国主义的斗争，1923 年时的国民党是反对帝国主义的。对于正在出现的孙中山—莫斯科—中国共产党这种三角联盟，反帝是较为合理的或者说是唯一能把三者维系在一起的纽带。为了反抗外侮，毛泽东也倾向于中国各阶层组成最广泛的联合。

　　大会推举毛泽东任《农民问题议决案》的起草工作。但是陈独秀认为解决土地问题会影响国民革命，删去了草案中关于解决土地问题的意见。

　　共产国际对中国农民问题的认识是不正确的。早在 1922 年 7 月，马林在《给共产国际执委的报告》中说："中国人口中广大群众是农民，他们虽然贫穷，但差不多都有少量土地""像过去俄国农民中和现在印度农民中所发生的阶级斗争，在中国农民中是不存在的，也没有听说过像印度和朝鲜农民必须交付的那种高额租税。所以，农民群众对革命完全漠不关心，并且尚未表现出政治上的重要性"，因此至今也无法为中国农民制定出任何一个总的土地纲领。他主张中国革命要以国民党为中心，共产党员应参加国民党，而抛弃农民。然而共产国际认为马林的报告是"通过透彻的研究，……对这个大国的复杂政治和经济状况有了一个很深的了解"。

　　会议经过讨论，通过了"党内合作"的主张，决定全体共产党员以个人名义加入国民党，但仍保持共产党组织的独立性。

---

　　①参加这次大会的张国焘回忆说：毛泽东在会上提出农民问题这个新问题，是他"对于中共极大的贡献"。（中共中央文献研究室编，《毛泽东年谱》（1893—1949）修订本上卷，中央文献出版社，2013 年 12 月第 1 版，第 112 页。）

大会选出了党的领导机构——第三届中央执行委员会，委员9人：陈独秀、李大钊、蔡和森、毛泽东、王荷波、罗章龙、项英、谭平山、瞿秋白，候补委员5人：李汉俊、徐梅坤、邓中夏、邓培、张连光。

陈独秀为中央局委员长，毛泽东为中央局秘书。

中共"三大"以后，毛泽东同陈独秀、李大钊、蔡和森、向警予等留在广州。

1923年6月25日，毛泽东同陈独秀、李大钊、蔡和森、谭平山以国民党员的身份致信孙中山，建议国民党在上海或广州建立强有力的执行委员会。信中表明希望孙中山不要轻信南方诸省的军阀，希望孙中山离开广州到上海，建立一支解决问题的国民革命的军队。

7月1日，毛泽东在广州的中共中央理论刊物《前锋》月刊创刊号发表《省宪下之湖南》一文。文章详细分析了湖南政界及教育界各种势力斗争和消长变化情况："工人的运动，大引起社会之注目"，有组织的新式工人团体23个，约3万人；罢工10次，胜利及半胜利9次；罢工时间均在去年8月到12月。

7月2日，中共中央局委员长陈独秀、秘书毛泽东致信共产国际，报告中共"三大"及其以后的活动情况："目前党内存在的一些困难已经在这次会议上获得解决。……此次会议后，我们决定把中央执行委员会的机关搬到上海工作，这不仅因为上海是工业最发展的中心区，而且也便于对全国工作进行指导和传达。"

1923年6月，直系军阀首领曹锟，为当总统扫清道路，指使其党羽用各种手段，对总统黎元洪进行"逼宫夺印"。7月11日，毛泽东

在中共中央机关报《向导》周报第 31 期、32 期合刊上发表《北京政变
与商人》：北京政变惊动了老不注意政治的商人，使他们抬起头来注
意政治，并出来干预政治，这是一个何等可喜的消息；全国国民在外
力与军阀互相勾结的双重压迫下同受很深的痛苦，但很敏锐很迫切地
感觉这种痛苦的还要以商人为最；厘金和关税是商人的两个生死关，
而裁减厘金有损军阀的利益，增加关税有损帝国主义的利益，所以"外
力军阀和商人是势不两立的，……须知外力军阀是全体商人以至全国
国民的共同敌人，而革命成功后所取得的又是共同的利益，为推翻共
同的敌人取得共同的利益而团结而奋斗，是最必要的。……商人的团
结越广，声势越壮，领袖全国国民的力量就越大，革命的成功也就越
快！……惟有号召全国商人、工人、农人、学生、教职员，乃至各种
各色凡属同受压迫的国民，建立严密的联合战线，这个革命才可以
成功"。①

　　1923 年 7 月下旬，毛泽东离广州去上海。

　　8 月 5 日，代表中共中央出席上海地委兼区委第 6 次会议，进行指
导。参加会议的有徐梅坤、王振一、沈雁冰、邓中夏、毛泽东 5 人。

　　8 月 15 日，毛泽东在《向导》周报第 36 期发表《省宪经与赵恒
惕》一文，历数湖南省长赵恒惕两年来戴省宪假面具与人民为敌的
罪行。

　　8 月 29 日，毛泽东在《向导》周报第 38 期发表《英国人与梁如
浩》与《纸烟税》的短文。前篇文章揭露北京政府督办梁如浩丧权辱

---

　　① 中共中央文献研究室编，《毛泽东年谱》（1893—1949）修订本上卷，中央文
献出版社，2013 年 12 月第 1 版，第 114 页。

国同英国人签订"续租""水租"威海卫草约行径:"迷信华盛顿会议相信英国比日本好的同胞们:请问华盛顿会议给我们的在哪里?英国比日本好的地方在哪里?国人应速起反对露骨侵略中国的海盗英国人!国人应速起反对汉奸梁如浩!"后文就北京政府屈从英、美两国的压力取消浙江等省的纸烟税一事,说:"洋大人打一个屁都是'香气',洋大人要拿棉花去,阁议就把禁棉出口令取消;洋大人要送纸烟来,阁议就'电令各该省停止征收纸烟税'。再请四万万同胞想一想,中国政府是洋大人的账房先生这句话到底对不对?"

9月上旬,中共中央机关由广州迁往上海,中央局设在闸北区三曾里。毛泽东同蔡和森、向警予、罗章龙等住中央局机关。

1923年9月10日,中共中央发出通告:"中局组(织)自迁沪后略有更动,即派平山同志赴粤,而加入荷波同志入中局。又润之同志因事赴湘,秘书职务由会计章龙同志兼代。"

9月16日,毛泽东遵照中共中央决定并受国民党本部总务部副部长林伯渠的委托,回到长沙,在湖南筹建国民党。毛泽东回到湖南,随即同夏曦商定了筹建和发展湖南国民党组织的具体步骤:第一步组织长沙支部;第二步在常德、衡阳等地建分支部;在这个基础上再成立湖南总支部。28日,毛泽东写信给在广州的林伯渠等,汇报了这个计划,说当天便"租定房子成立筹备机关(秘密的),多邀信仰三民主义及有活动能力的人人党",并建议委任夏曦为筹备主任。在毛泽东的指导下,10月初,国民党长沙支部成立。毛泽东在长沙、宁乡、安源等地建立国民党分支部和湖南总支部。从而,使湖南成为大革命时期国民党组织最发达的省份之一。

11月20日，湘江中学成立，毛泽东、何叔衡、李维汉、罗宗翰、易礼容、姜梦周、陈昌、夏曦、夏明翰、谢觉哉、王季范、李六如等人为校董。24日正式开课。这所学校的前身就是湖南自修大学。赵恒惕以所倡学说不正，有关治安为由，下令封闭了自修大学及附设学校、初中部。中共湘区委遂筹备了这所公开、正规的湘江中学。湘江中学继承了自修大学的优良传统，办学宗旨："启迪学生，使为健全的战士，为国民除障碍，为民族争自由，……特别注意培养学生的民族独立思想与革命精神。"①

1923年11月24—25日，中共中央在上海召开三届一中全会，中央局做报告。会议强调，在国民党内的共产党员，一切政治的言论行动，须受本党之指挥，须努力站在国民党的中心地位。会议决定：1.扩大国民党组织，凡有国民党组织的地方，如广东、上海、四川、山东，我党团员一并加入，无国民党组织的地方为之创设；2.矫正国民党的政治观点，促其做反帝国主义的宣传和行动；3.党团员在国民党内要努力站在中心地位，受我党指挥；4.用国民党名义组织和参加各种人民团体；5.在农村中建立和扩大国民党的组织。

在三届一中全会上，讨论了委员分工，选举出5人中央局——陈独秀、毛泽东、罗章龙、蔡和森、谭平山（会后不久，王荷波代替谭平山任中央局委员，主管工人运动），陈独秀为委员长，主持中央局和中央执行委员会的会议；毛泽东为秘书，规定，"秘书负本党内外文书、通信及开会记录之责任，并管理本党文件。本党一切函件须由

---

① 该校于1927年3月停办。

委员长及秘书签字";罗章龙为会计,职责是在中央督察下管理党的财政、行政,并对各区、各地及党的一切机关之财政、行政负责;蔡和森负责党的机关刊物《向导》。

1923年12月25日,中国共产党中央委员会发出第13号通告:国民党明年正月在广州召集全国大会,我党在此次国民党全国大会代表中,希望每省至少当选1人,此同志必须政治头脑清晰且有口才者,方能在大会中纠正国民党的错误观念;旧国民党员中,我们也应该出力帮助其比较急进分子当选;各省代表过沪时,我们的同志再集合议决一致的主张。

1923年12月下旬,毛泽东奉中央通知,由长沙去上海转广州,参加国民党第一次代表大会。

杨开慧和毛泽东结婚后,对毛泽东一往情深,毛泽东经常感受到杨开慧那温存的目光。毛泽东要把全部心血投入革命、投向事业,对杨开慧的过分依恋,他写了元稹的《菟丝》相赠:人生莫依倚,依倚事不成。君看菟丝蔓,依倚榛与藤。下有狐兔穴,奔走亦纵横。樵童砍将去,柔蔓与之并。

这首诗使杨开慧产生误解,自尊心受到了伤害,以致毛泽东数次写信解释还没有消除。毛泽东要离湘远行,这时他们的儿子〔毛岸英,毛泽东和杨开慧的长子,1922年10月24日生,又名毛远仁、杨永福、嘟廖沙(俄语名字)〕刚满周岁。毛泽东临行前,毛岸英号啕大哭,拖着父亲的腿不准走,向振熙把他扯开,关上了房门,毛泽东才得以走成。毛泽东独自踏着长沙门外的铺地寒霜,披着半边残月,站在清水塘边。火车进站了,毛泽东还未看见杨开慧的身影,他有感而

发，一首《贺新郎·别友》破题而出：

　　挥手从兹去。更那堪凄然相向，苦情重诉。眼角眉梢都似恨，热泪欲零还住。知误会前番书语。过眼滔滔云共雾，算人间知己吾和汝。人有病，天知否？

　　今朝霜重东门路，照横塘半天残月，凄清如许。汽笛一声肠已断，从此天涯孤旅。凭割断愁丝恨缕。要似昆仑崩绝壁，又恰像台风扫寰宇。重比翼，和云翥。

　　1924年1月中旬，毛泽东同部分国民党代表乘轮船离开上海赴广州，作为湖南国民党地方组织的代表，参加国民党第一次全国代表大会。

　　国民党第一次全国代表大会召开前，孙中山在广州召开特别会议。指派廖仲恺和共产党人谭平山等组成中国国民党临时中央执行委员会，办理改组国民党的事宜。

　　1924年1月20日至30日（其中25日下午至27日下午为悼念列宁逝世而休会），中国国民党第一次全国代表大会在广州国立高等师范学校（今广东省博物馆大院内礼堂）召开。出席开幕式的代表165人。孙中山以国民党总理的身份担任大会主席。他在开幕词中指出这次改组的重大意义和内容：这次大会要作两件事，第一件是改组国民党；第二件是用政党的力量去改造国家。

　　参加会议的共产党代表除孙中山指定的陈独秀（未出席）、于树德、李守常（李大钊）、谭平山外，还有各地推选的代表沈定一、詹大悲、谢普、林祖涵（林伯渠）、罗迈（李维汉，未出席）、夏曦、袁达时、于方舟（于兰渚）、张国焘、瞿秋白、赵干、毛泽东、胡公冕、宣中华、廖乾五、朱季恂、韩麟符、王尽美、刘芬（刘伯垂）、李能至（李立三）、陈镜湖、李永声（李锡九）等20余名共产党人。

孙中山致开幕词毕，廖仲恺提议，组织主席团并定人数5人，由孙中山指派。得到众人附议。孙中山指定林森、汪兆铭（汪精卫）、谢持、胡汉民、李守常（李大钊）等5人组成大会主席团。主席团的任务是：以备孙中山有事故不能出席主持会议时由主席团推举1人，代表孙中山主席。

大会通过了《中国国民党第一次全国代表大会宣言》。《宣言》是孙中山委托苏联顾问鲍罗廷起草，由廖仲恺翻译成中文，经孙中山审定，提请大会讨论通过。会议还通过了《中国国民党章程》等重要议案。经过这次大会，孙中山确定了"联俄、联共、扶助农工"的三大政策，把三民主义重新解释为反帝反军阀的新三民主义纲领，使这次会议具有了重大的历史意义，也使孙中山开始了他一生中最伟大的转变。但，孙中山推行"联俄、联共、扶助农工"的三大政策，并不是一帆风顺的，国民党内积极拥护和赞助孙中山的干部，只有廖仲恺、宋庆龄、邓演达、何香凝等极少数人，而反对这一主张者却为数甚多。国民党右派分子胡汉民、胡毅生、邹鲁、居正、冯自由等人公开破坏或暗中阻挠，诬蔑共产党员加入国民党是一种"阴谋"。孙中山严厉指出："你们不赞成改组，可以退出国民党！"曾把阻挠改组、在会议上无理取闹的张继驱逐会场，软禁了一夜。

当孙中山在广州长堤亚洲酒店招待全国大会代表时，茅祖权持异

议，反对容纳共产党分子。孙中山起立作长篇之演说：20 年以来，党员总是阻挠我革命，总是丢掉民生主义，跟随我的人很多，但总是想打他自己的生意，真正跟我来革命的，不足 20 个，今日还要阻挠我容纳革命的青年！①

广东省出席国民党"一大"代表冯自由，长期追随孙中山左右，是国民党内资格很老的人物。但冯自由因反对国共合作受到孙中山的严厉批驳。1924 年 2 月 16 日，冯自由等奉召赴大本营时，孙中山声言：反对中国共产党即是反对共产主义，反对共产主义即是反对本党之民生主义，即是破坏纪律，照党章应当革除党籍及枪毙。最后终将顽固不化的冯自由开除出党。

共产党人李大钊也驳斥了国民党右派的谬论，1924 年 1 月 28 日，李大钊在中国国民党第一次代表大会上发言说："……我们加入本党，是几经研究，再四审慎而始加入的，不是胡里胡涂混进来的，是想为国民革命运动而有所贡献于本党的，不是为个人的私利，与夫团体的取巧而有所攘窃于本党的。土尔其的共产党人加入土尔其的国民党，于土尔其国民党不但无损而有益。美国共产党人加入美国劳动党，于美之劳动党不但无损而有益。英国共产党人加入英国劳动党，于英之

---

①1926 年 1 月，毛泽东（署名子任）在《政治周报》第 4 期发表《国民党右派分离的原因及其对于革命前途的影响》一文，文中提及此事。

孙中山在国民党"一大"期间的对于与共产党的合作，后来于 1926 年 5 月 31 日，国民革命军第 6 军军长程潜在一次讲演中提及此事。孙中山曾有过 3 次演说，每次达两个小时之久。择其要者言之，总理说："你们老党员已经堕落了，不革命了，你们反对共产党员加入，是含有想做党阀意味，想要包办革命，老实不客气说，都只想发财做官，数十年革命尚未成功，就是受了你们的累。民族主义，你们只晓得打倒满清；民权主义，你们只晓得议会政治，其余便不知道；至于民生主义，更是全然不懂得，我们的民生主义，就是共产主义，不过与马克思的观察稍有不同罢了。"

劳动党亦是不但无损而有益。那么我们加入本党，虽不敢说必能有多大的贡献，其为无损而有益，亦宜与土、美、英的先例一样。我们加入本党的时候，自己先从理论上，事实上作过详密的研究。本党总理孙先生亦曾允许我们仍跨第三国际在中国的组织，所以我们来参加本党而兼跨固有的党籍，是光明正大的行为，不是阴谋鬼祟的举动。……"①

在会上，毛泽东被选为国民党章程审查委员。大会在讨论"比例选举制（比例选举制是资本主义国家选举制度之一——根据各政党在全国所得选票，按总票数中的比例来分配各政党议员席位的选举制度）为本党政纲之一"案时，提案人黄季陆说："比例选举制可以打破现在选举的流弊。"毛泽东发言反对这种选举制，他说："现时比例选举制系少数党所运动出来的结果，本党为革命党，凡利于革命的可采用，有害于革命的即应摈弃，比例制有害于革命党，因少数人当选即有力量可以破坏革命事业，是予少数派以机会也，本席根本反对本案，以为不能讨论，不能表决。"黄季陆进行辩解，毛泽东进一步指出："比例选举制虽为社会党所赞成，但当其未成功时固是如此，若成功后即不尽然，此制很有害于革命之本身，盖以自由给以反对党，革命事业便十分危险。"大会在讨论国民党章程、组织国民政府、设立研究会等问题时，毛泽东也发表了重要意见。

毛泽东在大会上的表现，受到孙中山和一些国民党人士的赏识和注意。1月30日上午，选举中央执行委员和候补委员时，孙中山亲自拟了一个候选人名单，交付大会表决，其中就有毛泽东。

---

①《李大钊全集》（修订本），第四卷，人民出版社，2013年9月第1版，第507页。

1924 年 1 月 30 日大会闭幕，选出新的领导机构。孙中山继续被推举为党的总理，选出中央执行委员 25 人：孙中山、胡汉民、汪精卫、张人杰、廖仲恺、李烈钧、居正、戴季陶、林森、柏文蔚、丁惟汾、石瑛、邹曾、谭延闿、覃振、谭平山（中共党员）、石青阳、熊克武、李大钊（中共党员）、恩克巴图、王法勤、于右任、杨希闵、叶楚伧、于树德（中共党员）。候补委员共 17 人，其中有共产党员林伯渠、沈定一、毛泽东、张国焘、瞿秋白、于方舟、韩麟符等 7 人。

1 月 31 日—2 月 6 日，孙中山主持召开了国民党一届一中全会，根据《中国国民党章程》的规定，推举廖仲恺、戴季陶、谭平山为中央执行委员会常务委员处理日常事务。并设立 1 处（秘书），8 部（组织、宣传、青年、妇女、工人、农民、军事、调查），组成中央党部。其中，工人部部长廖仲恺、妇女部部长曾醒是国民党左派，组织部部长谭平山、组织部秘书杨匏安、农民部部长林祖涵、农民部秘书彭湃、工人部秘书冯菊坡是共产党人。

2 月 9 日，孙中山主持召开国民党中央党部第四次会议，讨论 10 项提案。其中，有毛泽东提出的 4 项议案：1. 重要市县党部及区党部宜有经费补助，理由："经费断不宜只用于中央与省之两个高级党部（空洞的党部）。市县党部区部之二级（实在的党部）非补助经费必无办法必难发展，……而市县党部及区党部为本党指挥党员行动最扼要的机关，若这两级党部没有力量，必至全党失了力量。"2. 本年内各省省党部兼理所在地之市党部，中央及各地执行部宜兼理所在地之特别区党部。3. 中央执行委员会及各地执行部实际组织时，应注意事实上之需要，理由"宜全力发展下级党部，不宜将党里人才尽聚在最高党部，……中央及各执行部到实际组织时宜看事实上的需要"。4. 本年内地方组织宜分轻重缓急，定一计划。上述 4 案，除第二项未通过，其余 3 项分别交预算委员会审查或交中央执委会参考。

为便于就近指挥各地的党务，国民党一届一中全会决定在上海、北京、汉口、哈尔滨、四川 5 地建立中央执行委员会执行部，作为党的派出机构，由中央执行委员分别前往组织。

上海执行部管辖长江下游各省，设立秘书处和组织、宣传、工人农民、青年、妇女、调查等部，各部部长都不是共产党员。但组织、宣传、工人农民三部的秘书分别是共产党员毛泽东、恽代英、邵力子，干事分别是共产党员罗章龙、施存统、沈泽民、邓中夏、王荷波、向警予等，他们在执行部中起着重要的作用。

国民党北京执行部成立于 1924 年 4 月 20 日，管辖黄河流域各省，设立秘书处和组织、宣传、妇女、工人、农民、调查等部。其中，组织部部长李大钊、青年部部长于树德、妇女部部长褚松雪是共产党人；调查部部长王法勤是社会主义青年团团员；宣传部部长马叙伦与李大钊接近。5 个执行部中，北京的共产党力量最大，存在时间最长，成绩最为显著。

国民党汉口执行部成立于 1924 年 4 月，管辖湖北、湖南、贵州等省，设立秘书处和组织、宣传、调查、工人、农民、青年、妇女等部。其中秘书处秘书于若愚，组织部部长林祖涵、干事李立三、许白昊，工人农民部部长刘伯垂、干事项德隆，青年部干事林育南，妇女部干事夏之栩均是共产党人。国民党右派宣传部部长张知本、青年部部长

兼妇女部部长覃振未到任，工作由秘书和干事充任。因而，汉口国民党执行部的工作，实际上是由共产党人主持的。

国民党哈尔滨、四川两个执行部虽已内定名单，但始终未能成立。

在中央党部和各地执行部的指导下，各地的省党部也先后建立起来。各省党部多由共产党人帮助建立和主持工作。在地方组织的党员中，左派力量占优势。中央党部组织部部长谭平山说："根据1926年5月国民党全会所发表的材料，党员数目为31.6万人，而按党组织部的精确统计，只有25万人。如果不算7万国民党的士兵，那么左翼和共产主义派就有15万人，而中间派、右翼和极右翼总共不超过3万人。十分之九的地方组织处于共产主义派和左翼的领导之下。国民党的阶级成分也起了很大的变化，例如当时广东的党员中，最多的是农民，约占40%，其次是工人和学生，各占25%，商人不足10%，其余为军、警、法、政、报、自由职业和其他人员共占百分之几。"

1924年2月中旬，毛泽东从广州到上海。与蔡和森、罗章龙3家同住在闸北香山路（今象山路）的三曾里中共中央机关内。中共中央决定毛泽东、罗章龙、王荷波、恽代英（代表青年团中央）4人参加国民党上海执行部的工作，遇有特别重大问题，则由国民党总理孙中山与中共中央局委员长陈独秀协商决定。决定由沈泽民、邵力子、瞿秋白、施存统、邓中夏、向警予、张秋人等共产党人参加执行部各部门的实际工作。

2月25日，国民党上海执行部召开第一次执行委员会会议，毛泽东出席会议，并作记录。会议宣布，正式成立国民党上海执行部，管辖江苏、浙江、安徽、江西和上海。会议通过胡汉民、叶楚伧、汪精卫为执行部常务委员；邵元冲任文书科主任（邵元冲未到任前，由毛泽东代理）；胡汉民任组织部部长，毛泽东任组织部秘书；汪精卫任宣传部部长，恽代英任秘书；于右任任工人农民部部长，邵力子任秘书；叶楚伧任青年妇女部部长，何世桢任秘书；茅祖权任调查部部长，孙镜任秘书。

3月11日，毛泽东出席国民党上海执行委员会会议，因到会人数不多，改为谈话会。毛泽东做上海执行部自3月1日开始办公以来的工作报告。报告中提到，中央党部组织部曾发出第1号通告，要求旧党员重新登记。每人必须填一张表，经审查同意，方为改组后的国民党员，发给党证。

国民党元老谢持辛亥革命时当过四川省省长，现在是国民党中央监察委员，他冲到执行部的楼上，胡汉民、汪精卫都起来打招呼。谢持说：我革命几十年还要填表？可不可以免填？大家都说，党员人人都要填。谢持一怒而去。毛泽东说，派人送张表去，要秘书好好解释一下，可以放宽点。后来谢持还是填了表。

4月19日，中共中央局委员长陈独秀、秘书毛泽东联名发出中共中央第13号通告，要求各地党和团的组织开展"五一""五四""五五""五七"纪念和宣传活动："五一"纪念，在可能的范围内，召集工人演讲会；"五四"纪念，以学生为中心，必须发挥五四运动两个重要意义：恢复国权运动、新文化运动，"此时国外列强之压迫，国内旧思想之反攻，都日甚一日，因此，五四运动之精神仍有发挥之必要"；"五五"纪念，应集合党、团员同志，由

在理论上素有研究者讲演；"五七"纪念，务努力联合工商学生做大规模的示威运动，口号是：否认"二十一条"，取消租界，废弃不平等条约等。

其间，毛泽东参加追悼列宁活动，参加黄埔军校第1期的上海部的招生工作（考生在上海参加报名、复试，尔后到广州参加总复试），5月5日在莫利哀路29号孙中山寓所出席孙中山就任非常大总统3周年庆祝集会（会上上海执行部成员邓中夏、张继、胡汉民、汪精卫、向警予、毛泽东、沈泽民、邵力子、戴季陶等一起合影留念）。

1924年5月10—15日，中国共产党在上海召开中共中央执行委员会会议。会议作出《共产党在国民党内的工作问题决议案》、《工会问题决议案》、《党内组织和宣传教育问题决议案》等。会议总结了国共合作5个月以来的经验，提出国民党有左派和右派两派力量。会议指出，要以种种方法于思想和组织上巩固孙中山一派的左翼，强调在国民党中的工作以宣传为主，会议提出党的组织工作的重要性，说明产业工人是我们党的基础，建立和发展工会组织是党的最重要的职任。会议决定设立中央机关报编辑委员会，在工农部内设立工会运动委员会。会议决定，毛泽东兼任中央组织部部长，罗章龙兼任中央宣传部部长，王荷波任中央工农部部长，向警予任中央妇女部部长。

1924年6月初，杨开慧和母亲向振熙带着两个孩子（1923年11月23日，杨开慧生下次子毛岸青，又名毛远义、杨永寿）从长沙到上海。毛泽东把家安在英租界慕尔鸣路（今茂名北路）与威海卫路交叉的甲秀里（今威海卫路583弄）。杨开慧除担负家务外，还帮助毛泽东整理材料、誊写文稿等，并经常到小沙渡工人夜校去讲课。

1924 年 6 月 18 日，国民党中央监察委员邓泽如、张继、谢持写信给孙中山和国民党中央执行委员会，弹劾共产党：共产党员及社会主义青年团员加入国民党，于国民党生存发展有重大妨害，主张绝对不宜党中有党。7 月 21 日，中共中央局委员长陈独秀、秘书毛泽东联名发出中共中央第 15 号通告，分析了国民党右派反共排共的严重形势，指出：他们以和缓列强及军阀对于国民党的压迫，此时国民党只极少数领袖如孙中山、廖仲恺等尚未和我们分离之决心，然亦决不愿得罪于右派分子；我们为图革命势力联合计，决不愿分离的言论与事实出于我方，须尽我们的力量忍耐与之合作；但是对于反革命的右倾政策，不可隐忍不加以纠正。为此通告提出反对国民党右派的 5 项具体措施，特别提出：须努力获得或维持指挥工人农民学生市民各团体的实权在我们手里，以巩固我们在国民党左翼的力量，尽力排除右派势力侵入这些团体。7 月，由于同国民党上海执行部负责人经常发生分歧，毛泽东辞去组织部秘书的职务，只领导文书科工作，推荐中共党员张廷灏任组织部秘书。

9 月 3 日，占据江苏的直系军阀齐燮元与浙江皖系军阀卢永祥，为争夺对上海的控制权爆发军阀战争，后因直系军阀孙传芳出兵助齐燮元，卢永祥兵败下野。为揭露江浙军阀战争的反动性质、开展宣传运动，9 月 10 日，中共中央局委员长陈独秀、秘书毛泽东发出中共中央第 17 号通告"此次江浙战争，显然是军阀争夺地盘与国际帝国主义操纵中国政治之一种表现"，只有增加人民的痛苦及被奴役的地位，"人民对任何军阀战争不能存丝毫希望，可希望解救中国的惟有是国民革

命。我们要借此次战争为现实的材料，更努力的来宣传国民革命，号召民众组织国民革命的实力！为此，中局已决定发布对时局宣言，表示本党对于此次战争的态度，……本党各级组织在接到此通告之后，应立即下令所有党员开始活动，万勿因循放弃此次宣传绝好机会"！

同日，中国共产党发表第三次对于时局的宣言："我们早已看透了中国的病根是由于帝国主义的列强之剥削操纵及国内军阀之扰乱，……目前解救中国的唯一道路只有人民组织起来，在国民革命的旗帜之下，推翻直系，解除一切军阀的武装，尤其要在根本上推翻外国帝国主义在中国一切既得的权利与势力。只有这样才能免除定期的惨杀与战争，只有这样才能得到永久真正的和平。"①

---

①《中共中央第三次对于时局的主张》，载《中共党史参考资料》（二），人民出版社，1979年9月第1版，第35、40页。

十、黄埔军校

在国民党"一大"开会期间的 1924 年 1 月 24 日，孙中山委派蒋介石为陆军军官学校筹备委员会委员长，邓演达、王柏龄等 7 人为筹备委员，同月 28 日指定位于广州黄埔岛上的广东陆军学校与广东海军学校原址作为校舍（因在黄埔岛，后来一般称为黄埔军校）。

蒋介石，又名蒋周泰、蒋瑞元、蒋志清、蒋中正，1887 年 10 月 30 日（清光绪十三年九月十五日）出生于浙江省奉化县溪口镇一个盐商家庭［一说河南许昌河街人，原姓郑，幼时其母嫁于浙江奉化蒋氏，参见《蒋介石是不是河南许昌人？——蒋介石家世传闻调查记》（载《许昌师专学报》1986 年第 3 期，作者李耕五）］。5 岁到 15 岁受封建旧式教育，1903 年入奉化县城的凤麓学堂受新式教育，1906 年赴日本东京清华学校，在此结识了浙江同乡、上海青帮（哥老会）大头目陈其美［陈其美（1878—1916），字英士，浙江省吴兴人，曾任沪军都督。（陈于 1906 年冬加入孙中山领导的"中国同盟会"）］。1906 年冬回国考入清政府陆军部在保定创立的"通国陆军速成学堂"。1908 年春天，考入日本"振武学校"继续学习军事。同年，经陈其美

介绍加入同盟会。1910年冬，蒋介石从振武学校毕业，同年12月5日，以士官候补生被分配到驻扎在日本北海道新潟县高田镇的野炮兵第13联队实习。1910年10月30日回国，参加杭州光复活动。1912年1月，曾参与刺杀同盟会及光复会著名领袖陶成章。"二次革命"失败后，蒋介石伙同张静江、陈果夫、戴季陶等人，集合资本经营上海证券物品交易所的经纪人事业（牌号"恒泰""利源"），代客买卖各种证券及棉纱。此时，由虞洽卿介绍投拜黄金荣（黄自称青帮首领）门下为门生。后经陈其美介绍，接近孙中山，1922年6月，陈炯明叛变时，蒋介石从宁波赴广州，29日登上永丰舰，见到孙中山，孙中山授蒋海上指挥全权。孙中山在军舰上与叛军苦战55天，蒋介石守在孙中山身边，参与筹划作战，最后护送孙中山安然回到上海。经历这次事变，蒋介石深得孙中山信任。9月，蒋介石写了《孙大总统广州蒙难记》，孙中山为之作序，曰："陈逆之变，介石赴难来粤入舰，日侍予侧，而筹策多中，乐与余及海军将士共生死，兹纪殆为实录"，抬高了蒋的身价。1923年8月16日，孙中山派以蒋介石为团长的"孙逸仙博士代表团"到苏联考察学习，蒋介石回国后高喊"民族斗争"、"阶级斗争"等革命口号。随后被孙中山任命为国民党军事委员会委员。

黄埔军校是按照苏联红军的建军原则和作战经验来训练干部的新型军事学校。它是国共合作的产物，也是苏联援助中国革命的第一个重要标志。1921年12月经李大钊介绍，孙中山在广西桂林和共产国际代表马林会谈（由张太雷陪同）的时候，马林即向孙中山提出关于创办军官学校、建立革命军队的建议。同时，中国共产党通过党刊《向导周报》对孙中山幻想利用军阀力量、企图从军事投机中取得胜利的错误提出了善意的批评，指出只有仿效苏联，建立革命军队，革命才能成功。如1922年11月《向导周报》第9期在《国民运动、革命和革命宣传》一文中说："只是时常依靠别的有力分子对它的感情为转移，那些有力分子昨天还是他的朋友，今天能够翻脸，明天或成仇敌。"苏联"坚强的红军能够组织成功，便因为有真正革命精神。……红军是一个真正革命的军队"。在广东的粤、滇、桂等系军阀，表面上接受孙中山的指挥，实则他们各据防区、把持财政，对于军校的筹建不仅不予支持，反进行阻挠破坏。因此关于创办军校所需的人力、财力和物力，孙中山一筹莫展。苏联为支持中国革命的事业，在黄埔建军校的计划确定后，一面派数十名优秀军事干部到军校担任教育工作，一面又无条件地拨2000万元现款给军校作为开办费，各种军械也由苏联无代价地从海参崴分批运来。同时，中国共产党调派了许多优秀党员担任军校的教育工作和军事工作。孙中山依靠苏联和中国共产党的支持、帮助，军校的筹建工作得以顺利发展。

军校的招生工作除在广州能公开进行外，全国各省因都在军阀的控制下，只能秘密地考试或动员青年学生来广州报考。各地的共产党和共青团组织在这一工作上起了很大的作用。应考的学生大部分是中国共产党在北京、上海（毛泽东负责上海地区考生考试工作）、武汉、长沙、济南等地区党委所遴选介绍的党团员以及革命青年学生和工人，在广州直接招收的学生并不多。第一期新生由于掌握的标准比较严，只录取了470名。9月，又收录了从远道赶来投考的四川籍学生20余名。后来，军政部讲武堂的150名学生也归并到黄埔军校来训练，都被编入第一期。学生的文化程度参差不齐，有从国外回来的留学生，有大学生，有的仅具有中学文化程度，还有的连小学也没有上过。但是从学生的政治条件来看，他们的家庭成分以工人、农民和城市小资产阶级为主，剥削阶级出身的很少。

1924年6月16日，黄埔军校举行开学典礼，孙中山亲临主持。500名学生一律穿着苏联式黄卡其布军服，整齐严肃，精神焕发。孙中山讲话说："我们现在开办这个学校，就是仿效俄国。……从今天起立一个志愿，一生一世，都不存升官发财的心理，只知道做救国救民的事业。"[①]

孙中山还发表了对黄埔军校的训词："三民主义，吾党所宗，以建民国，以进大同。咨尔多士，为民前锋，夙夜匪懈，主义是从。矢勤矢勇，必信必忠，一心一德，贯彻始终。"[②]

这个训词1927年被定为中华民国国歌。

黄埔军校还制定了国民革命军军歌，歌词是："打倒列强，打倒列强，除军阀，除军阀，国民革命成功，国民革命成功，齐欢唱，齐欢唱。"

孙中山夫人宋庆龄，党代表廖仲恺，中央执行委员胡汉民、汪精卫、林森、张继，外交总长伍朝枢，大元帅府军政部长程潜，粤军总司令许崇智，湘军总司令谭延闿，滇军总司令杨希闵，西路讨贼军总司令刘震寰，广州市党部执行委员孙科、吴铁城等党政要员出席了开学典礼。开学典礼后，举行了阅兵式。

孙中山亲自兼任军校总理。关于校长的人选，最初决定为程潜，以蒋介石、李济深为副校长。因为蒋介石当时无论在党、在军都是后

---

①《在陆军军官学校开学典礼的演说》，《孙中山选集》下卷，2011年12月第2版，第954、958页。

②《黄埔教父孙中山》，曹群著，东方出版社，2014年1月第1版，第35页。

辈，孙中山派他为副校长已经是越级提拔了。但是，蒋介石不愿在程潜之下，对这个任命很不满意，就离开广州跑回上海。张静江、戴季陶等出来为他撑腰，张静江亲自跑到广州找孙中山说情。孙中山于是改派蒋介石为粤军总司令部参谋长兼黄埔军校校长。

孙中山仿照苏联红军的政治委员制度，在军校中实行党代表制度，委派廖仲恺为党代表。规定：军校的一切命令都必须由党代表副署，交校长执行，未经党代表副署的命令完全无效。

黄埔军校于校长和党代表以下，分设政治、教练、教授3个部和军需、管理、军医3个处。政治部主任最初是戴季陶，戴后来离开广州，由副主任邵元冲代理，邵元冲是一个封建思想很浓厚的官僚，他把政治部主任当作一个官来作，学校员生一致提出撤换他。经廖仲恺、蒋介石和苏联顾问会商后，决定请中共推荐一位适当人选来作政治部主任。于是中共中央决定派周恩来担任这一工作。

周恩来，字翔宇，别名飞飞、伍豪，1898年3月5日出生于江苏淮安一个没落官僚家庭（祖籍浙江绍兴），由于其父辈时家道中衰，债台高筑，他10岁便当家主事。1910年春，随其伯父去东北铁岭，后来入沈阳东关模范小学读书。毕业后于1913年考入天津南开中学，在校中常参加演出话剧，1914年初，和朋友们创建了课外学习组织——敬业乐群会，出版了刊物《敬业》（每半年一期，共出6期），并擅长演讲艺术（曾任辩论队队长），1917年6月26日毕业。1917年9月东渡日本，入东京神田区"东亚高等预备学校"，学习日语并准备师范学院的入学考试，后来去京都，成为河上肇（京都帝国大学经济学教授、马克思主义先驱）编辑的《社会问题研究》半月刊的热心读者。1919年3月回国，参加天津学联，主编《天津学生联合会报》，

组织参加了进步青年团体"觉悟社"。1920年为抵制日货找省长支持，被关进警察厅达6个月。1920年11月7日，周恩来乘法国邮船去法国勤工俭学，12月13日到达马赛（后去巴黎）。由于他同国内一家报纸订好合同，作它的特约通讯员，所以他在法国并未做工，而是一面读书，一面写文章。1921年3月，巴黎的共产党早期组织负责人张申府、刘清扬吸收周恩来为该组织成员（张申府曾写信报告给国内的陈独秀）。1922年6月，"旅欧中国少年共产党"成立，赵世炎、周恩来、李维汉等当选为中央执行委员，周恩来分工负责宣传工作。根据陈独秀的指示，"少年共产党"于1923年2月17日至20日在巴黎郊外召开临时代表大会，改组为"旅欧中国共产主义青年团"，并议定章程，选出了新的执行委员会，周恩来被推举为书记。1922年春至1923年2月，周恩来在德国柏林做党的工作。1924年2月，先行从欧洲回到广州任黄埔军校政治部副部长的张申府向廖仲恺推荐周恩来。于是周恩来在1924年8月到达广州，先任中共两广区委委员长兼军事部部长，后接任黄埔军校政治部主任。

军校其他各主要部门负责人有教练部主任李济深、副主任邓演达，教授部主任王柏龄、副主任叶剑英，军事总教官为何应钦，军事教官有刘峙、张元祐、顾祝同、钱大钧、陈继承、胡树森、沈应时、陆福廷等，政治部秘书为聂荣臻、鲁易，教育副官为季方、陈诚、徐坚，学生总队总队长由邓演达兼任、副总队长严重，队长茅延桢、吕梦熊、金佛庄，区队长蒋鼎文、严凤仪、倪弼、惠东升、郜子举、郭俊、曾石泉等24人。军事干部多半是从李济深的粤军第1师抽调的，学生队的队长大部分也是从李济深所办的西江讲武堂调过来的。

聂荣臻，四川江津人，1899年生。1919年底赴法国勤工俭学。

1922 年夏就读于比利时沙洛瓦大学工程系，同年 8 月参加中国社会主义青年团，1923 年春加入中国共产党。1924 年 10 月到苏联，1925 年 8 月回国，任黄埔军校政治部秘书兼政治教官，并为中共两广区委军委成员。

苏联方面除了担任国民党总顾问的鲍罗廷和国民党军事总顾问加伦将军，最早担任国民政府首席军事顾问的是巴甫罗夫，他不幸牺牲于广东东江。加伦（布留赫尔）继任军事总顾问，在加伦患病回国期间，季山嘉（古比雪夫）代理军事总顾问之职除经常帮助军校外，专派到军校工作的有：顾问契列班诺夫、步兵顾问白礼别列夫、炮兵顾问嘉列里、工兵顾问互林、政治顾问喀拉觉夫等。

按照传统的军事教育，培养一个下级军官需三年时间。为了适应革命形势的需要，必须在较短的时间内尽快训练一批军事干部。苏联红军根据红军建军经验，提供了最新的资料，重新编订了典、范、令以及战术、兵器、筑城、地形和交通通信 5 大教程。制定 7 个月为一期的教育期限（一个月的入伍教育，6 个月的正式教育。从第四期起，入伍教育期限延长为半年）。同时很重视政治课程，内容有：三民主义浅说、中国国民革命运动、中国政治经济状况、帝国主义侵略中国史、世界革命运动简史等。政治班除上述课程外，还有：帝国主义是资本主义的最高阶段、国际政治经济状况、苏联概况、社会主义史、社会主义原理、政治经济学、中国社会结构、中国农民运动、中国职工运动、中国青年运动、宣传鼓动工作的意义和作用、军队政治工作等。课程最多的讲 16 次，每次两小时，最少的讲 4 次。教员按照各门课程的授课次数编写讲授提纲，在规定的时间内讲完。学生上课时当堂做笔记。

除了各门政治课程之外，还经常举行讲演会，集合全体学生听讲。讲演的人除孙中山外，国民党方面有廖仲恺、胡汉民、汪精卫、邵元冲等，共产党方面有周恩来、恽代英、萧楚女、张太雷等。周恩来和其他几个共产党员的讲演很受同学们的欢迎，他们每次讲演时，大花厅（大讲堂）里都挤得满满的，军校的工作人员也自动去旁听。国民党右派分子邵元冲的讲话最不受欢迎，人们把他叫"催眠术教官"。

蒋介石为使学生和官兵养成对他个人的偶像崇拜，经常集合学生、官兵进行所谓"精神讲话"。他当时还兼任长洲要塞司令，并住在要塞司令部里，要塞炮台前面竖着一面大红旗，旗上有个斗大的"蒋"字。要塞司令部和军校相距不到一里路，可蒋介石每天上下班总是警卫森严。他披着一件拿破仑式的斗篷，前面有一个副官开道，4个服装整齐的武装士兵跟在他后面，威风凛凛，好似戏台上大将出征的神气。如果学生、官兵在路上遇见他，没有向他敬礼，他一定要追究，给予处分。

十一、在国民党内工作

1924 年 10 月 10 日，上海各团体召开国民大会时，国民党右派童理璋等公然阻止上海大学学生发表反帝反军阀的演说，并唆使流氓工贼行凶，将上海大学学生黄仁（共产党员，公开身份是国民党员）从高台上推下摔死，制造了震动全市的黄仁惨案。

广大群众极为愤慨，纷起抗议。上海执行部发表宣言认为："此次吾党党员有因反对帝国主义及军阀而致死者，本执行部敢以此勉励一切同志……至于阻止宣传主义及参加或指使凶殴之人，则不论为党员与否，本执行部敢以国民党名义，正式宣告其为国民之公敌。"并将此事报告广州国民党中央。执行部开会决议，抚恤黄仁烈士，并决定开除肇事者童理璋、喻育之的国民党党籍。

在抗击黄仁惨案的斗争中，毛泽东始终尽心尽力参与和支持。

1924 年 11 月 13 日，孙中山应冯玉祥、段祺瑞、张作霖共商国是之邀请，偕夫人宋庆龄离开广州北上和谈。途经上海时，毛泽东以国民党上海执行部秘书处文书科主任的名义领衔同组织部秘书张廷灏、

干事罗章龙、宣传部秘书恽代英等 14 人联名致信孙中山，反映上海执行部的经费自 8 月起即未能照发，近来内部更无负责之人，一切事务几乎停滞，要求派员解决。

孙中山因北上事繁，又染重病，无暇处理此事。

毛泽东积极从事国民党的改组工作，是基于对国共合作必要性和必然性的正确认识。1925 年 11 月 21 日，毛泽东在填写《少年中国学会改组委员会调查表》时写道："本人信仰共产主义，主张无产阶级的社会革命。惟目前的内外压迫，非一阶级之力所能推翻，主张用无产阶级、小资产阶级及中产阶级左翼合作的国民革命，实行中国国民党之三民主义，以打倒帝国主义，打倒军阀，打倒买办、地主阶级（即与帝国主义、军阀有密切关系之中国大资产阶级及中产阶级右翼），实现无产阶级、小资产阶级及中产阶级左翼的联合统治，即革命民众的统治。"①

后来，毛泽东在《国民党右派分离的原因及其对于革命前途的影响》一文中又说："中华革命党改成中国国民党时，又加入一批中产阶级的非革命派，此时而且有一部分代表买办阶级的分子混了进来，他们站在党的支配地位，孙先生及少数革命派领袖拿了仍不能革命。乃于去年 1 月毅然召集第一次党的全国大会，明白决定拥护工农阶级的利益，从工农阶级中扩张国民党的组织，并且容纳共产派分子入党。"②

---

① 中共中央文献研究室编，《毛泽东文集》第一卷，人民出版社，1993 年 12 月第 1 版，第 19—19 页、27 页。

② 同上。

国民党上海执行部的右翼国民党人叶楚伧、戴季陶等人视国民党内的共产党人为异己。他们最恨的是毛泽东，因为毛泽东遇事不肯迁就，极力反对他们的右派活动，成为他们推行反动政策的最大障碍。叶楚伧想尽办法，要把毛泽东赶走。

毛泽东既在国民党内任职，又是中共中央局的委员秘书，公务繁重，终于身体不支，1924年12月，因工作过于劳累患病。经中共中央同意，年底，毛泽东偕杨开慧等回湖南养病。毛泽东走后，叶楚伧十分高兴，特宴请上海执行部的成员，以志庆祝。

毛泽东离开上海不久，中共"四大"于1925年1月在上海召开。这次大会明确提出无产阶级要在民主革命中取得领导地位，并确认农民是工人阶级的同盟者。这是党对中国革命认识的重大进展。

大会还选出新的中央执行委员会和中央局，毛泽东没有继续当选。

1925年1月中旬，毛泽东同杨开慧携毛岸英、毛岸青到长沙板仓岳母家过春节。2月6日，毛泽东同杨开慧携毛岸英、毛岸青到韶山。回韶山后，毛泽东一边养病一边作些社会调查。到朋友、同学、亲戚和左邻右舍农家走访，或邀请亲友到韶山南岸家中谈家常。其间，来往较多的有从安源煤矿回来的共产党员毛福轩，贫苦知识分子毛新枚，汤家湾的小学同学钟志申，李氏族校和庞氏族校的李耿侯、庞叔侃及湘乡外婆家的人。毛泽东还访问了韶山一带的知名人士，如毛简臣、李漱清，开明士绅庞坦直等。3月，毛泽东以毛福轩、毛新枚、钟志申、庞叔侃、李耿侯等为骨干组织秘密农民协会，并通过他们发展会员。

4月，毛泽东通过杨开慧、李耿侯等发动进步教师，利用原来的公立学校、族校、祠堂等等，在韶山一带创办农民夜校。夜校除教农民识字、学珠算，还讲三民主义、国内外大事。毛泽东经常去夜校察看。夜校学员大都成为秘密农民协会的骨干力量。到7月间，农民夜校发展到20多所。

5月，毛泽东到安化县，会晤安化县青年团特支书记姚炳南、安化县第一高小教员共产党员陈昌，并与共产党员、青年团员卢天放、刘肇经、张文毅座谈。毛泽东在安化停留了一星期左右。

上海"五卅"惨案爆发后，长沙2万多工人、学生集会，并成立雪耻会，随后湘潭、衡阳、衡山等40余县和矿区成立了雪耻会。

1925年1月11日至22日，中国共产党第四次全国代表大会在上海举行，出席代表20人。大会主要讨论并决定加强党对革命运动的领导，党同国民党合作以及工人、农民运动等方面的方针。大会文件指出："中国的民族革命运动，必须最革命的无产阶级有力的参加，并且取得领导的地位，才能够得到胜利。"在共产党同国民党的关系上，要保持自己的独立性，扩大左派，反对右派，争取中派。

大会修改了党章，选举新的中央执行委员会，选举陈独秀、张国焘、彭述之、蔡和森、瞿秋白组成中央局，陈独秀为总书记。

1925年2月，上海日商纱厂工人在中共领导下举行罢工斗争，迫使日本资本家签订了不得任意开除工人等4项协议。工人按协议复工后，日本资本家竟违约开除工人并克扣工人工资。1925年5月14日，日商纱厂工人再次罢工，15日，日本资本家不仅不答应工人提出的要求，竟开枪打死第七工厂工人、共产党员顾正红，打伤工人十余人。5月28日，中共中央做出了把工人的经济斗争发展成为反帝政治斗争的决定，5月30日，上海学生2000余人到公共租界宣传声援工人斗争，英国巡捕竟逮捕学生百余人。当即有近万名群众聚集在巡捕门前，要求释放学生，英国巡捕向群众开枪，当场死伤数十人。惨案发生后，中共中央号召全市举行罢工、罢课、罢市，5月31日，上海总工会宣告成立，次日，全市25万工人、5万学生和大部分商人参加了"三罢"。6月7日，工商学联合会成立，提出惩凶、赔偿、取消领事裁判权、撤退上海的外国驻军等17项交涉条件。随后，北京、上海、天津、南京、青岛和广州、香港等全国各大城市纷纷举行示威游行和"三罢"斗争，形成了全国规模的反帝怒潮。

1925年6月中旬，经过几个月的培养和了解，毛泽东同毛福轩介绍毛新枚、李耿侯、钟志申、庞叔侃等加入中国共产党。在毛泽东的家中的阁楼上秘密举行新党员入党仪式，并成立中共韶山支部，委派毛福轩为支部书记。以"庞德甫"作为党支部的代号，还在银田寺开办了一家书店，作为韶山党支部的秘密联络机关。到年底，韶山、银田一带发展中共党员近百人，毛泽东还在韶山秘密发展共产主义青年团，建立团的组织。

毛泽东同毛福轩、钟志申等以"打倒列强，洗雪国耻"为口号，以秘密农民协会为核心，在韶山一带成立了20多个乡雪耻会，作为公开的群众性革命组织，并展反帝斗争。

7月初，毛泽东在韶山成立国民党第7区党部，并担任常委委员，郭运泉、周啸泉、李耿侯、钟志申分别担任组织和宣传工作。7月5

日，毛泽东在李氏祠堂主持召开国民党区党部会议，参加会议的有毛福轩、李耿侯、庞叔侃、钟志申、蒋梯空、郭运泉等，湘区青年团委派来韶山工作的贺尔康参加了会议。会议讨论了 3 项问题：党务、反对帝国主义、乡村教育。7 月 10 日，湘潭西二区上七都在郭氏祠堂召开雪耻会成立大会，到会代表六七十人，自动前来观看的有三四百人。毛泽东在会上讲话，他讲述了帝国主义侵略中国的历史，五卅惨案和长沙、湘潭等地的反帝爱国运动情况，号召大家团结起来，反对英、日帝国主义。讲话后，毛泽东同许多围拢来的农民、教师交谈。自此韶山成立讲演队，散发传单，还派出纠察队设卡检查，禁售洋货。7 月 12、13 日，毛泽东同贺尔康、钟志申在汤氏祠、汤家湾召开国民党第 4 区分部成立会，和贺尔康等再到萧氏宗祠学校继续商讨发展国民党组织的问题。

7 月 30 日，韶山西二区在公私学校及在郭氏祠堂召开教育会员大会，改组掌管行政的教委会及掌管经济的学委会，到会 40 人。会前，毛泽东曾多次召集共产党员、部分国民党员、农协和雪耻会骨干秘密开会，研讨夺取区教育权问题。会员大会根据会前掌握的材料，揭露了上七都团防局长成胥生的亲信唐默斋、郭伯生等阻挠教师进行爱国宣传、不准办夜校及贪污学款、克扣教师薪水的行为，利用赵恒惕的教育法，改组教育会、学务会。庞叔侃、李耿侯等被选为两会执行委员。10 多个公立和私立学校校长都由进步教师担任。

本年韶山一带遭受大旱，正值青黄不接民食奇缺时节，地主乘机囤积居奇，高抬谷价。8 月，毛泽东召集党支部和农协骨干开会，决定发动农民，迫使地主开仓平粜谷米。毛泽东派钟志申、庞叔侃同土豪、上七都团防局局长成胥生交涉。成胥生不肯，且把谷子偷运到银田镇，准备运往湘潭等地高价出售。毛泽东要毛福轩、毛新枚等率领数百农民，携带锄头、扁担、箩筐，夜奔银田镇，阻止谷米出境。成胥生见农民人多势众，被迫将谷子平价卖给农民。此期间，韶山永义亭、瓦子坪、鳌石桥、如意亭等地都出现了平粜斗争，均取得胜利。

8月28日，湖南省省长赵恒惕得到成胥生关于毛泽东组织农民进行粮食平粜运动的密报，电令湘潭团防局派兵逮捕毛泽东。在湘潭县城里工作的银田镇人郭麓宾看到了赵恒惕的电令"立即逮捕毛泽东，就地正法"，当即派当炊事员的侄子郭士奎连夜赶了90里路到韶山给毛泽东去送信。当日，毛泽东在韶山党组织和群众的帮助下，离开韶山去长沙。8月底，毛泽东在长沙与中共湘区委员会的同志交换意见，建议湘区委多派同志前往广州学习，多派优秀同志到各县农民中去秘密组织农民协会和发展国民党组织。在长沙期间，毛泽东还先后到省工团联合会、文化书社见共产党员郭亮等。

此间，毛泽东作《沁园春·长沙》：

独立寒秋，湘江北去，橘子洲头。看万山红遍，层林尽染；漫江碧透，百舸争流，鹰击长空，鱼翔浅底，万类霜天竞自由。怅寥廓，问苍茫大地，谁主沉浮？

携来百侣曾游。忆往昔峥嵘岁月稠。恰同学少年，风华正茂；书生意气，挥斥方遒。指点江山，激扬文字，粪土当年万户侯。曾记否，到中流击水，浪遏飞舟？

9月上旬，毛泽东同准备到广州农民运动讲习所第5期学习的庞叔

侃、周振岳由长沙动身赴广州，路经株洲、衡阳、资兴、耒阳、郴州、宜章等地，到广东韶关转乘火车到广州。9月中旬，毛泽东到广州后，身体极度虚弱，住东山医院进行短期疗养。

毛泽东经长沙去广州后，杨开慧为了做完毛泽东在韶山未完成的工作，也为了掩护毛泽东，决定暂时留在韶山。当晚团防局局长成胥生探听到杨开慧还留在韶山，发誓要把她抓到手，向赵恒惕请功。杨开慧为了躲避敌人的追捕，带着两个孩子东奔西走。当她得知毛泽东安全抵达广州后，才和母亲、两个孩子于1925年12月经长沙到了广州。毛泽东把家安在广州市东山庙前西街38号，这是一座简陋的两层小楼，大门对着街道，萧楚女住楼下，毛泽东家住楼上，《政治周报》的通讯社就设在这里。杨开慧协助毛泽东从事革命活动和编辑《政治周报》。

9月29日，国民党第二次全国代表大会重要议案委员会召开第一次会议。会议决定，宣传问题议案由汪精卫、陈孚木（广州《民国日报》负责人）、毛泽东负责起草。毛泽东参与国民党第二次全国代表大会的筹备工作。

由于孙中山领导的国民革命运动在广东得到迅速的发展，带动了全国革命运动的高涨，同时促进了军阀内部发生了重大变化。当时北方正在进行第二次直奉战争，1924年10月23日，直系将领冯玉祥在革命形势高涨的推动下，突然树起反直系旗帜，发动北京政变，导致直系军阀迅速溃败。通过贿选当上北京政府大总统的曹锟被软禁，吴佩孚带领残兵败将逃亡到河北，段祺瑞被推为北京政府的临时执政。此后，北方出现了段祺瑞、冯玉祥、张作霖三派联合而又猜忌、争夺的局面。冯玉祥此前曾多次接到孙中山寄给他的信件和三民主义书籍，受到革命的影响，于是冯玉祥邀请孙中山北上，商讨、主持解决时局问题。段祺瑞、张作霖迫于形势也假意表示欢迎。

为了迅速实现全国的和平统一，同时也为了"拿革命主义去宣传"，孙中山接受了冯玉祥等人的邀请，决定去北京"共筹统一建设之方略"。1924 年 10 月 30 日，孙中山从韶关回到广州，命谭延闿为北伐联军总司令，驻守韶关；命胡汉民留守广州，代行孙中山的大元帅职务。

11 月 3 日，孙中山特意到黄埔军校向全体师生辞别，并讲述了北京政变的事实经过及此次北上的目的。11 月 10 日，孙中山发表《时局宣言》，重申反对帝国主义、打倒军阀的政治主张"莫能摇动"，并提出废除一切不平等条约，要求"召集国民会议，以谋中国之统一和建设"。①

孙中山行前给国民党要人留下手谕："鲍罗廷的主张，就是我的主张，凡是政治上的事，总要听他的主张，你们听他的主张，要像听我的主张一样。"②

1924 年 11 月 13 日，孙中山偕宋庆龄等乘永丰舰离广州北上，船经过黄埔港时，孙中山又特地到黄埔军校巡视，观看了学生的战术表演，表扬学生们的"忍苦耐劳，努力奋斗"的精神，并参加了校内为他准备的送别宴会。傍晚，才离开黄埔，登舰经香港北上。17 日到达上海，帝国主义分子公然反对孙中山登岸。孙中山凛然宣告："上海是我们中国的领土，我是这个领土的主人，他们都是客人。主人行使

---

① 《孙中山选集》下卷，人民出版社，2011 年 12 月第 2 版，第 989—993 页。
② 《解密档案中的孙中山》，姚金果著，东方出版社，2011 年 10 月第 1 版，第 369 页。

职权，在这个领土之内，想要怎么样便可以怎么样。……我这次到北京去，讲到对外问题，一定要主张废除一切不平等条约，收回海关、租界和领事裁判权。"①

经日本、天津，1924年12月31日，孙中山带病到达北京。由于积劳成疾，他已患有肝癌。1925年1月26日在北京协和医院动了手术，不幸于1925年3月12日9时25分在北京东城铁狮子胡同5号住处溘然长逝，终年59岁。遗嘱是由汪精卫起草，孙中山在临终前签名同意的，全文是："余致力国民革命，凡四十年，其目的在求中国之自由平等。积四十年之经验，深知欲达到此目的，必须唤起民众及联合世界上以平等待我之民族，共同奋斗。现在革命尚未成功。凡我同志，务须依照余所著《建国方略》、《建国大纲》、《三民主义》及《第一次全国代表大会宣言》，继续努力，以求贯彻。最近主张开国民会议及废除不平等条约，尤须于最短期间，促其实现。是所至嘱！"②

早在孙中山酝酿改组国民党的时候起，国民党右派冯自由、马素就竭力反对。1923年11月29日，国民党临时中央执行委员、广东支部支部长邓泽如纠合林植勉等11人，向孙中山递交了《检举共产党文》，反对改组国民党，大肆攻击共产党。国民党"一中"全会后的1924年6月中旬，邓泽如又与中央监察委员张继、谢持向孙中山及中央执行委员会提出《弹劾共产党案》，反对共产党员和共青团员在国民党内的党团组织，说："绝对不宜党中

①《孙中山选集》下卷，人民出版社，2011年12月第2版，第1000页。

②《解密档案中的孙中山》，姚金果著，东方出版社，2011年10月第1版，第393—394页。

有党。"

1925 年 7、8 月间，国民党新派、"理论家"戴季陶抛出《国民革命与中国国民党》《孙文主义之哲学的基础》等小册子，宣传以资产阶级为中心的思想，反对孙中山的三大政策。

8 月 20 日上午，国民党左派廖仲恺在中央党部大门前遇刺身亡。刺杀廖仲恺，是帝国主义和国民党右派联合广东的反革命势力，向左派进攻的信号。

廖仲恺去世后，国民党召开军事委员会特别会议，选举汪精卫、许崇智、蒋介石组成 3 人领导小组。

1925 年 10 月 5 日，国民党召开第 111 次中央执行委员会议。会上，国民党中央常委兼宣传部部长、国民政府主席兼军事委员会主席汪精卫以政府事繁，难于兼顾宣传部部长职务为由，向会议提出请毛泽东代理宣传部部长。会上没有出现不同意见。会议要求，毛泽东立刻到宣传部主持一切。10 月 6 日，《广州民国日报》公布了这一消息。

10 月 7 日，毛泽东到国民党中央宣传部就职，召开宣传部第一次部务会议。会议讨论宣传计划和编纂事宜，决定先组织专人对国内外已经出版的各种中外文报刊和工农商学各界"知识之发达次第顺序"不同的情况，进行调查，然后做出宣传、编纂计划。会议还请中央执委会通知各地，以后凡散发各种传单和出版各种报刊有关党义者，均要先交宣传部审查。

10 月 13 日，毛泽东出席国民党中央执行委员会第 113 次会议，

会议决定对戴季陶擅自出版《国民革命与中国国民党》一书①，通告各党员，指出该书只是个人意思，并未经中央鉴定，今后凡关于党之主义与政策之根本原则之言论，非先经党部决议，不能发表。会议通过毛泽东关于戴季陶来广州工作的提议。

10月14日，毛泽东主持召开中央宣传部第二次部务会议。会议决定，党的各种宣传品，先发各高级党部，再转发下级党部及党员，以资普遍。同时决定，调查海外、国内、省内、市内党员人数及该地学校、工团、军队、图书馆、阅报社及其他公私团体，以便分发宣传品。

10月16日，毛泽东出席国民党中央执行委员、监察委员、各部部长第114次联席会议。会议决定组织国民党党史编纂委员会，指定毛泽东、甘乃光（广州国民政府监察院委员）、詹菊似（国民党中央海外部代理部长）3人起草编纂党史章程，提请中执委审定。

10月20日，毛泽东参加由国民党中央执委会直接筹备召开的国民党广东省党部第一次代表大会。会议决定由毛泽东、黎樾廷（国民党广东省第一次代表大会东莞县代表）、李谷珍（国民党广东省第一次代表大会海丰县代表）3人组成大会宣言起草委员会。同日，毛泽东为《广东省党部代表大会日刊》撰写《发刊词》："我们自去年1月全国大会得到正确的革命策略。……孙中山先生应乎中国被外力、军阀、买办、地主阶级重重压迫的客观环境，为我们定下了革命的三民

---

① 戴季陶，国民党中央常委、广州国民政府委员，1925年夏天，先后出版《孙文主义之哲学的基础》、《国民革命与中国国民党》，两书基本精神：宣扬阶级调和，反对马克思主义的阶级斗争学说，要求已经加入国民党的共产党员退出国民党，或者"脱离一切党派，作单纯的国民党员"。

主义。我们的伟大领袖虽死，革命的三民主义不死。……革命的民族主义叫我们反抗帝国主义，使中国民族得到解放。革命的民权主义叫我们反抗军阀，使中国人民自立于统治地位。革命的民生主义叫我们反抗大商买办地主阶级，尤其是那封建宗法性一切反动势力根本源泉之地主阶级，使中国大多数穷苦人民得享有经济幸福。"《发刊词》特别提到：发展占广东全人口百分之八十的农民的群众组织，对于保障而且扩大我们革命的胜利，使三民主义完全在广东实现的意义。[①]26 日，国民党广东省党部第一次代表大会通过由毛泽东等起草的大会宣言：半殖民地中国的革命，不能离开世界的革命，现在全世界的势力显然分成两种，即革命势力与反革命势力；"在东方被压迫民族的民族革命运动，已日益扩大，而西方被压迫阶级的社会革命运动，亦蓬蓬勃勃而起，此可为全世界革命势力已有集合的一种表现。而在欧美日本一切帝国主义国家，于严重剥削压迫其本国工农阶级之外，又勾结殖民地半殖民的军阀、政客、买办阶级及地主阶级，严重剥削压迫其中层及下层民众，此亦全世界反革命势力已有集合的一种表现"；在中国，五卅运动之后，革命与反革命两大势力对垒激斗的情形，实为历史所仅见；号召广东的人民、全国的人民起来，站在国民党领导下的革命战线，团结革命战线上的一切势力，向反革命战线进攻。

27 日，毛泽东出席国民党广东省党部第一次代表大会闭幕会，以国民党候补中央执行委员和代理宣传部部长身份发表演说：关于中间派问题非常重要，在国民党第二次全国代表大会快要召开的时候，更有指出讨论的必要；一部分国民党员以地主阶级也是中国的同胞，不

---

① 中共中央文献研究室编，《毛泽东文集》（第一卷），人民出版社，1993 年 12 月第 1 版，第 15—16 页。

可提倡自己打自己为借口，反对为农民解除痛苦，反对佃农减租，似乎要在党内造成一个中间派的样子，这种想造成中间派的同志以为右也不好，左也不好，只有不左不右所谓中庸之道才是好的；但是，依我的观察，这中间派是不能存在的，在世界上，欧战以后"分成两个大本营，一个是大资产阶级领袖的反革命大本营，一个是无产阶级领袖的革命大本营，两派短兵相接起来，中间的基础就动摇了"；在中国，辛亥革命以来的历史证明，一向自命为中间派的人，都成了帝国主义、军阀的走狗，完全成了反革命派；在广东，在分为革命和反革命两大派的情形下，是没有敢站在中间的；根据以上事实，证明中间派是不能立足的，只有革命的理论策略，才是我们党的理论策略。毛泽东的演说全文先后在 10 月 28 日广州《民国日报》和 11 月 16 日的北京《京报》发表。①

10 月 24 日，国民党对时局宣言 4 项主张：1. 建设统一全国之国民政府；2. 此国民政府必于最短期间召集国民会议预备会议；3. 此国民政府必于最短期间召集国际会议对不平等条约为根本之解决；4. 此国民政府必保障人民言论、结社、集会之自由。

1925 年 11 月 23 日，国民党中央执行委员林森、覃振、石瑛、居正、邹鲁、石青阳、叶楚伧，候补执行委员邵元冲、沈玄庐、茅祖权、傅汝霖，中央监察委员张继、谢持，在北京西山碧云寺非法召开所谓"国民党中央一届四中全会"（"西山会议"），1926 年 1 月 4 日闭幕。会议议决：取消共产党员在国民党中之党籍；解除共产党员谭平山、李大钊、林伯渠、毛泽东等中央执行委员和候补中央执行委员职

---

① 中共中央文献研究室编，《毛泽东年谱》（1893—1949）修订本上卷，中央文献出版社，2013 年 12 月第 1 版，第 138—139 页。

务；解除俄人鲍罗廷顾问职务；取消政治委员会；中央执行委员会移上海；停止广州中央执行委员职权等。会后，他们在北京等地设立"国民党地方分部"，在上海成立"国民党中央党部"。

11月27日，国民党中央执行委员汪精卫、谭延闿、谭平山、林伯渠、李大钊、于右任、于树德、王法勤、丁惟汾、恩克巴图，候补执委毛泽东、瞿秋白、韩麟符、于方舟、张国焘通电全国各级党部，指出：林森等在北京西山召开所谓国民党一届四中全会为非法；根据三中全会决议，全国代表大会及中央执行委员会全体会议，"须在广州开会，无论何人不得违反决议"；中央执行委员会已经决定：12月11日在广州开第四次中央全会，次年元旦开第二次全国代表大会；已电嘱林森等人，尊重决议，迅速来广州开会，"勿持异端，致生纠纷"。

同日，毛泽东出席了国民党中央执行委员、监察委员及各部部长第123次联席会议。会议推举毛泽东起草中央通告，将国民党一届三中全会关于在广州召集四中全会的决议以及此项决议延缓执行的经过详情，告海内外各级党部。会议通过毛泽东以代理宣传部部长名义提出的《中国国民党之反奉战争宣传大纲》：反奉战争性质为"反英日帝国主义的民族革命运动之一幕"，而奉直两派军阀，无论哪一派胜，均于中国不利，因两派背后均有恶凶的帝国主义；在宣传中，要揭露帝国主义、军阀及政治派别的阴谋，以人民为主体，团结各方人物进行反奉战争；人民对于敌友之分辨，全看其与帝国主义有无关系，无论何人何事一与帝国主义发生关系，人民即不认之为友："真正人民的领袖，乃中国国民党。真正人民的政府，乃广州国民政府。真正人民的军队，乃广东的国民革命军。……被压迫的中国全体民众，乃一

切中国问题的主宰。"大纲要求各级党部宣传国民党对时局宣言的 4 项主张，尽快准备真正是人民代表参加的国民会议。12 月 3 日，在广州出版的《国民新闻》上，毛泽东以代理宣传部部长名义，向各地宣传部发出《中央宣传部对反奉宣传之通告》。

1925 年 12 月 1 日，在国民革命第二军司令部编印的《革命》半月刊第 4 期发表毛泽东《中国社会各阶级分析》一文。1926 年 2 月 1 日出版的《中国农民》和 3 月 13 日出版的《中国青年》转载第 5 集第 116、117 期转载，1927 年 4 月 1 日，中共汕头地方党和共青团组织主持创办的汕头市书店，再版了此文的单行本。毛泽东在此文中提出，中国有两个问题，一个是贫乏，一个是失业。他把大资产阶级分成四种人：第一种是"买办阶级"——与外资有密切关系之银行家（如陆宗舆、陈廉伯等）、商业家（如唐绍仪、何东等）、工业家（如张謇、盛恩颐等）；第二种是"大地主"——如陈恭受等；第三种是"官僚"——如孙宝琪、颜惠庆等；第四种是"军阀"——如张作霖、曹锟等。毛泽东还把中国各阶级的人数作了详细统计：大资产阶级 100 万人、中产阶级 400 万人、小资产阶级 1.5 亿人、半无产阶级 2 亿人、无产阶级 4500 万人。但是，本文把知识分子当成各阶级的"附属物"，他写道：反动派知识分子——买办性质的银行、工商业高等员司，军阀政府之高等事务员，政客，一部分东西洋留学生，一部分大学校、专门学校的教授、学生，大体上是大资产阶级的附属物；中产阶级——包括华商银行、工商业从业员，大部分东西洋留学生，大部分大学校、专门学校的教授、学生，小律师等；小资产阶级——包括小员司、小事务员、中学学生及中小学教员、小律师等。这种以知识的多少，从学学校的大小，从事职业的高低来给知识分子划分阶级显然欠妥。

4 日，国民党中央执行委员、监察委员、各部部长召开第 125 次联席会议。会议通过了由毛泽东起草的《中国国民党对全国及海外全体党员解释革命策略之通告》。通告以历史和现状说明国民党一届四中全会在革命根据地广州开会，邹鲁等西山会议派反对联俄联共、分裂国民党、离间阶级联合战线是叛党行为。通告指出："若吾党之革命策略不出于联合苏俄，不以占大多数之农工阶级为基础，不容纳主张农工利益的共产派分子，则革命势力陷于孤立，革命将不能成功。本党辛亥革命所以未能成功，即因当时反革命势力已有国际的联合，而吾党革命势力尚无国际联合，在国内亦未唤起大多数民众为之基础，完全陷于孤立地位，故不得不妥协迁就以至于失败。"通告在 5 日出版的《政治周报》和广州《民国日报》同时发表。

5 日，毛泽东（以子任为笔名）主编的《政治周报》第 1 期出版，毛泽东写了《政治周报》发刊理由一文："'向反革命派宣传反攻，以打破反革命派宣传'，便是《政治周报》的责任""《政治周报》之体裁，十分之九是实际事实的叙述，只有十分之一是对于反革命派宣传的辩论""对外不公开，所以通讯地址就设在毛泽东的寓所。……《政治周报》由中央宣传部主持，每期 4 万份……"

12 月 31 日，毛泽东出席国民党中央执行委员会第 131 次会议。会议讨论并决定国民党二大主席团名单、大会议程以及各项政务报告报告人名单，推定毛泽东做宣传工作报告。

1926 年 1 月 1 日至 19 日，国民党第二次全国代表大会在广州召

开，到会代表 256 人，共产党员占三分之一，国民党左派占三分之一。共产党员吴玉章任大会秘书长。毛泽东以中央候补执行委员身份出席大会。会前，毛泽东被指定为大会资格审查委员会 5 位成员之一。

大会通过党在广州召开党务、政治、财政、军事、宣传、外交、工人、农民、妇女、青年、商人等决议案，选出新的中央执行委员、监察委员。大会决定继续贯彻执行第一次全国代表大会确定的联俄、联共、扶助农工的政策，给参加西山会议的右派分子予以党纪制裁。

1 月 8 日，毛泽东向国民党二大做《宣传报告》。报告总结两年来在办报、图画及口头宣传、重要事件宣传等方面取得的很大成绩，为打破北方及长江的反革命宣传，中央宣传部创办了《政治周报》，每期发行达 4 万份之多；报告指出，群众对改组后的国民党的宣言和政纲有了新的认识，"反对帝国主义"、"开国民会议"、"废除不平等条约"等口号已深入人心；两年来，革命宣传取攻势，反革命宣传取守势，这种对抗攻守的现象，乃中国革命势力日益团结进攻，而反革命势力日益动摇崩溃的结果。报告全面总结了两年来宣传工作的成绩和缺点，强调宣传工作的重要意义，并积极起草宣传问题的议案。听了他的报告，中共四川地委书记杨闇公在日记中写道：这个报告较其他"有系统些，……能把具体的事实指得出来，并对每个时期所施的宣传口号，也恰中客观的需要"。经过毛泽东的努力，大会通过了《宣传问题决议案》、《党报决议案》和《宣传报告决议案》。这次大会对其他工作一般都是一个决议案，唯对宣传工作通过了 3 个决议案，这是国民党"二大"的成就之一。这些决议案详细具体地规定了今后的宣传方针、政策和任务，使各地党部宣传部做到有章可循，并要求各地有一定文字水平的党员都要参与宣传工作，要将宣传普遍于全国各地。会上，毛泽东再次当选为候补中央执行委员。

1月10日，毛泽东在《政治周报》第4期发表《国民党右派分离的原因及其对于革命前途的影响》，文章说：国民党右派的分离，是由于革命性质的变化、时局的变化，基于他们的阶级性，而发生的一种必然现象；现阶段的国民革命，既不同于英、法、德、美、日各国的资产阶级革命，也不同于中国的辛亥革命，"现代殖民地半殖民地的革命，乃小资产阶级、半无产阶级、无产阶级这三个阶级合作的革命，……其结果是要达到建设各革命民众统治的国家；其终极是要消灭全世界的帝国主义，建设一个真正平等自由的世界联盟（即孙先生所主张的人类平等、世界大同）"；现在的局面与辛亥革命时完全两样：革命的目标已转换到国际资本帝国主义；由于工农阶级分子的加入，国民党的组织逐渐严密完备起来；已经有了共产党；在国际又突现了一个无产阶级国家的苏俄和第三国际，做了中国革命的有力后援；"以此之故，在辛亥年参加革命的人，现在只剩下了少数革命意志强固的还主张革命，大多数都因为畏惧现在的革命把革命事业放弃了，或者跑向反革命队伍里同着现在的国民党作对。因此，老右派新右派依着革命的发展和国民党的进步，如笋脱壳，纷纷分裂"；中国现在已到了短兵相接的时候，一面是帝国主义为领袖，统率买办阶级、大地主、官僚、军阀等大资产阶级组织反革命联合战线，站在一边；一面是革命的国民党为领袖，统率小资产阶级、半无产阶级、无产阶级组织的革命联合战线，站在一边；中国的中产阶级要实现其一个阶级独裁的国家是不可能的。文章断言，代表中产阶级的国民党右派的分裂，并不足以阻挠中国的国民革命，而革命派将因此成功一个更大的

团结。①

本期《周报》上，毛泽东继续摘发从中央到地方以及军队中的国民党组织和个人反对国民党西山会议派的 29 件文电。按语指出："全国农工商学兵民众团体，则全在左派领导之下。以此一月之间，反右空气，弥漫域内。现在第二次全国大会业已开会，对于右派，当有严厉之处置。"

在本期《周报》上，毛泽东还以《十二月二十日广州的反段大示威》为题，报道了广州 10 万民众集会并游行示威反对段祺瑞政府的情形。报道指出：从这次反奉战争可以看出，民众没有武装的积极行动，其结果使人民仍然不能夺取政权，恢复其国家主人地位；中华全国总工会等各大人民团体，联合吁请国民党中央执行委员会督促国民政府准备出兵北伐。

1 月 16 日，大会通过毛泽东和汪精卫、陈孚木起草了《关于宣传决议案》。决议案中说："一个政党，只宣传有利于群众的理论和主义，断不能使群众与政党在行动上采取一致的态度。所以抽象的宣传，不能造成一个群众的党，唯有从事实上表示某党对民众的工作，才能造成一个群众的党。……要使民众相信本党确能为他们在实际上谋利益。"宣传部应当明白指出："凡是赞同中国农民的解放运动的，就是忠实的革命党员，不然就是反革命派。……宣传部应当是本党最活泼、最敏捷的机关，……是汇集本党精神劳力，运用本党精神劳力，指导精神劳力，来实现本党政策的总机关。"

---

① 中共中央文献研究室编，《毛泽东文集》（第一卷），人民出版社，1993 年 12 月第 1 版，第 24—30 页。

1926 年 1 月 16 日，国民党"二大"进行选举。

1926 年，中共中央《关于中国共产党对待国民党的策略的报告》中说："中国共产党中央主席团和共产国际的代表了解到国民党和共产党之间的关系存在危险。为了排除这种危险，他们准备向新右派（戴季陶）作出让步。……这就是在最近国民党中央举行改选时，只应有两名共产党员进入国民党中央。同时与右派领袖进行了谈判，……今后在国民党的所有职位中，共产党人只占三分之一"；但是，"我们在广东的同志和国民党左派，特别是后者，不同意按照同右派领袖们的谈判把国民党中央的共产党员数目减少"；广东的同志认为，"中央局的这个策略过于退让，并且没有完全加以执行"；结果"在新选出的 36 名国民党中央委员中有 7 名共产党员，右派中只有戴季陶、孙科和伍朝枢当选"。

选举结果，36 名国民党中央执行委员会委员中，有共产党员谭平山、林伯渠、李大钊、于树德、吴玉章、杨匏安、恽代英 7 名当选（国民党左派 14 人，右派、中派 15 人）；24 名候补中央执行委员中，有共产党员毛泽东、许甦魂、夏曦、韩麟符、董必武、邓颖超 6 名；12 名中央监察委员中，有共产党员高语罕 1 名（国民党右派占了多数）。国民党新右派戴季陶等当选中央执行委员。蒋介石只是一个军的军长，当选为国民党中央执行委员（随后，又被选为常务委员、国民革命军总监）。

1926 年 1 月 18 日，毛泽东、丁君羊、侯绍裘等 5 位代表，受大会主席团指定，修改农民运动决议案，该案简短明了，更加强调农民在革命中的作用。19 日被大会通过。决议案指出："中国之国民革

命，质言之即为农民革命。为要巩固国民革命之基础，亦唯有首在解放农民。"

1月18日，毛泽东代表宣传报告审查委员会向大会做审查报告。大会通过《宣传报告决议案》。决议案同意毛泽东1月8日做的《宣传报告》，同时指出："两年来尚未能将本党革命目标及方法，深入占全国人口最大多数之工农小商群众中"，是宣传工作的缺点；"欲使本党之主义政策深入民众，惟有在关系民众本身利害之地方的或全国的大小事变之中，努力进行其宣传，始有实现之可能"，要向民众宣传："欲求革命之成功，则国内国外之革命的联合战线，必须扩大而巩固之。"

同日，大会在讨论《中国国民党党务报告决议案》时，涉及关于容纳共产党员加入国民党的问题时，黄埔军校代表袁同畴发言说："本席考虑，以为几件事是要望共产党党员同志做到的：1. 共产党员加入中国国民党时，声明自己是共产党；2. 共产党员，要将在国民党内的活动公开；3. 中国国民党党员加入共产党时，要得该地党部之许可。"毛泽东发言说：关于共产党人的身份，"如果怕声明自己是共产主义者，也决不是真正共产党员了。但是共产党在中国还算是一个秘密组织，与俄国共产党执政可以公开活动，情形不同。在中国共产党一日未能取得法律地位，是不能不秘密的。如在上海等地，也要声明，便马上要受枪毙了"。关于共产党的活动，"在共产党的友党中国国民党势力之下公开是可以的。但在他处，也要公开，就马上要给人解散消灭，这便足以使国民革命中一部分力量受一个重大打击，也于革命前途是不利的"。至于国民党员加入共产党的问题，"无论何党，党员出党入党应有绝对自由，实不必有若何的限制"。[①] 毛泽东等人的发言得到很多代表的赞成。经过共产党人张国焘、毛泽东、高语罕、范鸿劼等的坚决斗争，袁同畴不得不表示："本席可以收回前时的提议。"

1 月 19 日，大会在讨论关于对覃振、石瑛、茅祖权的处分问题时，毛泽东发言说，应将原案要求覃振等 3 人于一个月内声明脱离同志俱乐部的期限改为两个月，因为："（一）则交通不便，一个月消息来往实不够。（二）则又使他们知道决议案慎重的真意。（三）则我们还且希望他们再走回革命之路的"，大会通过毛泽东这一修正案。

大会在讨论党章草案时，毛泽东提出的两项动议被大会接受，并写进党章。其一是，对每星期举行总理纪念周一次的规定，加书一笔："如有特别情形时得由该省党部许可，每两星期举行一次"；其二是，"中央执行委员、监察委员，可以兼其他省党部执行委员、监察委员"。

这次大会在陈独秀等人的影响下，对势力正在坐大的国民党新右派（戴季陶等人）没有触动。在选举问题上，甚至一开始就打算退让，决定"只应有两名共产党员进入党中央"。由于出席会议的共产党员和国民党左派们的强烈反对，才使新选出的 36 名中央执行委员中，共产党员有 7 名，24 名中央候补执行委员中，共产党员有 6 名。蒋介石在这次会上第一次当选中央执行委员，随后又被选为常务委员。大会期间，蒋介石在黄埔军官学校招待全体代表，当场还进行了演说。他的宁波话不容易听懂，但人们印象最深的是，他厉声怒色地说：我不但有子弹打我的敌人，也有子弹打我的不敢冲锋的学生。

[①] 中共中央文献研究室编，逄先知、金冲及主编，《毛泽东传》（一），中央文献出版社，2013 年 11 月第 3 版，第 106 页。

1926 年 1 月 22—25 日，国民党第二届中央执行委员会第一次会议召开。会议选举中央执行委员会常务委员、监察委员会常务委员，核定政治委员会政治委员、中央各部部长名单。会议决定，在广州的中央执行委员及候补委员得出席国民党中央常务委员会会议，但无表决权。会议还决定，派驻各地的执委和候补执委，有出席该地各级党部会议、指导和执行党务之权，必要时有召集该地最高执行委员会联席会议及直接决定临时紧急事宜之权。何香凝、戴季陶、毛泽东、邓演达、邓颖超等 23 人被派为驻广东的中央执委和候补执委。

2 月 1 日，毛泽东列席国民党中央执行委员会常务委员会（"中常会"）第一次会议。会议讨论浙江、上海、新疆、山西、广西、四川、湖南等地党务问题。任命周恩来、李富春、朱克靖分别为国民革命军第一军、第二军、第三军的副党代表。

2 月 5 日，国民党中央执行委员会常务委员会第二次会议，根据汪精卫的提议，批准毛泽东为国民党中央宣传部代理部长。会议决定继续开办农民运动讲习所，设立农民运动委员会，以研究农民运动之理论与实施计划之指导。同日，国民党中央农民部发出第一号通告，宣布农民运动委员会正式成立。委员为：林伯渠（主席）、陈公博、毛泽东、甘乃光、宋子文、谭植棠、萧楚女、阮啸仙、罗绮园。

毛泽东从 2 月 5 日至 6 月 7 日在代理宣传部部长期间，出席了 18 次国民党中央执行委员会常务委员会会议，对宣传工作提出许多重要提案。

毛泽东上任不久，西山会议派就此攻击汪精卫"赤化"。他们无视毛泽东在家乡搞农民运动这一工作，说毛泽东长期请假不工作，反对这一任命，借此反对共产党人在国民党内担任重要工作。

　　毛泽东在接任宣传部时，宣传部所管辖的范围仅有广东一省，与其他省市党部的宣传部间均无联系。为扩大宣传范围，扩大国民党的影响，他采取了两条措施：一是通过报纸刊物、交通工具向各省市宣传部部署工作；二是坚决要求他们定期向宣传部报告工作，并接受领导。

　　到1926年5月，全国向中央宣传部报告工作的达到12个，中央宣传部收发文件千余份。毛泽东从调查研究入手，重新制订宣传计划，有总计划，还有分门别类的专门计划，如图书宣传计划、民众宣传计划、党内发书计划、编纂计划。这些计划制订得很具体，方针也明确，反对笼统的无针对的宣传。注意党内宣传与党外宣传有别，工人、农民、学生、商人、士兵有别，民众文化的高低层次有别，广东根据地与军阀统治的地方有别。为了实现这些计划，毛泽东领导宣传部人员开展大量的调查研究，如在调查中发现宣传部不供给下级党部宣传品的问题，明令要求将所有的宣传物品及时发到每一位党员手中。他们事先详细调查海内外各级党部及团体数目，在这个基础上拟订切实可行的发放宣传品计划。为使宣传工作做到心中有数，他们调查国内外中文日报及各种中外文定期刊物，就连儿童歌曲也属调查范围。有的工作人员不了解，毛泽东作了很耐心的解释，他说："无论哪一种报纸或书籍，只要它有销路，我们就应该注意。为什么这一种书有人看？看这一种书的是些什么人？这些书在社会上将发生什么影响？只有这样才能对全国的宣传动向了如指掌，才能了解读者的心理，宣传工作才能掌握主动权。"毛泽东自己注意看报，不用几个星期，他就把全国的报纸摸得烂熟，哪一种是革命的，哪一种是中间派，哪一种是反动的，掌握得清清楚楚。他睡前醒后看报，吃饭时看报，上厕所看报，

坐车看报，他说，我每天要看几十种报。毛泽东通过报纸了解信息和各种情况，这也是他调查研究的一个重要方法。

当时国民党中央所管辖的范围，只有广东一省，其他省份均在各大小军阀手中，国民党的宣传品也只能在广东一省散发。全国国民不能及时了解国民革命的意义及广东革命根据地的真相。与此同时京津沪等地的反革命宣传十分猖獗，千方百计地对广东进行造谣、污蔑和中伤，说广东"共产共妻"，是"赤色帝国主义"等等。为改变这一情况，毛泽东于 1925 年 11 月向国民党提出在上海设立交通局的设想，他认为上海交通方便，如果搞得好，国民党的宣传品就可通过上海发往北方及长江一带各省国民党部，军阀孙传芳虽然派人把持了上海邮政总局，专门扣压从广州寄出的书报杂志，但可以通过往来于广州与上海、香港的轮船由海员工会会员秘密带到上海，转交上海交通局，然后再由交通局加工翻印转发各地。国民党中央认为这个意见可行，就批准了毛泽东在上海建立交通局的计划。随后，毛泽东便积极活动，很快在上海办起了交通局，由共产党人恽代英管理（后是沈雁冰），办事人员几乎全是共产党人。宣传工作的局面立刻得到改善，大批宣传品源源不断地被送往长江及北方各省。仅 1926 年 2 月至 5 月，3 个半月内就发送宣传品 41 种、22 万多件。

毛泽东接手宣传部时，偌大一个宣传部连一个图书室也没有，他上任后，宣传部广泛搜集报纸、书刊，书店买不到，就到旧书摊上去买。到 1926 年 5 月，图书室已初具规模：有国内日报 124 种、国外中文报 21 种、外文报 5 种，周报及小刊物 12 种、中文书 289 种、英文书 3 种，此外还搜集了画报、壁报、中文杂志和外文杂志。在军阀割据，交通不便，文化不发达，环境又极其恶劣的情况下，在短短的时间内，能搜集到这么多东西是很难能可贵的。

毛泽东在任职的 7 个月内，写了文章近 30 篇，发表了一些重要的理论和政治评论文章：《中国社会各阶级的分析》、《上海民国时报反动的原因及国民党中央对该报的处置》、《北京右派会议与帝国主义》、《右派的最大本领》、《中国农民中各阶级的分析及其对于革命的态度》、《国民党右派分离的原因及其对于革命的影响》等。他以很大的精力考察研究农民问题，提出了十分精辟的见解，如，中国革命就是农民革命的思想，地主阶级是中国一切反动的源泉等重要思想，这些当时很少有人论及。

毛泽东还注意发挥地方的积极性，力争地方多办报。毛泽东想，多一份国民党的报纸，就多一块国民党的宣传阵地；多一份中立的报纸，就少一个攻击国民党的言论机关。他向国民党中央建议：凡有国民党组织的省份，就应有自己的言论机关，有条件的省份，如党员人数多，又有人力和财力，可争取办一份报纸作为党的喉舌；没有条件的省份，可用津贴当地报纸的办法。他说，这种方法，所费不多，但收效甚大。国民党中央认为这一建议切实可行，予以批准。于是毛泽东促使有条件的湖北省党部办起《楚光日报》、湖南办起《湖南民报》、上海方面接管了国民党通讯社、九江的《江声日报》领取了津贴、杭州《晨报》也提出了申请。

编书也是毛泽东十分重视的工作之一。对于国共两党联合起来进行国民革命，究竟为什么要革？怎么革？一些中下层党员不太明确，即使上层一些人物也急需一些书刊资料进行参考。过去的宣传部虽然编纂了一些刊物，但涉及的面很窄，数量也少，远远不能满足需要。毛泽东向国民党中央建议，由宣传部领导编纂一套国民革命丛书，先

编印民众最需要、最急迫的书，然后再编印其他。这套丛书计划出 5 辑 60 册，每月出版 12 册，5 个月出齐。主要向人们介绍中国及国际的政治经济、历史和民众运动的情况。中国方面的有中国近百年史略、帝国主义侵略中国史、中国国民党史、"二七"惨案、"五卅"运动、中国农民问题等。国际方面的有巴黎公社、德国大革命的意义、世界的农民运动等；还有苏俄研究，如俄罗斯社会革命小史、苏维埃制度、红军、苏俄的外交等；也有孙文研究、马克思主义的历史方法、马克思论东方革命的理论著作；还有论及妇女、犹太人、黑人等问题的。丛书涉及的面很广，内容也很丰富。为实现这一规模宏大的宣传计划，毛泽东提出了一套改革过去宣传部的编纂办法——"本部两年来编纂宣传刊物成绩不甚多，原因在于设置固定人员编纂"。提出，由宣传部审定题目，实行征稿法。同时，根据上海为知识界聚集之地的特点。在上海设立征稿处，委托沈雁冰为驻沪编纂干事。毛泽东提出，党内无价发行，党外以最低廉的价格推行全国。他还说，特此辑 60 册所拟题目有人撰写后，再接编辑 6—10 辑。遗憾的是，毛泽东在被迫辞去代理宣传部部长职务后，未能实现这一计划。

西山会议派破坏国共合作，公开打出分裂的旗帜，人民群众迷惑不解，帝国主义拍手称快。对这一严重危害国民革命前途的重大事件。毛泽东在《政治周报》《广州民国日报》《中国青年》等报刊上连续发表文章，揭露右派行径是违背历史发展的，是背叛孙中山亲手制定的三大政策的，同帝国主义的立场是一致的。毛泽东还将广东、上海、北京等地党部及个人反对西山会议的文电汇总起来，在《政治周报》上连载，冠以标题，加写按语，表明各行、各业、各界人士的政治态度，从而将反对右派的空气推向高潮，增强民众革命的信心。[①]

1926 年 2 月 28 日，国民党举行政治讲习班开学典礼。这个讲习班是为培养政治工作人才，由国民党中央决定开办的。讲习班由理事会领导。理事为谭延闿（主席）、程潜、林伯渠、陈嘉佑、鲁涤平、毛泽东、李富春。担任本班教授的有汪精卫、萧楚女、沈雁冰、朱剑帆、邓中夏、陈公博、高语罕、熊君锐、毛泽东。毛泽东负责讲授农民问题。

毛泽东在发表演说：开办政治讲习班的重大意义在于表明革命分子团结起来，反对帝国主义、军阀和反革命派，在炮火中制造革命人材；参加讲习班的学生，必也是感受不自由而来此作革命工作，绝对不是抱升官发财的希望而来的；望诸位忍劳耐苦，大家联合起来，努力国民革命，努力世界革命！

3 月 18 日，广州国民党政治讲习班举行纪念巴黎公社 55 周年集会，毛泽东以题为《纪念巴黎公社应注意的几点》在集会上发表讲演：俄国十月革命和巴黎公社，都是工人阶级以自己的力量，来求人类真正的平等自由，它们的意义是相同的，巴黎公社是开的光明的花，俄国革命是结的幸福的果。讲演中针对国内有些人怀疑或反对阶级斗争的观念，指出："人类由原始社会进化为家长社会、封建社会以至于今日之国家，无不是统治阶级与被统治阶级之阶级斗争的演进，……其实 4000 多年的中国史，何尝不是一部阶级斗争史呢？"近代的太平天国革命，不是满汉的战争，实是农民和地主阶级斗争。讲演要求，吸取巴黎公社失败的教训，指出巴黎公社失败的主要原因：一是没有

---

①《毛泽东在国民党中央代理宣传部长任内的史迹》，张素华著，载《毛泽东思想研究》，1988 年第 4 期。

一个统一的集中有纪律的党作指挥，以致内部意见纷歧，势力分散，而予敌人以可乘之机；二是对敌人太妥协太仁慈——我们对敌人仁慈，便是对同志残忍，我们不给敌人以致命的打击，敌人便给我们以致命的打击。毛泽东强调，要从此学得革命的方法。3月31日，毛泽东的讲演记录发表在《中国国民党政治讲习班旬刊》上。①

3月，李宗仁等表示同意两广统一，完全接受广州国民政府领导。3月15日，国民党中央政治会议通过两广统一案：1. 广西政府接受国民政府命令，处理全省政务；2. 广西军队全部改编为国民革命军；3. 两广财政受国民政府指挥监督。16日上午，毛泽东列席国民党中常会第12次会议。会上，毛泽东提出，对统一两广有功的李宗仁、黄绍竑、白崇禧应"由中央嘉勉"，获得会议通过。

---

① 中共中央文献研究室编，《毛泽东年谱》（1893—1949）修订本上卷，中央文献出版社，2013年12月第1版，第156—157页。

十二、广州农民运动讲习所

在国共合作的基础上，为适应革命形势的发展需要，培养农民运动干部，从 1924 年 7 月至 1926 年 9 月，由共产党人主持、以国民党的名义在广州举办了 6 期农民运动讲习所——全称为"中国国民党农民运动讲习所"。彭湃等共产党人在这里起决定性作用。

国民党"一大"后，共产党员林祖涵担任国民党中央农民部第一任部长，彭湃为秘书。1924 年 4 月，林祖涵因赴武汉办理党务，辞去部长职务。尔后，农民部部长一职相继更换（彭素民、廖仲恺），但彭湃一直担任秘书，部务基本由彭湃主持。彭湃有在海丰从事农民运动的经验，毛泽东曾高度评价和赞扬彭湃领导海丰农民运动，他说：陈炯明的故乡，历来土豪劣绅、贪官污吏猬集的海丰县，自从有了 5 万户、25 万人的县农民协会，便比广东任何县都清明——县知事不敢为恶，征收官吏也不敢额外括钱，全县没有土匪，土豪劣绅鱼肉人民的事几乎绝迹。

彭湃积极主动地向国民党中央党部提议，在革命的策源地中心——广州——举办一间农民运动讲习所。1924 年 6 月 30 日，国民党中央

执行委员会第39次会议通过决议："组织农民运动讲习所，以一个月为讲习期间，讲习完毕后，选充为农民运动特派员。"会后，彭湃就肩负着培养农民运动干部的重任。

第一届农讲所于1924年7月3日开学，8月21日毕业，主任为共产党员彭湃。在这期间，廖仲恺作了《农民运动所当注意之点》的讲演，孙中山参加毕业典礼，并做了《耕者有其田》的重要报告；

第二届于1924年8月21日开学，11月1日毕业，主任罗绮园（共产党员）；

第三届于1925年1月1日开学，4月3日毕业，主任阮啸仙（共产党员）；

第四届于1925年5月1日开学，9月1日毕业，主任谭植棠（共产党员）；

第五届于1925年9月14日开学，12月8日毕业，主任为彭湃；

第六届于1926年5月3日正式开学，至9月11日毕业，毛泽东担任所长，并亲自讲授"中国农民问题""农村教育""地理"三门课程和《中国社会各阶级的分析》这篇著作。这届招收全国20个省（区）的学生共327名，毕业318名。把前五届的主任制改为所长制，所址亦由广州市东皋大道1号迁到广州番禺学宫（最早在广州越秀南路53号）。

农讲所历时2年零2个月，培养干部近800名。韦拔群、王首道就是这里的学生。

1926年3月19日，国民党召开第13次中央常委会，会议讨论了农民运动讲习所问题，批准毛泽东任第六届农民运动讲习所所长。4月

10 日，国民党中央农民部指派毛泽东、林伯渠、高语罕、罗绮园、阮啸仙、谭植棠组成第六届农民运动讲习所考试委员会，对 20 个省区选送的学生进行复试。在口试时，毛泽东还向学生询问各地乡村情况及农民生活状况等。

5 月 3 日，第六届农民运动讲习所举行开学典礼，由国民党中央农民部部长林伯渠主持，所长毛泽东报告农民运动讲习所筹备经过和招生情形。参加开学典礼的有国民党中央政治委员会主席谭延闿，青年部部长甘乃光，妇女部部长何香凝，广东大学校长褚民谊、文科学长郭沫若，国民大学校长陈其瑗，广东全省农民代表大会代表彭湃，共产党员彭述之等。

这一届农讲所的学生 327 人（毕业 318 人），来自 20 个省区，萧楚女为教务主任，高语罕为政治训练主任。这届农讲所注重：1. 进行系统理论教育，增强革命的理论和方法，尤其是农民运动的理论和方法；2. 加强课外的理论研究；3. 进行实际的农民问题研究；4. 组织学生到农民运动开展得好的地区如海丰等地实习；5. 进行严格的军事训练，军训时间占全课程的三分之一。

5 月 15 日正式开课。毛泽东主持拟定租率、田赋、主佃关系、抗租减租、农村组织状况、农民观念、民歌等 36 个项目引导学生调查，并要学生把家乡的情况，按调查项目填写，仅收集民歌就几千首。

6 月初，毛泽东为农讲所讲授中国农民问题，共授课 23 小时。6 月 3 日、8 日、25 日，毛泽东为农讲所讲授农村教育问题，指出，农村教育是现在社会很大的问题，今后的教育要适合于农民的需要，适合于农民经济的发展，并使农民得到解放。毛泽东还在农民运动讲习所讲授地理课，讲述学习地理与革命工作的关系，要求学生除对全国

性的地理概况有所了解，主要对本省的山川形势、人情风俗习惯，以及地理上给予政治的影响等，都要了解。6月23日，毛泽东同农讲所的全体学生一起参加广州沙基惨案一周年纪念大会。全市各界群众游行时，忽然狂风大作，暴雨骤降，毛泽东率领全体学生走在最前列，高呼口号，冒雨行进。

7月，毛泽东带领农讲所50名学生到韶关地区实习一个星期，参观并考察农民运动情况。8月中旬，毛泽东又组织农讲所全体学生到海丰实习两个星期。8月14日，毛泽东以农讲所所长的身份应邀参加在广州中山大礼堂举行的中华农学会第9届年会开幕大会并致辞：顶要紧的不要忘记百分之八十以上的农民，农民是农业的根本，也就是中国的根本，诸位参观最好到乡下去，到民间去，直接去指导农民，根本救治农业；现在农村经济非常枯涩，农民非常困难，广东农民问题，是诸位开会的一个问题。8月17日，毛泽东应邀参加国民党广东省农民协会执行委员会扩大会议开幕典礼，并发表演说。8月20日—9月中旬，毛泽东应邀为国民党广东省农委办的调查员训练班讲课，讲授共产国际、苏俄、土地问题。

1926年9月1日，毛泽东为《农民问题丛刊》撰写了序言——《国民革命与农民运动》，载《向导》第179期。指出："农民问题乃国民革命的中心问题，农民不起来参加并拥护国民革命，国民革命不会成功；农民运动不赶速地做起来，农民问题不会解决；农民问题不在现在的革命运动中得到相当的解决，农民不会拥护这个革命。"

毛泽东还指出："要有大批的同志，立刻下了决心，去做那组织农民的浩大的工作。要立刻下了决心，把农民问题开始研究起来。要立刻下了决心，向党里要到命令，跑到你熟悉的或不熟悉的乡村中间去，夏天晒着酷热的太阳，冬天冒着严寒的风雪，挽着农民的手，问他们痛苦些什么，问他们要些什么。从他们的痛苦与需要中，引导他们组织起来，引导他们向土豪劣绅争斗，引导他们与城市的工人、学生、中小商人合作建立起联合战线，引导他们参与反帝国主义反军阀的国民革命运动。"①

9月3日，毛泽东到黄埔军校讲演。9月11日，毛泽东在第六届农民运动讲习所毕业典礼上做总结报告。

9月，《农民问题丛刊》开始陆续出版。毛泽东主持了这套丛刊的编印工作。原计划出52种，为条件所限出了26种。主要介绍中国农村的政治、经济和各阶级的情况，各地的特别是广东农民运动的经验，中国国民党的农民政策，以及苏俄和其他国家的农民运动。

10月25日，国民党中央各省区联席会议讨论国民党最近的政纲草案。在讨论农民问题时，会议否决了湖南等代表提出的"解散摧残农会之民团或团防局"一案。毛泽东支持湖南代表，要求将其作一议案另行提出讨论。10月28日，联席会议讨论由甘乃光、毛泽东等30余人提出的《关于民团问题决议草案》：旧有之民团、团防局或保卫局等组织，事实上多属土豪劣绅及不法地主之武力，此等武力常为帝国主义军阀及反动派所利用，破坏农民运动，摇动本党及国民政府之基础，于党及政府之前途危险实甚；凡摧残农民之民团、团防局或保卫团，政府须解散并惩治之。该草案被会议通过。

毛泽东通过间接的调查，了解到"太平富庶之区"的崇明、江阴、

---

① 中共中央文献研究室编，《毛泽东文集》第一卷，人民出版社，1993年12月第1版，第37、39页。

丹阳、无锡、青浦、泰县、徐州、慈溪等县的农村阶级矛盾和斗争情况，于 1926 年 10 月 25 日在《向导》周报上发表了《江浙农民的痛苦及其反抗运动》一文。文章指出：江浙两省是工商业发达地区，工人、商人的地位容易被人重视，而对农民便少有人重视其地位。文章批评了"以为两省乃太平富庶之区，农民并无多大痛苦"的说法，列举近几年来江浙农民自发地反对残酷的封建压榨的一系列事件。

11 月上旬，毛泽东离开广州到上海。

此时，杨开慧和母亲携毛岸英、毛岸青由广州回到湖南。住在长沙望麓园。

十三、北伐

1926年7月9日，在广州东较场召开北伐誓师大会，气壮山河，发表"北伐誓师宣言"，号召全国人民支持国民革命，进军北伐。以第1军（原军长蒋介石，由何应钦任代军长）从东江潮汕北攻福建、浙江，为右路军；第2军（军长谭延闿）、第3军（军长朱培德）、第4军（原军长李济深，后改为张发奎）、第6军（军长程潜）、第7军（军长李宗仁）从北江出韶关、大庾岭，进攻湖南、江西，为左路军。大军出韶关，浩浩荡荡，沿途农民支援运送，是辛亥革命以来所未有的盛况。

这时北洋军阀最大的三系，一是直系吴佩孚，占据湖南、湖北、河南、河北等省；二是皖系孙传芳，占据江西、安徽、江苏、浙江、福建5省；三是奉系张作霖，占据东三省和京津一带。

7月10日，国民革命军军事总顾问加伦将军建议的作战方针是：首攻湖南、湖北消灭直系吴佩孚，再进攻江西对皖系孙传芳作战，然后不失时机地全力夺取武汉三镇，最后选择适当时机，讨伐奉系张作霖。后来，蒋介石基本上是以这一作战计划进行指挥，实践证明是正

确的。

7月27日，蒋介石从广州动身，前往湖南前线指挥作战。随行的有：以加伦将军为首的苏联顾问团，北伐军参谋长白崇禧，政治部主任邓演达、副主任郭沫若等。8月25日，蒋介石在长沙做政治党务报告，强调：党的发展必须要有团结，团结国内外一切阶级的革命力量，革命同志在国内是中国共产党，在国外是苏联，革命要取得成功，必须联合中国共产党和俄国共同奋斗。

北伐军左路军从广东向湖南、湖北进军，以消灭吴佩孚势力为目标，这是北伐的主攻方向和主要战场。北伐军左路军第4、7、8军约有5万人，其中有相当数量的共产党员、共青团员，战斗力很强。敌人方面有直系军阀吴佩孚所部主力10万人，以武汉为指挥中心。

8月27日，两军在汀泗桥展开激战，吴佩孚布置大刀队在阵前督战，但他从未遇见过像北伐军这样具有惊人英勇气概的军队，大刀队虽然在阵前砍下自己9颗团营长的人头，还是无法保住阵地。当天上午10时，北伐军占领汀泗桥，敌2万余人全军覆灭，桥下积尸累累，几使河水断流。

8月30日，北伐军攻占贺胜桥。

9月19日，程潜率国民革命军第6军攻入江西省会南昌。

10月10日，武昌城被北伐军第4军和叶挺独立团攻克。两湖人民称叶挺独立团为"铁军"，以独立团为先锋的第4军也获得"铁军"称号。

11月4日，国民革命军攻克九江。

8日，进入南昌。孙传芳的主力部队被消灭。

11月9日，蒋介石的总司令部移驻南昌。

1926年10月22日，蒋介石提议将国民党中央执委会移至武汉，11月19日，蒋介石再次提议将国民政府和中央党部迁到武汉。11月26日，国民党中央召开政治会议，决定采纳蒋介石的意见，迁都武汉。会后在广州的国民党中央委员和国民政府委员分两批北迁。国民政府的财政部、外交部、交通部等所属机关也陆续离开广州。12月7日，广州国民党中央和国民政府宣布停止办公。12月10日，国民党政府司法部部长徐谦、外交部部长陈友仁、财政部部长宋子文、交通部部长孙科，以及宋庆龄、何香凝等人和鲍罗廷到达武汉。13日，到达武汉的委员成立"中央执行委员暨国民政府委员临时联席会议"，暂时执行最高职权，徐谦任主席。

1926年10月25日，国民党联席会议继续讨论国民党的最近纲领草案。

在讨论农民问题时，会议否决了湖南等代表提出的"解散摧残农会之民团或团防局"一案。毛泽东支持湖南代表，要求将其作一议案另行提出讨论。28日，联席会议讨论由甘乃光、毛泽东等30余人提出的《关于民团问题决议草案》。草案提出："旧有之民团、团防局或保卫局等组织，在事实上多属土豪劣绅及不法地主之武力，此等武力常为帝国主义军阀及反动派所利用，破坏农民运动，摇动本党及国民政府之基础，于党及政府之前途危险实甚。……凡摧残农会之民团、团防局或保卫局，政府须解散并惩治之。"该草案被会议通过。

26日，国民党联席会议决定由主席团指定徐谦、陈其瑗、毛泽东

等 7 人会同主席团起草全国联合会政纲。27 日，大会通过《全国联合会之政纲》，政纲提出一些符合人民利益的基本要求，如"减轻佃农田租百分之二十五""遇饥荒时得免付田租""农民有设立农民协会之自由"等。

1926 年 11 月上旬，毛泽东离开广州到上海。

这时，杨开慧和母亲携毛岸英、毛岸青由广州回湖南。

1926 年 12 月 18 日，何应钦率北伐军第 1 军不战而进入福州。

1926 年 11 月上旬，中共中央决定，由毛泽东、彭湃、阮啸仙、易礼容、陆沉、萧人鹄和青年团 1 人共 7 人组成中央农民运动委员会，毛泽东为书记，以委员 1 人常驻中央，另在汉口设办事处，就便指导湘、鄂、赣、川的农运工作。

在毛泽东的主持下，中央农委拟定《目前农运计划》，提出："在目前状况之下，农运发展应取集中的原则。全国除粤省外，应集中在湘、鄂、赣、豫四省发展，次则陕西、四川、广西、福建、安徽、江苏、浙江七省亦应以相当的力量去做。……各地农运切实与国民党左派合作，并促成国民党中央农民部在武汉设立办事处"，在武昌开办农民运动讲习所。11 月 15 日，中共中央局通过这一计划。

11 月下旬，毛泽东离开上海经南昌赴武汉。11 月 26 日晚上，毛泽东在南昌会晤国民革命军第 6 军党代表林伯渠，商谈在武昌开办湘、鄂、赣 3 省农民运动讲习所问题。11 月 27 日，毛泽东在林伯渠的陪同下访问第 2 军代理军长鲁涤平和该军副党代表李富春，寻求支持。

29 日，江西临时政治委员会作出决议：江西选派 150 名学员送武昌农民运动讲习所，并负担经费 12000 元。

11 月底，毛泽东到达武汉，在汉口建立中共中央农委办事处，同国民党湖北省党部筹商举办湘、鄂、赣 3 省农民运动讲习所问题。

随着北伐战争的节节胜利，湘、鄂、赣 3 省出现了农村大革命的高潮。

毕业于广州第六届农讲所的毛泽民、贺尔康、庞叔侃、朱友互、王首道等 30 多名学员回到湖南后，成为农运骨干。农民协会会员从 40 万人激增到 200 万人，能直接领导的群众增加到 1000 万人。湖南农民差不多有一半已经组织起来。凡有农协的地方，农民对土豪劣绅、不法地主展开了减租、减息的经济斗争，并旁及各种宗法的思想和制度。湖南有些县成立县务会议，出席这些会议的有农协和工会的代表，群众团体实际上已参与政权工作。

同地主豪绅有千丝万缕联系的国民党右派，包括北伐军中的一些军官，坐不住了。他们攻击农民运动"破坏了社会秩序""痞子运动""扰乱了北伐后方"。一些中间派分子也开始动摇起来，说农民运动已经"越轨"了，应该加以限制，防人利用。联合战线内部潜伏的危机越来越表面化了。

关于农民运动的争论，也反映到党内。

1926 年 12 月 3 日，湖南全省第一次农民代表大会电请毛泽东到湖南对大会进行指导。

12 月 13 日至 18 日，中共中央在汉口召开特别会议。会议中心是讨论国民党的问题。出席会议的有陈独秀、瞿秋白、毛泽东、李维汉

等人，共产国际代表鲍罗廷、魏金斯基参加了会议。

陈独秀于 12 月 13 日在会上做了《政治报告》，是这次会议的主要内容。另外还通过了 7 个议决案：《关于政治报告议决案》《关于国民党右派问题议决案》《关于湘鄂赣三省农民运动议决案》《关于湘鄂赣三省党务议决案》《关于湘鄂赣三省国民党工作议决案》《政治问题议决案》《关于职工运动决案》。

陈独秀在报告中提出，自北伐军攻下南昌、九江之后国共关系发生了许多新的变化，出现了破裂危机。因此他要求会议着重讨论一下国共关系问题。他分析国共关系面临破裂的危机，认为原因有四："1. 江西战胜后，军事势力有离民众而往右走之倾向；2. 工农运动之发展，使资产阶级恐惧；3. 帝国主义改用新的分裂政策；4. 我们的失策。"他说："以上四个危险倾向汇合起来，随时随地都会使联合战线破裂。"其中"国民党之右倾和我们党中之左稚病是主要的"。他还列举了所谓党内"左稚病"的六种现象。

陈独秀在报告中，提出了 7 条解决危机的办法。第一条，也是主要的一条是："防止党外的右倾，同时反对党内的左倾，以巩固赤的联合战线"，另外 6 条分别是：督促国民党及国民政府实行"武力和民众结合"的口号；维持国民党军事首领势力之均衡；扩大民主主义宣传；一切群众组织和运动尽可能地和国民党合作，……使左派领袖获得群众，竭力援助左派达到第三次全国代表大会的胜利；扶助左派建立以汪精卫为领袖的文人派政府；确定我们对于中小商人的政策。

会上不少人不同意陈独秀的意见。

广东区委的负责人重申依靠工农群众，反对蒋介石的主张。

中共中央委员、湖南区委书记李维汉提出，根据湖南农民运动的发展趋势，应当解决农民土地问题。与陈独秀发生了争论。

陈独秀在会议上一再批评湖南"农民运动过火""幼稚""动摇北伐军心""妨碍统一战线"等，一再强调农民运动要由国民党出面领导。

毛泽东在会上讲了话，赞成要土改。但由于陈独秀的反对，这个问题未予讨论。

毛泽东在会上提醒中央注意："右派有兵，左派没有兵，即右派有一排兵也比左派有力量。"但这些重要提示都没有引起中共中央的注意。

在中共中央汉口特别会议上，毛泽东感到自己对农民要求土地及有关问题还不甚了解，经他要求，会后，被中共中央派到湖南去担任农民运动视察员。

1926 年 12 月 17 日，毛泽东由汉口到长沙，参加湖南全省第一次农民大会，并准备考察湖南农民运动情况。大会期间，毛泽东同湖南的同志商讨起草各种决议案。这次大会，共通过铲除贪官污吏和土豪劣绅，减租减息，建立农民自卫武装和农民政权等 40 个决议案。

20 日，毛泽东出席湖南全省第一次工人代表和第一次农民代表联合举行的欢迎大会。毛泽东在欢迎会上作《工农商学联合的问题》演说："国民革命是各阶级联合革命，但有一个中心问题。国民革命的中心问题，就是农民问题，一切都要靠农民问题的解决。……我们现在还不是打倒地主的时候，我们要让他一步，在国民革命中是打倒帝国主义军阀土豪劣绅，减少租额，减少利息，增加雇农工资的时候。"

22 日，《湖南全省第一次工农代表大会日刊》报道："毛先生泽

东奔走革命，卓著勋绩。对于农民运动，尤为注重。去岁回湘养疴，曾于湘潭韶山一带，从事农民运动。湘省之有农运，除岳北农会外，实以此为最早。后为赵恒惕所知，谋置先生于死地，先生闻讯，间道入粤。在粤历任中国国民党中央党部要职，此次革命军势力北展，先生为发展全国农运，奠定革命基础起见，遂于前月离粤赴长江一带考察农运情形。农民代表大会开幕时，曾电请先生回湘指导一切。现已抵湘。"①

27 日，毛泽东以国民党中央候补执行委员身份出席湖南全省工、农代表大会联合举行的闭幕会，在会上做关于革命联合战线问题的演说。

28 日，毛泽东以国民党中央候补执行委员身份出席国民党长沙市党部第二次代表大会闭幕式并讲话。

28 日，长沙《大公报》报道：中央党部执行委员毛泽东，拟于日内分赴湖南宁乡、新化、衡山、衡阳、湘潭、醴陵、宝庆、攸县、武冈、新宁等 10 余县巡视党务状况，湖南省部决定派戴述人偕往，并请毛泽东将湖南方面所要调查的 6 项内容（1. 考察各种纠纷之原因，指导解决方法；2. 宣传农工运动之重要；3. 解释开米禁问题；4. 指示民食问题具体方法；5. 注重全国的革命问题，现尚是军政问题；6. 宣传中央联席会议的决议案）会同考察。②

① 中共中央文献研究室编，《毛泽东年谱》（1893—1949）修订本上卷，中央文献出版社，2013 年 12 月第 1 版，第 173、174 页。

② 同上。

十四、《湖南农民运动考察报告》

1927 年 1 月 4 日，毛泽东穿蓝布长衫，脚穿草鞋，手拿雨伞离开长沙。

1 月 5 日清早，毛泽东在戴述人、韩伟、毛福轩等陪同下，从湘潭县城出发，步行 100 余里，于当日下午抵达中共银团区委、湘潭第一农协会驻地银田寺白庙。

晚饭后，区委、区农协召开了 200 多人参加的欢迎会。毛泽东在会上说：一年前要开这样一个会是做不到的，今天形势已经完全不同了，你们大门前挂了几块牌子，有农会的、商会的、妇女联合会的，更重要的是你们掌握了印把子，夺取了枪杆子。所有这些都是你们艰苦奋斗的结果，来得很不容易啊，这是孙中山致力国民革命 40 年乃至几千年未曾成就过的奇勋；有人说农民运动"糟得很"，说什么农民运动是"痞子运动""惰农运动"，这不奇怪，也不可怕，办农会，搞革命，必然遭到反对，敌人反对得越厉害说明我们做得越有理；今天我到你们这里来，就是要看看你们做了些什么，有什么经验和好处。区里已经决定大会后留下部分人开个小会，详细谈谈有哪些成绩，有

229

什么意见和问题，要用一桩桩、一件件农运"好得很"的事实，去堵住污蔑农运者的嘴，去驳斥农民运动"糟得很"的谬论，这是一件关系国民革命成败的大事，一点也不能含糊；革命好比爬楼梯，先要站稳第一脚，再往上爬，现在我们只登上第一步楼梯，也是闯祸的第一步；革命也好比砌屋，要先打好屋基，基础不牢，屋砌上去迟早会垮下来的；大家要紧密团结，打倒拦路虎，搬掉绊脚石，封建地主、土豪劣绅，就是革命的拦路虎、绊脚石。

经过调查了解，毛泽东说：农民革命的主力军主要是指贫农，在过去一年多的斗争实践中，不论什么工作，贫农总是当先锋，没有贫农就没有革命；三支团乡的斗争力度要加强，会员要扩大，组织要巩固，这一切的关键是依靠贫农，团结中农；就是说，农协委员中的贫农必须占优势，同时要有中农代表参加，秀士乡的农协委员清一色的贫农，办起事来当然方便，但不利于反映中农的意见和要求，不利于团结大多数，这一点务请秀士乡的代表回去讲清道理，在组织上有所改进。

6日早晨，毛泽东步行15里来中共湘潭（韶山）特别区委、区农协，听取庞叔侃、蒋梯空关于韶山农民运动的汇报。

韶山已经成了农民的天下。韶山人在毛震公祠举行了盛大欢迎会。会后，农民协会的领导们宴请毛泽东，毛泽东的弟媳王淑兰作为妇女界的负责人，也来陪客。入席时，韶山的头面人物请毛泽东坐长席，毛泽东笑着推辞了，说：过去妇女进祠堂吃酒，被视为犯族规，轻则打屁股、赔礼，重则沉潭丧命；今天农民运动起来了，妇女也翻身了，我看咱们不妨再犯一次族规，让妇女坐首席，怎么样？毛泽东的提议获得了一片叫好声。毛泽东又微笑着说："来，淑兰，你是韶山妇女们的头，你就带个头。"王淑兰高兴地说："既然毛委员哥哥说得这样有道理，我又怕犯什么族规呢？"于是就大大方方地坐在了首席。妇女不仅进祠堂还吃了酒，而且坐首席，在韶山是破天荒的第一次。毛泽东说，我们的革命还才开始，我的所爱、所交的朋友都是穿草鞋的人，要彻底消灭封建地主劣绅，打倒军阀，赶走帝国主义，还得三四十年，革命不成功，我毛润之也不回韶山来了。

在韶山期间，毛泽东多次召集农协干部和群众座谈，他说，我从银田到韶山来，看到农民都起来了，已经掀起一个农村大革命的高潮，过去雨神庙有很多流民，现在没有了，他们有的参加了农会，有的在劳动，这是一个很大的进步；但绝不可骄傲自满，盲目乐观，你们上七都团防局局长成胥生虽然被打倒，但他侄子成复仇（福畴）还在，还有李复仇、王复仇，他们不会一下子甘心，我这次在这里时间不长，工作还得靠你们去做，今后要加强联系和请示，乡上有区，区上有县，县上有省。

9日到14日，毛泽东在湘乡县考察，先在外祖家同两位舅父、几位表兄弟和20余个老农座谈。毛泽东说：外国人说我们中国人是一盘散沙，不团结，别国群而不散，我国散而不群；别国强，我国弱；别国富，我国贫；别国工业发达，有飞机大炮，我国仍是大刀长矛多；要想国家强盛，人民不受压迫和剥削，就要起来干革命，团结起来，打倒列强，驱除军阀。

毛泽东又到湘乡县城，在湘乡饭店住地召集农协主要负责人开调查会：农会组织得怎样，有多少区、乡农民协会，多少会员，农民武装如何，乡里人对农协什么看法，有没有反对农协等。

毛泽东还在湘乡饭店先后邀集县工会、商协、学联、妇联、青年

组织的负责人座谈，了解农运情况。

毛泽东还邀集一些区农协委员长，听取他们关于农民运动的意见。

毛泽东还找来县农协执委、负责武装工作的邹祖培，了解到湘乡禁赌、禁鸦片和农民武装情况。邹祖培说，湘乡历来牌赌盛行，鸦片流毒很广，农会一成立首先禁止赌钱打牌，禁止抽鸦片烟。毛泽东称赞好得很。谈到武装问题。毛泽东说，农民要组织自己的武装，把团防局接收过来，在全县组织农民自卫队；湘乡可以成立一个审判土豪劣绅的特别法庭。

在湘乡期间，毛泽东曾出席中共湘乡地方执行委员会召开的扩大会议，听取与会者汇报湘乡农运情况时，了解到湘乡县在监狱里还关押了许多乡农协干部时，提出批评，湘乡县很快将他们释放。

15日到23日，毛泽东到衡山县考察。在白果召开农协干部座谈会，赞扬岳北农民敢于在赵恒惕的胞衣盘里闹革命，鼓励他们要以南岳衡山革命烽火去引燃其他几个岳，让革命风暴席卷全中国。接着，到岳北农工会所在地调查自卫军组织情况，工会情况，煤矿工人和工人纠察队组织情况，并看望岳北农工会几位死难者的家属。随后，到二区农民纠察大队部所在地询问纠察大队人数和枪支等。

在福田铺，毛泽东出席农民协会召开的群众大会并讲话。在农协所在地圣地庙开调查会，了解农运情况，还走访了几家商店，详细调查他们的营业额、捐税、工资、伙食开支、货路来源、供销行情变化等。

在宋家桥戴聘公祠召开党员及农协骨干座谈会，毛泽东参加乡农民协会召开的群众大会，并走访农户，找开明绅士座谈，了解他们对农运的看法和意见。

在衡山县城，毛泽东还邀集中共衡山地方执行委员会书记向钧和县农协、工会等负责人座谈农运情况，对农民武装情况问得很详细。在出席中共衡山地方执行委员会召开的欢迎会和新党员宣誓会时，毛泽东提出当前的任务是大搞宣传，发动群众，用革命的联合反对反革命的联合，要加强对农民自卫军的领导，要多吸收煤矿工人和农村贫农入党。

在衡山县城期间，毛泽东两次视察县农民运动讲习所，同学员座谈，视察县总工会、女界联合会和城郊农村，了解衡山工、农、青、妇、商等各方面情况。毛泽东把考察到的情况和各种数据进行分类、统计、分析，当他从统计表中看出，贫农在农会中占百分之九十时，很高兴。

在湖南衡山县城，毛泽东访问了当地的妇女会干部张琼。张琼说起她有个表兄，受国民党追捕，无处可逃，逃进了井冈山。那儿山高皇帝远，国民党鞭长莫及。她的表兄在井冈山上躲了几个月，知道山上的详细情形，知道山上有"山大王"土匪盘踞。毛泽东很注意张琼提供的信息，从此井冈山存储在他的脑海的"信息库"里。

在衡山考察将结束时，毛泽东出席了国民党衡山县党部和县农协及各界团体举行的欢迎会，做长篇讲话，称赞衡山农民运动和妇女的革命行动，指出：农民要团结起来，要提防反动派破坏，要夺取地主豪绅的武器，发展农民武装；要搞联合，搞团结，团结才有力量，大团结就是大力量。

24日，毛泽东回到长沙，将3县的调查情况向中共湖南区委负责人做详细报告，随后在党校、团校各做了一次报告，还在长沙郊区做了一些考察。

　　1月27日到2月3日，毛泽东等到醴陵县考察。在县城邀集中共醴陵地方执行委员会书记罗学瓒、县农会委员长孙筱山和县共、青、妇等部门负责人座谈。随后，连续3个晚上召开中共醴陵县各地支部书记和区农协委员长座谈会，到会40多人，每晚到深夜。座谈会主要汇报全县各地入冬以来开展农运情况，研究如何加强领导，扩大农协组织，发展农民武装，建立和巩固农民政权等。毛泽东在会上对认为农运过火的李味农提出批评。

　　李味农，中共党员，时任国民党醴陵县党部宣传部部长，1927年春，农民开展的打倒土豪劣绅运动，设特别法庭，拘办罪大恶极、民愤极大的土豪劣绅恶霸，他同情陈独秀的右倾思想，认为农运过火，与同志们不合。毛泽东视察醴陵时，对他提出委婉批评："味农同志，你是好好先生，却不懂革命理论，被压迫阶级受层层压迫已久，若不将压迫阶级无情压制，被压迫阶级不能得到彻底翻身。"

　　毛泽东还提出要召开一个全县各区有代表性的农民和绅士座谈会，每区来一个真正的农民和一个顶著名的绅士，绅士要熟悉神祖情况的。在这个座谈会上，毛泽东询问当地农民的土地占有情况，有什么神祖祀会，有什么产品。在县城期间，毛泽东还给醴陵民众训练班700多名师生做报告，并到城郊考察。

　　在离县城25华里的东富寺考察的3天中，毛泽东参加了3个会：一个是有共产党员、农会骨干、自卫队长、妇女和青年工作负责人参加的座谈会；二是区委扩大会；三是有各方面负责人及东富寺附近1000个农民参加的大会，并讲话。

　　在许多地方，毛泽东看到农会从政治上打击地主，给他们戴高帽子游乡，甚至枪毙罪大恶极之徒。在经济上打击地主，不准他们加租加押，不准退佃。农会还推翻了过去维护封建统治的都团机构，人们谈论都总、团总，说："那班东西么，不作用了！"农会组建起自己的武装——纠察队和梭镖队。农民还禁烟禁赌，组织起来修道路、修塘坝等。

2月4日回到长沙，在长沙郊区邀请农协负责人进行座谈，了解长沙农运情况。

2月5日，毛泽东结束历时32天的湖南5县考察，行程700公里。他看到了一个新的天地，对农民运动的认识更清楚了。这些新鲜活泼的生动事情，使他大开了眼界，为之兴奋不已。

因时间关系，原计划考察的宁乡、新化、宝庆、攸县、武冈、新宁等县，没有去成。

回到长沙后，毛泽东在中共湖南区委做了几次报告，纠正他们在农运中的错误。1927年2月，中共湖南区委写给中央的《湘区一月份农民运动报告》中说："在此社会群向农运进攻之包围中，我们亦自认现在农运的确是太幼稚，于是通告禁止农协罚款、捕人等事，……几乎不自觉地站到富农、地主方面而限制贫农。自润之同志自乡间视察归来，我们才感贫农猛烈之打击土豪劣绅实有必要。非如此不足以推翻现在乡村之封建政治。"[①]

1927年2月12日，毛泽东由长沙回到武昌。

2月下旬，杨开慧带领毛岸英、毛岸青和保姆陈玉英（孙嫂）到达武昌，住在都府堤41号。

---

① 中共中央文献研究室编，《毛泽东年谱》（1893—1949）修订本上卷，中央文献出版社，2013年12月第1版，第179页。

2月16日，毛泽东就考察湖南农民运动的情况写报告给中共中央："在各县乡下所见所闻与在汉口在长沙所见所闻几乎全不同，始发见从前我们对农运政策处置上几个颇大的错误点。"

毛泽东报告，自己在考察过程中纠正了几个颇大的主要错误：1. 以"农运好得很"的事实，纠正政府国民党社会各界一致"农运糟得很"的议论；2. 以"贫农乃革命先锋"的事实，纠正各界一致的"痞子运动""惰农运动"的议论；3. 以从来并没有什么联合战线存在的事实，纠正农协破坏了联合战线的议论。

毛泽东在报告中提出了10点意见。他说，农民运动"第二时期（农村革命暴动时期）内，农民一切向封建地主阶级的行动都是对的，过分一点也是对的，因为不过分不用大力决不能推翻封建阶级几千年积累的权力，决不能迅速完成民主革命；矫枉必须过正，不过正不能矫枉"。

报告认为，"农民问题只是一个贫农问题，而贫农的问题有二个，即资本问题与土地问题。这两个问题已经不是宣传的问题，而是立即要实行的问题了。……贫农的革命情绪依然非常之高，依现在形势，他们简直很迫切地要进入到别一个革命了。……现在是群众向左，我们党在许多地方都不与群众的革命情绪相称"，这是一件非常可注意的事。

报告提出，在农村中要发展共产党和国民党的组织，还说"洪会是一种势力，必须拉拢这种势力而不可采取打击的方法，……妇女尤其是一个伟大的力量，不可不加以注意"。

2月18日，毛泽东出席革命军总政治部召开的农民问题讨论会。会议主席、总政治部主任邓演达说：农民问题是本党本军一个很重要的问题，所以本部邀请各位共同讨论此问题，使农民问题能得到良好的结果。会议决定下次开会请毛泽东报告中国农民运动状况。23 日，毛泽东出席国民革命军总政治部召开的农民问题讨论会第二次常会，作《中国各地农民运动状况》的报告。3 月 2 日，毛泽东出席国民革命军政治部召开的农民问题讨论会第三次常会，毛泽东被推为关于红枪会调查训练委员会主任委员。16 日，毛泽东出席农民问题讨论会第五次常会。了解到，红枪会调查训练委员已开始工作，查得现有红枪会几十人，已集中开会，不久就要训练。

3 月 5 日到 4 月 3 日，《湖南农民运动考察报告》在中共湖南区委机关刊物《战士》周报连载。3 月间，中共中央机关刊物《向导》、汉口《民国日报》的《中央副刊》发表其中的前两章。3 月 28 日，《湖南民报》开始连载。

《湖南农民运动考察报告》写道：

农民问题的严重性

我这回到湖南，实地考察了湘潭、湘乡、衡山、醴陵、长沙五县的情况。从一月四日起至二月五日止，共三十二天，在乡下，在县城，召集有经验的农民和农运工作同志开调查会，仔细听他们的报告，所得材料不少。许多农民运动的道理，和在汉口、长沙从绅士阶级那里听得的道理，完全相反。许多奇事，则见所未见，闻所未闻。我想这些情形，很多地方都有。所有各种反对农民运动的议论，都必须迅速矫正。革命当局对农民运动的各种错误处置，必须迅速变更。这样，才于革命前途有所补益。因为目前农民运动的兴起是一个极大的问题。

很短的时间内，将有几万万农民从中国中部、南部和北部各省起来，其势如暴风骤雨，迅猛异常，无论什么大的力量都将压抑不住。他们将冲决一切束缚他们的罗网，朝着解放的路上迅跑。一切帝国主义、军阀、贪官污吏、土豪劣绅，都将被他们葬入坟墓。一切革命的党派、革命的同志，都将在他们面前受他们的检验而决定弃取。……

组织起来

湖南的农民运动，就湘中、湘南已发达的各县来说，大约分为两个时期。去年一月至九月为第一时期，即组织时期。此时期内，一月至六月为秘密活动时期，七月至九月革命军驱逐赵恒惕，为公开活动时期。此时期内，农会会员的人数总计不过三四十万，能直接领导的群众也不过百余万，在农村中还没有什么斗争，因此各界对它也没有什么批评。因为农会会员能作向导，作侦探，作挑夫，北伐军的军官们还有说几句好话的。十月至今年一月为第二时期，即革命时期。农会会员激增到二百万，能直接领导的群众增加到一千万。因为农民入农会大多数每家只写一个人的名字，故会员二百万，群众便有约一千万。在湖南农民全数中，差不多组织了一半。如湘潭、湘乡、浏阳、长沙、醴陵、宁乡、平江、湘阴、衡山、衡阳、耒阳、郴县、安化等县，差不多全体农民都集合在农会的组织中，都立在农会领导之下。农民既已有了广大的组织，便开始行动起来，于是在四个月中造成一个空前的农村大革命。

打倒土豪劣绅，一切权力归农会

农民的主要攻击目标是土豪劣绅，不法地主，旁及各种宗法的思想和制度，城里的贪官污吏，乡村的恶劣习惯。这个攻击的形势，简直是急风暴雨，顺之者存，违之者灭。其结果，把几千年封建地主的特权，打得个落花流水。地主的体面威风，扫地以尽。地主权力既倒，农会便成了唯一的权力机关，真正办到了人们所谓"一切权力归农会"。连两公婆吵架的小事，也要到农民协会去解决。一切事情，农会的人不到场，便不能解决。农会在乡村简直独裁一切，真是"说得出，做得到"。外界的人只能说农会好，不能说农会坏。土豪劣绅，不法地主，则完全被剥夺了发言权，没有人敢说半个不字。在农会威力之下，土豪劣绅们头等的跑到上海，二等的跑到汉口，三等的跑到长沙，四等的跑到县城，五等以下土豪劣绅崽子则在乡里向农会投降。

"我出十块钱，请你们准我进农民协会。"小劣绅说。

"嘻！谁要你的臭钱！"农民这样回答。

好些中小地主、富农乃至中农，从前反对农会的，此刻求入农会不可得。我到各处，常常遇到这种人，这样向我求情："请省里来的委员作保！"

前清地方造丁口册，有正册、另册二种，好人入正册，匪盗等坏人入另册。现在有些地方的农民便拿了这事吓那些从前反对农会的人："把他们入另册！"

那些人怕入另册，便多方设法求入农会，一心要想把他们的名字写上那农会的册子才放心。但他们往往遭农会严厉拒绝，所以他们总是悬心吊胆地过日子；摈在农会的门外，好像无家可归的样子，乡里话叫做"打零"。总之，四个月前被一般人看不起的所谓"农民会"，现在却变成顶荣耀的东西。从前拜倒在绅士权力下面的人，现在却拜

倒在农民权力之下。无论什么人，都承认去年十月以前和十月以后是两个世界。

"糟得很"和"好得很"

农民在乡里造反，搅动了绅士们的酣梦。乡里消息传到城里来，城里的绅士立刻大哗。我初到长沙时，会到各方面的人，听到许多的街谈巷议。从中层以上社会至国民党右派，无不一言以蔽之曰："糟得很。"即使是很革命的人吧，受了那班"糟得很"派的满城风雨的议论的压迫，他闭眼一想乡村的情况，也就气馁起来，没有法子否认这"糟"字。很进步的人也只是说："这是革命过程中应有的事，虽则是糟。"总而言之，无论什么人都无法完全否认这"糟"字。实在呢，如前所说，乃是广大的农民群众起来完成他们的历史使命，乃是乡村的民主势力起来打翻乡村的封建势力。宗法封建性的土豪劣绅，不法地主阶级，是几千年专制政治的基础，帝国主义、军阀、贪官污吏的墙脚。打翻这个封建势力，乃是国民革命的真正目标。孙中山先生致力国民革命凡四十年，所要做而没有做到的事，农民在几个月内做到了。这是四十年乃至几千年未曾成就过的奇勋。这是好得很。完全没有什么"糟"，完全不是什么"糟得很"。"糟得很"，明明是站在地主利益方面打击农民起来的理论，明明是地主阶级企图保存封建旧秩序，阻碍建设民主新秩序的理论，明明是反革命的理论。每个革命的同志，都不应该跟着瞎说。你若是一个确定了革命观点的人，而且是跑到乡村里去看过一遍的，你必定觉到一种从来未有的痛快。无数万成群的奴隶——农民，在那里打翻他们的吃人的仇敌。农民的举动，完全是对的，他们的举动好得很！"好得很"是农民及其他革命派的理论。一切革命同志须知：国民革命需要一个大的农村变动。辛亥革命没有这个变动，所以失败了。现在有了这个变动，乃是革命完成的重要因素。一切革命同志都要拥护这个变动，否则他就站到反革命立场上去了。

所谓"过分"的问题

又有一般人说："农会虽要办，但是现在农会的举动未免太过分了。"这是中派的议论。实际怎样呢？的确的，农民在乡里颇有一点子"乱来"。农会权力无上，不许地主说话，把地主的威风扫光。这等于将地主打翻在地，再踏上一只脚。"把你入另册！"向土豪劣绅罚款捐款，打轿子。反对农会的土豪劣绅的家里，一群人涌进去，杀猪出谷。土豪劣绅的小姐少奶奶的牙床上，也可以踏上去滚一滚。动不动捉人戴高帽子游乡，"劣绅！今天认得我们！"为所欲为，一切反常，竟在乡村造成一种恐怖现象。这就是一些人的所谓"过分"，所谓"矫枉过正"，所谓"未免太不成话"。这派议论貌似有理，其实也是错的。第一，上述那些事，都是土豪劣绅、不法地主自己逼出来的。土豪劣绅、不法地主，历来凭借势力称霸，践踏农民，农民才有这种很大的反抗。凡是反抗最力、乱子闹得最大的地方，都是土豪劣绅、不法地主为恶最甚的地方。农民的眼睛，全然没有错的。谁个劣，谁个不劣，谁个最甚，谁个稍次，谁个惩办要严，谁个处罚从轻，农民都有极明白的计算，罚不当罪的极少。第二，革命不是请客吃饭，不是做文章，不是绘画绣花，不能那样雅致，那样从容不迫，文质彬彬，那样温良恭俭让。革命是暴动，是一个阶级推翻一个阶级的暴烈的行动。农村革命是农民阶级推翻封建地主阶级的权力的革命。农民

241

若不用极大的力量，决不能推翻几千年根深蒂固的地主权力。农村中须有一个大的革命热潮，才能鼓动成千成万的群众，形成一个大的力量。上面所述那些所谓"过分"的举动，都是农民在乡村中由大的革命热潮鼓动出来的力量所造成的。这些举动，在农民运动第二时期（革命时期）是非常之需要的。在第二时期内，必须建立农民的绝对权力。必须不准人恶意地批评农会。必须把一切绅权都打倒，把绅士打在地下，甚至用脚踏上。所有一切所谓"过分"的举动，在第二时期都有革命的意义。质言之，每个农村都必须造成一个短时期的恐怖现象，非如此决不能镇压农村反革命派的活动，决不能打倒绅权。矫枉必须过正，不过正不能矫枉。这一派的议论，表面上和前一派不同，但其实质则和前一派同站在一个观点上，依然是拥护特权阶级利益的地主理论。这种理论，阻碍农民运动的兴起，其结果破坏了革命，我们不能不坚决地反对。

所谓"痞子运动"

国民党右派说："农民运动是痞子运动，是惰农运动。"这种议论，在长沙颇盛行。我跑到乡下，听见绅士们说："农民协会可以办，但是现在办事人不行，要换人啦！"这种议论，和右派的话是一个意思，都是说农运可做（因农民运动已起来，无人敢说不可做），但是现在做农运的人不行，尤其痛恨下级农民协会办事人，说他们都是些"痞子"。总而言之，一切从前为绅士们看不起的人，一切被绅士们打在泥沟里，在社会上没有了立足地位，没有了发言权的人，现在居然伸起头来了。不但伸起头，而且掌权了。他们在乡农民协会（农民协会的最下级）称王，乡农民协会在他们手里弄成很凶的东西了。他们举起他们那粗黑的手，加在绅士们头上了。他们用绳子捆绑了劣绅，给他戴上高帽子，牵着游乡（湘潭、湘乡叫游团，醴陵叫游垅）。他们那粗重无情的斥责声，每天都有些送进绅士们的耳朵里去。他们发号施令，指挥一切。他们站在一切人之上——从前站在一切人之下，所以叫做反常。

革命先锋

对于一件事或一种人，有相反的两种看法，便出来相反的两种议论。"糟得很"和"好得很"，"痞子"和"革命先锋"，都是适例。

前面说了农民成就了多年未曾成就的革命事业，农民做了国民革命的重要工作。但是这种革命大业，革命重要工作，是不是农民全体做的呢？不是的。农民中有富农、中农、贫农三种。三种状况不同，对于革命的观感也各别。当第一时期，富农耳里听得的是所谓江西一败如水，蒋介石打伤了脚，坐飞机回广东了。吴佩孚重新占了岳州。农民协会必定立不久，三民主义也兴不起，因为这是所谓从来没有的东西。乡农民协会的办事人（多属所谓"痞子"之类），拿了农会的册子，跨进富农的大门，对富农说："请你进农民协会。"富农怎样回答呢？"农民协会吗？我在这里住了几十年，种了几十年田，没有见过什么农民协会，也吃饭。我劝你们不办的好！"富农中态度好点的这样说。"什么农民协会，砍脑壳会，莫害人！"富农中态度恶劣的这样说。新奇得很，农民协会居然成立了好几个月，而且敢于反对绅士。邻近的绅士因为不肯缴鸦片枪，被农民协会捉了去游乡。县城里并且杀了大绅士，例如湘潭的晏容秋，宁乡的杨致泽。十月革命纪念大会，反英大会，北伐胜利总庆祝，每乡都有上万的农民举起大

小旗帜，杂以扁担锄头，浩浩荡荡，出队示威。这时，富农才开始惶惑起来。在北伐胜利总庆祝中，他们听见说，九江也打开了，蒋介石没有伤脚，吴佩孚究竟打败了。而且"三民主义万岁""农民协会万岁""农民万岁"等等，明明都写在"红绿告示"（标语）上面。"农民万岁，这些人也算作万岁吗？"富农表示很大的惶惑。农会于是神气十足了。农会的人对富农说："把你们入另册！"或者说："再过一个月，入会的每人会费十块钱！"在这样的形势之下，富农才慢慢地进了农会，有些是缴过五角钱或一块钱（本来只要一百钱）入会费的，有些是托人说情才邀了农会允许的。亦有好些顽固党，至今还没有入农会。富农入会，多把他那家里一个六七十岁的老头子到农会去上一个名字，因为他们始终怕"抽丁"。入会后，也并不热心替农会做事。他们的态度始终是消极的。

中农呢？他们的态度是游移的。他们想到革命对他们没有什么大的好处。他们锅里有米煮，没有人半夜里敲门来讨账。他们也根据从来有没有的道理，独自皱着眉头在那里想："农民协会果然立得起来吗？""三民主义果然兴得起来吗？"他们的结论是："怕未必！"他们以为这全决于天意："办农民会，晓得天意顺不顺咧？"在第一时期内，农会的人拿了册子，进了中农的门，对着中农说道："请你加入农民协会！"中农回答道："莫性急啦！"一直到第二时期，农会势力大盛，中农方加入农会。他们在农会的表现比富农好，但暂时还不甚积极，他们还要看一看。农会争取中农入会，向他们多作解释工作，是完全必要的。

乡村中一向苦战奋斗的主要力量是贫农。从秘密时期到公开时期，贫农都在那里积极奋斗。他们最听共产党的领导。他们和土豪劣绅是死对头，他们毫不迟疑地向土豪劣绅营垒进攻。他们对着富农说：
"我们早进了农会，你们为什么还迟疑？"富农带着讥笑的声调说道：
"你们上无片瓦，下无插针之地，有什么不进农会！"的确，贫农们
不怕失掉什么。他们中间有很多人，确实是"上无片瓦，下无插针之
地"，他们有什么不进农会？据长沙的调查：乡村人口中，贫农占百
分之七十，中农占百分之二十，地主和富农占百分之十。百分之七十
的贫农中，又分赤贫、次贫二类。全然无业，即既无土地，又无资金，
完全失去生活依据，不得不出外当兵，或出去做工，或打流当乞丐的，
都是"赤贫"，占百分之二十。半无业，即略有土地，或略有资金，
但吃的多，收的少，终年在劳碌愁苦中过生活的，如手工工人、佃农
（富佃除外）、半自耕农等，都是"次贫"，占百分之五十。这个贫
农大群众，合共占乡村人口百分之七十，乃是农民协会的中坚，打倒
封建势力的先锋，成就那多年未曾成就的革命大业的元勋。没有贫农
阶级（照绅士的话说，没有"痞子"），决不能造成现时乡村的革命
状态，决不能打倒土豪劣绅，完成民主革命。贫农，因为最革命，所
以他们取得了农会的领导权。所有最下一级农民协会的委员长、委员，
在第一第二两个时期中，几乎全数是他们（衡山县乡农民协会职员，
赤贫阶层占百分之五十，次贫阶层占百分之四十，穷苦知识分子占
百分之十）。这个贫农领导，是非常之需要的。没有贫农，便没有革
命。若否认他们，便是否认革命。若打击他们，便是打击革命。他们
的革命大方向始终没有错。他们损伤了土豪劣绅的体面。他们打翻了
大小土豪劣绅在地上，并且踏上一只脚。他们在革命期内的许多所谓
"过分"举动，实在正是革命的需要。湖南有些县的县政府、县党部
和县农会，已经做了若干错处，竟有循地主之请，派兵拘捕下级农会

职员的。衡山、湘乡二县的监狱里，关了好多个乡农民协会委员长、委员。这个错误非常之大，助长了反动派的气焰。只要看拘捕了农民协会委员长、委员，当地的不法地主们便大高兴，反动空气便大增高，就知道这事是否错误。我们要反对那些所谓"痞子运动""惰农运动"的反革命议论，尤其要注意不可做出帮助土豪劣绅打击贫农阶级的错误行动。事实上，贫农领袖中，从前虽有些确是有缺点的，但是现在多数都变好了。他们自己在那里努力禁牌赌，清盗匪。农会势盛地方，牌赌禁绝，盗匪潜踪。有些地方真个道不拾遗，夜不闭户。据衡山的调查，贫农领袖百人中八十五人都变得很好，很能干，很努力。只有百分之十五，尚有些不良习惯。这只能叫做"少数不良分子"，决不能跟着土豪劣绅的口白，笼统地骂"痞子"。要解决这"少数不良分子"的问题，也只能在农会整顿纪律的口号之下，对群众做宣传，对他们本人进行训练，把农会的纪律整好，决不能随便派兵捉人，损害贫农阶级的威信，助长土豪劣绅的气势。这一点是非常要注意的。

十四件大事（摘录）

一般指摘农会的人说农会做了许多坏事。我在前面已经指出，农民打土豪劣绅这件事完全是革命行为，并没有什么可指摘。但是农民所做的事很多，为了答复人们的指摘，我们须得把农民所有的行动过细检查一遍，逐一来看他们的所作所为究竟是怎么样。我把几个月来农民的行动分类总计起来，农民在农民协会领导之下总共作了十四件大事，如下所记。

第一件　将农民组织在农会里

第二件　政治上打击地主

第三件　经济上打击地主

第四件　推翻土豪劣绅的封建统治——打倒都团

第五件　推翻地主武装，建立农民武装

第六件　推翻县官老爷衙门差役的政权

第七件　推翻祠堂族长的族权和城隍土地菩萨的神权以至丈夫的男权

第八件　普及政治宣传

第九件　农民诸禁

第十件　清匪

第十一件　废苛捐

第十二件　文化运动

第十三件　合作社运动

第十四件　修道路，修塘坝

总上十四件事，都是农民在农会领导之下做出来的。就其基本的精神说来，就其革命意义说来，请读者们想一想，哪一件不好？说这些事不好的，我想，只有土豪劣绅们吧！很奇怪，南昌方面传来消息，说蒋介石、张静江诸位先生的意见，颇不以湖南农民的举动为然。湖南的右派领袖刘岳峙辈，与蒋、张诸公一个意见，都说："这简直是赤化了！"我想，这一点子赤化若没有时，还成个什么国民革命！嘴里天天说"唤起民众"，民众起来了又害怕得要死，这和叶公好龙有什么两样①！

---

① 中共中央文献研究室编，《毛泽东选集》第一卷，人民出版社，1991年6月第2版，第12—42页。

　　1927 年 4 月，汉口长江书店以《湖南农民革命（一）》为书名出版单行本，全文两万余字，瞿秋白为之作序。瞿秋白在序言里说："中国农民要的是政权和土地。……中国革命家都要代表三万万九千万农民说话做事，到前线去奋斗，毛泽东不过开始罢了。中国的革命者个个都应该读一读毛泽东这本书，和读彭湃的《海丰农民运动》一样。"

　　在这篇《序言》里，瞿秋白还给了毛泽东和彭湃一个称号："农民运动的王！"①

　　毛泽东的这篇报告，引起了共产国际的注意。1927 年 5 月 27 日和 6 月 12 日，共产国际执委会机关刊物《共产国际》先后用俄文和英文翻译发表了《湖南的农民运动（报告）》（这是毛泽东第一篇被介绍到国外的文章）。英文版的"编者按"说："在迄今为止的介绍中国农村状况的英文版刊物中，这篇报道最为清晰。"当时任共产国际执委会主席团委员的布哈林在执委会第八次扩大会全会上也说："我想有些同志大概已经读过我们的一位鼓动员记述在湖南省内旅行的报告了"，这篇《报告》"文字精练，耐人寻味"。②

　　1927 年 3 月 30 日，全国农民协会临时执行委员会正式组成，毛泽东担任常务委员兼组织部部长。

　　4 月 2 日，国民党中央常务委员会第五次扩大会议决定，由邓演达、徐谦、顾孟余、谭平山、毛泽东 5 人组成土地委员会，"由此会

　　① 中共中央文献研究室编，逢先知、金冲及主编，《毛泽东传》，中央文献出版社，2013 年 11 月第 3 版，第 128—130 页。
　　② 中共中央文献研究室编，《毛泽东年谱》（1893—1949）修订本上卷，中央文献出版社，2013 年 12 月第 1 版，第 183 页。

确定一个实行分给土地与农民的步骤""做成乡间普遍的革命现象"。

4月4日，先期已开课的中央农民运动讲习所举行正式的开学典礼。邓演达、毛泽东、陈克文为农讲所常务委员，毛泽东负实际主持之责。

1924年深秋，毛泽民因患阑尾炎离安源到长沙住院。1925年2月，毛泽民跟随毛泽东、杨开慧回到韶山，开展农民运动。4月，党组织派他赴广州，进第五届农民运动讲习所学习。结业后，被调到上海任中共中央出版发行部经理并主持上海书店的工作。上海书店是党的总发行机关，印发党的所有对外宣传刊物和内部文件。书店在广州、长沙、香港、海参崴和巴黎等地设有分店和代售处。随着书刊的销售量猛增，印刷、发行任务繁重，党中央决定增开一个印刷厂和秘密发行所，由毛泽民负责。1926年，毛泽民在上海新闸路培德里找了几间房子，化名周泰安、杨杰，公开身份是印刷厂的老板。他派人到韶山挑选工作人员。1926年，毛泽民与青年女工、共产党员钱希钧结婚。书店的活动，引起敌人的注意。毛泽民向党中央建议，在革命形势较好的汉口，建立一个公开的发行机构——长江书店。经党中央批准，1927年3月，长江书店正式开业，属中共湖北省委领导。毛泽民通过长江轮船的水手、茶房，将上海书店所剩书刊巧妙地运到了汉口。

毛泽建于1923年秋天前往衡阳考入省立第三女子师范学校后，她一面学习，一面从事学生运动。她积极阅读《向导》周刊、《新青年》和鲁迅的《呐喊》等进步书刊。毛泽建是三女师学生党支部书记、湖南学生联合会的代表，利用假日，她组织同学步行到衡阳的东乡、北

乡以及附近的工厂、矿山，开展革命的宣传活动。1925年"五卅"运动爆发后，毛泽建积极组织同学参加反帝爱国活动，支援上海的工人罢工、学生罢课、商人罢市的斗争。根据党的指示，她发动和组织一批爱国同学，当众烧毁了衡阳县商会会长家堆积如山的日货。在学生运动中，毛泽建结识了衡阳省立第三中学学生、共产党员陈芬。1925年，他们结婚。婚后，陈芬前往郴县领导农民运动。毛泽建一边继续在三女师学习，一边工作。她担任了湘南学联女生部部长。1926年初，衡阳县长陈其祥，借故逮捕了湘南学联的一个代表。毛泽建在党的领导下，通过学联发动和组织衡阳县广大师生举行示威游行，营救被无理逮捕的学联代表。毛泽建带领三女师同学率先冲进县长屋内，陈其祥被吓跑。事后，陈其祥被迫接受学生提出的条件，释放了被押的学联代表。由于毛泽建在每次斗争中都站在前列，被同学们称为"女先锋"。1926年夏天，北伐军开进衡阳。毛泽建遵照中共湘南特委的指示，离开女三师，到衡阳从事农民运动，担任中共衡阳县委妇女运动委员。她深入到神皇山、园山、蹬子岭等地，发动和领导农民建立农民协会农民自卫军。并协助农会开办农民夜校，为之讲课。1927年2月，毛泽建作为衡阳代表，到长沙参加省妇联召开的妇女工作大会。会上，她了解到毛泽东考察湖南农民运动的情况和开展农民运动的指示精神。返回衡阳后，她按照毛泽东的指示精神进一步发动群众，开展农民运动。1927年3、4月，毛泽建按照广州全国农民运动讲习所的经验，在衡阳集兵滩观音堂举办了两期农民运动骨干训练班，毛泽建为学员讲课，学员既学文又学武，两期训练班共培养学员400名，发展党员20多名。

十五、第一次国共合作破裂

　　1926 年 12 月 1 日，蒋介石改变了将国民党党政中央迁往武汉的主意，以"党政中央应与总司令部在一起，设立前方"为由，力主改驻南昌。当国民政府第二批要员谭延闿、张静江等从广州到达南昌时，蒋介石于 1927 年 1 月 3 日召开中央政治会议临时会议，以"为政治和军事发展便利"为由，作出党政中央"暂驻南昌"的决定，将谭延闿等委员控留在江西。同时，蒋介石从河南召来挚友张群，任命他为"总参议"；接着，致函蛰居天津的北方政客黄郛，邀他南下商讨"大计"。黄郛留日时与蒋介石是至交（陈其美、黄、蒋 3 人结为"换帖"兄弟），历任北洋政府外交总长、摄政总理等要职，与日本帝国主义勾结有素，同时与中国银行总经理张嘉璈有深交。蒋介石急切延揽黄郛南下，是因为他需要黄郛充当勾结日本和联系中国金融资产阶级的中介人。黄郛到达南昌，同张静江、陈果夫、戴季陶等一起形成南昌右派的核心，同蒋介石朝夕相处，密议频仍。黄郛向蒋石建议：①向国民明示政策，离俄清党，放弃"联俄容共政策"；②在外交上首先谋求同日本、英国的谅解，"无论如何不应该放弃日本这条路"；

③克复南京、上海，联系绅商；④底定东南后，应采取步骤联络北方的冯玉祥、阎锡山，形成"中心力量"，这样"可以减少内争而早致统一"。这些提议尽为蒋介石采纳，时间是 1927 年 1 月末到 2 月初。

1927 年 1 月 12 日，蒋介石到武汉"视察"。15 日，蒋介石出席武汉党政联席会议时，鲍罗廷向他提议："时局严重，为了节省时间，可请南昌同志来武汉开中央政治会议"，蒋介石表示异议。鲍罗廷代表大多数中委的意愿，告诫蒋介石："革命要依靠群众，实行民主，独裁是不行的"，蒋介石听了很生气。关于北伐进军路线，鲍罗廷提议应循京汉路北进，打到北京，然后与沿海一带帝国主义周旋，蒋介石则坚持在两个月内先肃清东南。18 日，蒋介石离武汉，到庐山，与张静江、黄郛策划驱逐鲍罗廷。他致电联席会议主席徐谦，声称：鲍罗廷当众侮辱了他，要撤掉鲍的职务。但受到了左派的抵制。

由于第 1 军在浙江西部进军失利和北伐军 2、4、6 等军军长都拥护武汉政府，同时南昌还没有摆脱对武汉的财政依赖，蒋介石一度放慢了驱逐鲍罗廷的步伐。2 月中旬，军阀孙传芳部在浙江富阳县被北伐军打败，白崇禧部抵达嘉兴。26 日，蒋介石以南昌"中央政治会议"的名义致电共产国际执委会，要求"自动撤回代表鲍罗廷"。

蒋介石从武汉归来不久，在牯岭接见了日本驻九江领事江户千太郎，他说：我非但不打算废除不平等条约，而且还要尽可能地尊重现有条约，我保证承认外国借款，并如期偿还，对外国人投资的企业将给予充分的保护。蒋留日时的老师小室敬二郎奉政府差遣来华访蒋，在 1 月 26、27 两日无拘束的长谈中，蒋介石表示："我们没有受苏俄利用和指导，……苏俄（制度）不可能在中国再现，……我们没有考虑过用武力收回上海租界"，并强调指出：对"满洲问题"要"特殊考虑"。并表示："如果日本正确评价我们的主义和斗争，我愿意同日本握手。"

2月中旬，黄郛去汉口为蒋介石引来了日本军部使者铃木贞一。铃木向蒋介石转达了日本陆相宇垣一成的"劝告"：希望与共产党分手，搞"纯正的国民运动"。蒋介石回答："我打算用三民主义统一中国，……我一到南京就表明态度，你等着瞧吧！"

2月21日，蒋介石在南昌公开发表演说，声称：徐谦自居没有法律根据的"联席会议"主席，这才是独裁。他抨击共产党说：现在共产党党员"有排挤国民党党员的趋向，使国民党党员难堪"，"我是国民革命领袖之一"，有干涉和制裁共产党的"责任和权力"，我要纠正他们。

1927年2月8日，蒋介石利用张静江、陈果夫向国民政府占领的各省份委派亲信作党的特派员。抓住基层的党权，压迫农会，解散农民自卫军，排斥共产党人和国民党左派。在军事上调集嫡系第1军和表示倾向他的李宗仁的第7军以及他收编的附义敌军——此时蒋介石所直辖的军队有1军、5军、7军和新收编的安徽陈调元部4个团，浙江陈沂、周凤岐部不足2个师，直接使用的部队仅5个师——蒋介石向南京、上海进攻，准备南下东南沿海富庶的地方。

2月15日，蒋介石派戴李陶化装成日本人去日本与日本外务省次官、亚洲司司长、条约司司长会谈，要求日本帝国主义支持蒋介石。蒋介石亦公开表示要求英、美帝国主义的援助。于是，日本外相币原喜重郎在2月21日作出判断：蒋介石是"口头上的过激派，行动上的稳健派"。他认定：如果共产党人走得太远，这位寡言的将军是会

干预的。币原向内阁提议，日本应拉住反共的蒋介石，让他去压制共产党。

1927年2月18日，北伐军攻占杭州，孙传芳的主力被打垮，蒋介石控制东南的局势已基本形成。2月21日，蒋介石在演讲中公开亮出反苏反共的旗号："现在还有一种谣言，说中正现在对于共产党的同志不信用，疏远并且有反对他们的倾向，其实并不能这样说的""我是中国革命的领袖，并不仅是国民党一党的领袖。共产党是中国革命势力之一部分，所以共产党员有不对的地方，有强横的行为，我有干涉和制裁的责任及权力"。对苏联顾问也指责说：他们"拿一种压迫的手段对待本党领袖"，公然说："若苏俄一旦不以平等待我像别个帝国主义一样压迫我的时候，我们也像反对帝国主义一样的反对他们。"2月26日，蒋以中政会的名义电第三国际，要第三国际自动撤回鲍罗廷。

1927年2月9日，国民党中央在武汉举行高级干部会议，宋庆龄（国民党"二大"时，当选为中央执行委员）提出了"提高党权"的议案。会议通过了如下决定：实行民主，反对独裁，提高党权；坚持联俄、联共、扶助农工的三大政策，继续发展工农运动；组织行动委员会来贯彻决议，领导反对新右派的斗争。

3月7日，国民党在汉口召开第二届三中全会预备会。蒋介石不按时从南昌来汉口并企图阻挠全会的召开。毛泽东、吴玉章、恽代英、董必武、徐谦等坚持如期开会，谭延闿等主张待蒋介石、朱培德由江西到湖北再开会。会议讨论确定，8、9两日开提案审查会，10日正式开全体会议，届时无论蒋介石等是否到会，会议均按时举行。会议还通过毛泽东关于在大会期间，政治委员会议停止开会，如有重大事故发生由主席团（预备会议选举徐谦、谭延闿、孙科、宋庆龄、顾孟余为主席团委员）全权办理的提议。

9 日，毛泽东出席国民党二届三中全会提案审查会议，讨论改选常务委员会、政治委员会、军事委员会等，以提交三中全会讨论决定。会议认为，军事委员会在中央执行委员会统一领导下，反对"党国大政，无不总揽于一人"。会议记录称（刊登于 1927 年 3 月 30 日汉口《民国日报》）：自去年 5 月 15 日开会以后，"党权旁落，只见个人意志，不见党的意志，只有个人的自由，毫无党的自由，……自设总司令以来，党国大政，无不总揽于一人"。

10 日，国民党中央二届三中全会开幕（至 17 日）。出席会议的有国民党中央执、监委员，候补中央执、监委员共 33 人。7 日，在南昌的中执委、监委 5 人抵达汉口。其中有共产党人员吴玉章、于树德、林伯渠、毛泽东、恽代英、夏曦、董必武等 10 多人，国民党左派有宋庆龄、邓演达、陈友仁、徐谦、彭泽民等 10 来人。会议是在蒋介石搞分裂的背景下召开的。蒋介石以"迁都南昌，驱逐鲍罗廷"为由，拒不参加中央全会，并裹挟了一些中委。

会议递补毛泽东、周启刚、夏曦、许甦魂、邓演达、董必武 6 名中央候补执委有表决权。

11 日，会议决定常务委员会不设主席，实行委员制。会议通过毛泽东关于"国民政府委员名额与选举由中央执行委员会执行"的提议，改变国民政府委员由政治委员会或常务委员会推选的情况。

13 日，会议宣布蒋介石辞去国民党常务委员会主席和政治委员主席，讨论并通过《统一革命势力的决议案》，提出中国国民党与中国

共产党联席会须立即召开，以讨论统一民众运动，共同负担政治责任，派代表出席第三次国际会议等问题。

15日，会议讨论邓演达、陈克文、毛泽东提出的农民问题案和对农民宣言。毛泽东多次发言，提出在乡村应组织乡村自治机关，并采取委员制；祠产要收归国有，"祠产如不收归公则对宗法社会不能予以大打击"，主张由大会批准实施湖北省党部提出的惩治土豪劣绅条例。毛泽东说："土豪劣绅，必须以革命手段处置之，必须有适应革命环境之法庭、最好由农民直接行动。和平办法是不能推倒土豪劣绅的。故亟应颁布此条例，以便推行各省。"毛泽东这一主张，得到会议批准。毛泽东、邓演达、吴玉章被大会主席团指定组成查处阳新惨案①委员会。会议还作出裁撤军人部，任命邓演达为政治部主任等项决议。

16日，会议通过《对农民宣言》及《农民问题决议案》，宣言指出：中国国民革命最大部分目标是解放农民，以完成民主革命，地主阶级是一切反革命派的真实基础，革命需要一个农村的大变动，使农村政权从土豪劣绅不法地主及一切反革命派中，转移到农民的手中，在乡村中建设农民领导的民主的乡村自治机关；要推翻封建势力使这个斗争的胜利得到保障，则农民得到武装实为重要条件之一，农民应有自卫的武装组织，封建地主阶级的武装均须解除，交与农民；农民在政治斗争胜利之后，经济斗争便随着开始，革命的进展，农民的要求已是很迅速地由初步进到了第二步，即在许多地方已发生严重的土地问题，我们要拥护农民获得土地之争斗，到使土地问题完全解决而

---

① 阳新惨案是，1927年2月27日，湖北省阳新县的土豪劣绅带领几百名匪徒进城捉拿并以酷刑杀害农协干部、工会干部及同情农工运动的县警备队队长，9人被杀害。

后止；中国的农民问题，其内容即是一个贫农问题，这个广大的贫农阶级之存在，即为革命动力的要素，贫农问题不解决，革命终久没有完成一日，贫农的中心问题，就是一个土地问题。

会议通过的《农民问题决议案》，规定了 10 条具体措施：1. 政府应立即着手建立区乡自治机关；2. 区自治机关内应设立土地委员会；3. 所有乡间不属于政府军队之武装团体，必须隶属于区或乡之自治机关；4. 减租百分之二十五；5. 区乡公地及庙产，政府应下令饬其交给区乡自治机关管理；6. 政府应严重处罚贪官污吏、土豪劣绅及一切反革命者，并依法没收其土地财产；7. 改革旧有田税法；8. 政府应明令禁止高利盘剥；9. 政府应准区乡自治机关有管理粮食出口及保存一部分粮食之权；10. 政府应加紧实现民主司法制度和解决贫农土地问题之具体办法。

17 日，会议闭幕。在讨论军事政治学校议案时，毛泽东提出："黄埔学生皆党员，似不必有同志会之设立、凡同学会、同志会皆封建思想之递嬗，已不适宜于今日，故应规定军事政治学校及各分校，不应有同学会、同志会设立之一条文。"会议就此作出决定："凡党立各学校不得有同志、同学、同乡会之设立。"

这次会议，决定请回当时的国民党左派汪精卫。

因为共产党人和国民党左派占优势，会议开得很成功。会议中心是反对蒋介石搞军事独裁，并吸收共产党人参加政权，大力支持工农运动，以革命手段处理了一系列重大的内政外交问题。收回了汉口、九江的英租界，整理了湖北的金融，发行公债及国库券，没收军阀的财产，改善交通行政，恢复发展生产，改革文化教育。这些工作，主要是依靠共产党和国民党左派，特别是在宋庆龄、邓演达、何香凝的

密切合作下取得的。全会维护了孙中山的三大政策，重申国民革命不妥协的反帝反封建的方针，通过了限制蒋介石搞个人专政的一系列决议。会议决议：中执会下设政治委员会为最高指导机关，政治委员会、军事委员会实行集体领导制；非受外交部委托，军事长官不得对外接治和秘密交涉；军官任免、出征动员由军委议决，经中执会通过，交总司令执行。共产党员吴玉章、谭平山、林伯渠、苏兆征和国民党左派宋庆龄、何香凝、邓演达等被选入党和政府领导机构。

但中国共产党为了不使蒋介石脱离北伐阵营走到反革命方面去，在反对蒋介石搞独裁统治的同时，始终把维护蒋介石在中央的军事领袖地位作为不变的方针。并认为"蒋以后有了浙、闽、赣三省，也可以成为一个局面，不必再回汉口与唐生智冲突，回广东与汪精卫冲突"。

蒋介石不仅拒绝出席三中全会，而且向会议"请辞"中央常委和军委的主席职务。在国民党二届三中全会上，决定免去蒋介石的中常会主席、军委主席和中央军人部部长等要职，但继续让他担任国民革命军总司令。

在武汉方面诚挚的敦促下，国民政府代理主席谭延闿于1927年3月3日宣布：中央党部、国民政府将于6日迁鄂。

为配合北伐军占领上海，上海工人阶级曾分别于1926年10月23日和1927年2月21日举行过两次武装起义。第一次由于缺乏必要的准备而失败；第二次是在听到白崇禧率领的北伐军已占领距上海60公里的嘉山后，上海工人阶级于2月19日决定举行总罢工，2月21日发展为武装起义，没想到白崇禧却按兵不动，坐视军阀孙传芳屠杀手中只有少量枪支的工人。在陈独秀、周恩来、赵世炎、罗亦农、汪寿华等共产党人的领导下，中共领导上海武装起义的最高机构是以陈独秀为首组成的特别委员会，领导机构还有上海区委。工人们总结了前两次起义失败的经验教训，对第三次武装起义制订了周密的计划。3月20日，当白崇禧指挥的北伐军前锋占领上海附近的龙华时，第三次武装起义爆发。参加罢工的工人有80万人，直接参加作战的有1万多人。开始时工人只有300多支短枪，工人们从警察那里缴来大批武器。经过两昼夜激战，于3月22日下午6时击溃了从山东支援孙传芳的直系军阀张宗昌的3个精锐团，上海工人第三次武装起义取得胜利。工人占领上海一小时后，蒋介石的第1军第1师薛岳的部队，不折一兵不费一卒，顺利地开进上海。

3月23日，上海市民在中国共产党的领导下，成立了上海市临时政府。并通令3月24日一律复工、开市、开课。

3月24日，以北伐军第6军、第2军为主力的江右军（共产党员林祖涵、李富春参加领导）攻克南京。南京城内发生北方溃军和不良分子抢劫外侨的情况。美舰"诺亚号"、"普莱斯顿号"和"翡翠号"借口侨民受到伤害，悍然炮轰南京。

1927年3月9日，蒋介石唆使他的爪牙倪弼，惨杀了江西全省总工会副委员长、赣州总工会委员长、共产党员陈赞贤。

3月，陈独秀指出："中国革命的前途，已显示出两种不同的趋势：一、武力与工农群众以及革命化的城市小资产阶级结合，打倒国内外一切黑暗反动势力；二、武力与反革命的大商买办阶级地主豪绅

及懦弱妥协的资产阶级相结合，建立压迫工农群众的法西斯式的军事独裁政权。"

3月26日，武汉中央农民运动讲习所全体员工，对蒋介石及其仆从蹂躏党权、摧残农工，制造阳新、赣州惨案异常愤激。本日上午，全体学生800人齐赴国民党中央党部请愿，要求保护农工民众，依法惩办蒋介石，肃清一切反动分子。下午，农讲所召开追悼阳新、赣州死难烈士大会。毛泽东发表演说，指出："在这革命势力的范围内，竟不断地演出惨杀农工的事实，由此可证明封建的残余势力正准备着秣马厉兵，向我们作最后的挣扎啊！从今日起，我们要下一决心，向那些反动分子势力进攻，务期达到真正目的。这是在今日追悼大会中，我们应该接受的责任。"①

在共产党人和国民党左派的领导下，武汉地区掀起了一个规模巨大的反蒋运动。

1927年3月7日，江西、湖北、江苏、河南、河北及东北三省到中央农民运动讲习所报到的学员已有400人。农讲所常务委员会决定先期开班上课，聘请周以栗为教务主任，陈克文为训育主任，季刚为事务主任，郭增昌为总队长。根据农民运动发展的需要，共设28门课。毛泽东负责讲授"农民问题""农村教育"。

18日，国民党中央农民运动委员会、中央农民运动讲习所联合召开欢迎湖北、河南两省农民代表大会，出席会议1000人。毛泽东向大会致辞："农民利益与地主利益冲突。在湖北一派国民党同志主张农

① 中共中央文献研究室编，《毛泽东年谱》（1893—1949）修订本上卷，中央文献出版社，2013年12月第1版，第187页。

民利益，近几日中央全体会议最重要的议案是通过了惩治土豪劣绅的条例。我们要打倒土豪劣绅，就是援助这派主张农民利益的。"同日，毛泽东前往汉阳兵工厂参观。

28日，国民党中央农民部召集有各省农运负责人参加的全国农民协会筹备会议，会议决定，全国农民运动发展极快，需要有中心领导机关；组织中华全国农民协会临时执行委员会，并负责筹备全国农民代表大会。30日，根据全国农协筹备会议决定，湖南、湖北、江西、广东4省农协执行委员会召开联席会议，组成全国农协临时执行委员会，委员13人，邓演达、谭延闿、陆沉、毛泽东、谭平山为常务委员。3月，毛泽东和邓演达、陈荫林、周以栗等受聘为湖北农民运动委员会委员。

4月2日，下午4时，毛泽东列席国民党中常会第五次扩大会议，欢迎国际工人代表团，代表团成员有多理越（法国）、白劳德（美国）。

同日傍晚7时，国民党中常会第五次扩大会议继续开会，苏联顾问鲍罗廷列席。会议听取孙科、邓演达等关于蒋介石等人问题的报告。会议认为，蒋介石无视中央，自由行动。在上海勾结帝国主义和反动派，把持上海的外交、财政、交通各机关，破坏中央各项计划，形成一个反动中心。为此，会议决定，由中央执行委员会发一训令，令蒋介石离开上海到南京。会议根据邓演达的提议，决定由邓演达、徐谦、顾孟余、谭平山、毛泽东5人组成土地问题委员会，"由此会确定一个实行分给土地与农民的步骤，……做成乡间普遍的革命现象，然后可以推翻社会的封建制度"。

4日，毛泽东出席在武汉召开的中共中央执行委员、中共湖北区委

和共产国际代表团联席会议，讨论召开中共中央全会、中国共产党第五次全国代表大会以及准备召开国民会议等问题。会议宣布中共中央执行委员会汉口临时委员会解散，选举瞿秋白、谭平山、张国焘组成联席会议常务委员会。

下午 1 时半，国民党中央农民运动讲习所在武汉举行开学典礼。国民党中央党部、国民政府及团体代表、国际工人代表团 100 余人出席。会议由邓演达主持，周以栗报告农讲所成立经过，谭平山代表国民党中央党部、国民政府演说，法国代表多理越、英国代表汤姆、美国代表白劳德相继演说。这一期学员来自 17 个省，共 800 人。大会发表《中央农民运动讲习所开学宣言》，指出："中央农民运动讲习所的使命，是要训练一般能领导农村革命的人材出来，对于农民问题有深切的认识，详细的研究，正确的方法，更锻炼着有农运的决心。"

农讲所把训练学生掌握武装斗争的实际本领作为重要课程。农讲所学生实行军事编制，每人发了一支汉阳造"七九"式步枪，规定每日训练两小时，每周到野外进行一次军事演习。①

同日（1927 年 4 月 4 日），在武昌医院，杨开慧生下了第三个男孩——毛岸龙（杨永禄）。

4 月 7 日，毛泽东出席在武汉的中共中央执行委员、中共湖北区委和共产国际代表团的联席会议。为在 4 月 25 日准时召开第五次全国代表大会，联席会议决定，通知陈独秀和在上海的中央执行委员以及各

---

① "到农村去。实行农村大革命！"是农讲所学生的战斗口号。经历 3 个多月的紧张学习之后，农讲所举行了毕业典礼。学员毕业后，党组织分配学员们基本回原地搞农运工作。临行前，毛泽东还教导学员，在白区工作，要注意隐蔽活动，积蓄力量。

地代表速来汉口。会议还决定成立中共中央土地委员会，由瞿秋白和毛泽东负责为第五次全国代表大会准备农民问题的资料。

8日，毛泽东列席国民党中常会第六次扩大会议。共产国际派来的代表罗易以及鲍罗廷等列席会议。罗易、鲍罗廷分别就共产国际援助中国革命等问题发表讲话，随后退席。会议听取全国总工会常委兼总工会武汉办事处秘书长刘少奇关于"四三惨案"后工运情况的报告。

1927年4月3日，日本水兵在武汉乘车不付钱，还行凶打死打伤车夫，继而，日军舰水兵大批上岸，3次用机枪扫射民众，死伤数十人。

会议听取孙科和上海市政委员丁晓先的报告，对蒋介石勾结帝国主义在上海镇压工人和市民运动的反革命行为，坚决予以处置。会议同意政治委员会的决定，将中央党部和国民政府迁移南京。

9日，中华全国农协临时执行委员会发出就职通电：广东、湖南、湖北、江西等省农民协会代表联席会议推举邓演达、毛泽东、谭延闿、谭平山、徐谦等13人为临时执行委员，并推定邓演达为宣传部部长、毛泽东为组织部部长、彭湃为秘书长。通电指出："吾国农民之痛苦，皆为国际帝国主义之侵略，与国内封建阶级之压迫。农民之解放，即为国民革命之成功，故国民革命势力之进展农民亦随之组织起来，同仁深信此为不易之道。"

10日，中共中央执行委员、中共湖北区委和共产国际代表团召开联席会议，讨论如何应付蒋介石在上海已经反动的问题。会议决定派一个能干的委员会，以陈延年为临时书记，到上海执行联席会议所决

定的政策。

1927 年 3 月 16 日，苏联《真理报》的社论声明："蒋介石保证忠于革命的原则，服从国民党的领导。"

3 月 25 日，陈独秀在中共特别会议上强调："中国革命如不把代表资产阶级的武装打倒，中国就不要想革命。同时只要把此武装打倒，资产阶级就可以服从革命的力量。上海现在的资产阶级与右派勾结，党军也很右倾。如果我们情愿抛弃上海，就很容易，如果争斗，就要马上动作。因为将来的纠纷问题，为纠察队问题，如果我们不马上动作，将来就纯全为国共争斗，完全失掉联合战线。所以，我意我们现在要准备一个抵抗，如果右派军队来缴械，我们就与之决斗，此决斗或许胜利，即失败则蒋介石的政治生命完全断绝，因此此决斗，实比直鲁军斗争还有现实意义。"

3 月 30 日共产国际来电指示："①不要让武力冲入租界；②注意左右派之突。"

1927 年 3 月，汪精卫回国复职途经莫斯科，得到苏联政府给予充分支持的保证。4 月中旬，斯大林在《中国革命问题》一文中认为"武汉的革命的国民党既然与军阀制度和帝国主义作坚决斗争，事实上将逐渐变为无产阶级和农民的革命民主专政的机关"，提出要把国家全部政权集中于革命的国民党人手中的政策。

汪精卫从莫斯科回到上海后，陈独秀秉承共产国际的意旨，于1927 年 4 月 5 日发表《汪精卫陈独秀联合宣言》。陈独秀真诚地相信汪精卫，希望继续与以汪精卫为首的国民党左派合作，以推动革命形势向前发展。此后，中共中央机构移驻武汉。

4月6日，斯大林在莫斯科党的积极分子大会上发言："国民党是一个联盟，是一种由右派、左派和共产党组成的革命议会，为什么要搞政变？……目前我们需要右派，右派中有能干人，他们领导军队反对帝国主义。蒋介石也许不同情革命，但他在领导着军队，他除了反帝外，不可能有其他作为。"

1927年3月15日，蒋介石离开南昌，顺江而下。他直接指挥总司令部特务处长杨虎、副处长温建刚纠集右派和青红帮流氓于3月16日捣毁了九江、3月23日捣毁了安庆由左派主持的党部和工会。遂派杨虎兼程赴上海联络帮会势力，准备全面"清党"。

杨虎奉蒋介石之命赶到上海后，与东路军政治部主任陈群（蒋介石指令陈群从武汉东下辅助杨虎进行长江中下游的"下层工作"）会合，联络黄金荣、杜月笙和张啸林。杜月笙表示："即使赴汤蹈火，我们也乐于从命。"杜在杨虎、陈群指示下筹组了"中华共进会"。4月3日，浙沪警察厅厅长吴忠信宣布："奉总司令蒋谕：中华共进会准予成立。"

3月26日，蒋介石到达上海。被帝国主义派汽车护送到法租界下榻。蒋介石向帝国主义表示："国民革命军是列强各国的好朋友，决不用武力来改变租界的现状。"

蒋介石到沪当晚即接见了上海商业联合会主席虞洽卿，向他表示：直鲁联军已完全撤到长江以北，毋庸担忧。"我对收回租界问题，决不诉诸武力。"

29日，蒋介石在交涉公署接见9名大资本家，他强调声明："决

不使上海方面有武汉态度"，希商界放心。31日，金融资本家陈光甫、钱永铭被蒋介石任命为"江苏兼上海财政委员会"的成员。

在虞洽卿、钱永铭等人的大力张罗下，以"垫借"为名，向银钱两业摊派得300万元，4月1日，将这笔款项交给了蒋介石。另外，经虞洽卿的疏通，上海商业联合会承诺将"自动捐助"500万元。

同时，蒋介石通过先期到达上海的黄郛，加紧同日本帝国主义的政治勾结。

蒋介石将国民党的"四老"——蔡元培、吴稚晖、张静江和李石曾延请到枫林桥旧淞沪镇守使署的深院里密谈。蒋介石提出当前必须采取行动"护党救国"。由于张、吴与蒋早有反共的默契，谈话主要是争取在党内外享有声望的蔡元培的支持。随后，蒋介石又邀请胡汉民来枫林桥恳谈时局。

同时，蒋介石召集长江下游各将领到沪磋商，主要有：江右军总指挥程潜、江左军总指挥李宗仁、东路军总指挥何应钦、卫戍南京的第40军军长贺耀祖。除程潜倾向武汉，表示"愿进行调解"外，李宗仁等3人都支持蒋介石的"护党救国"之议。

4月2日，两广将领李济深、黄绍竑应召到沪。蒋介石在高昌庙江南兵工厂内召开秘密会议。到会者有：何应钦、吴稚晖、李石曾、陈果夫、陈立夫、李济深、李宗仁、白崇禧、黄绍竑等。蒋介石首先致辞：民国十三年国共合作，共产党加入国民党时不怀好意，在国民党内发展组织，中山舰事变后，这种阴谋日益暴露，北伐军到达武汉，经过他们分化和挟持，把汉口和南昌对立起来，如果不清党，国民党就要被共产党篡夺，北伐不能继续，国民革命就不能完成。白崇禧接着说：工人纠察队有武装，自成指挥系统，不服从军事长官指挥，他们要侵入租界、占领租界，黄浦江上布满外舰，卸掉炮衣，指向我们，如发生冲突，北伐事业就完了。白崇禧还说：共产党离间军队，长此下去，军队也要发生变化，青红帮首坚决反共，已组成武装，可资使用。由于事前已经疏通，会议一致赞同蒋介石立即"清党"的提议。

出席这次会议的仅有中央监委3名——吴稚晖、李石曾、陈果夫，候补中央监委1名——李宗仁，为中央监委、候补监委20人的1/5。后来，蒋介石竟宣称这次会议为"中央监察委员会全体会议"，称到会监委为总人数的2/3，把不在场的蔡元培公推为"主席"。

4月5日，蒋介石又在枫林桥召集一次谈话会，除2日参加人员外，另加入张静江、蔡元培、柏文蔚、古应芬。蒋介石提出一份由陈果夫草拟的所谓吴稚晖委员致中监委全体会议的《请查办共产党函》，称：共产党"逆谋昭著""十万急迫"，咨请中央执行委员会和蒋总司令、地方当局予以"非常之处置"。这天，最后决定了"清党"。

4月5日，蒋介石命令上海市政府"暂缓办公"；6日，查封了总政治部驻沪分部；8日，蒋介石命令吴稚晖、钮永建等组成"上海临时政治委员会"，执行上海党政权力；9日，蒋介石下令严禁集会、游行和罢工，同日，蒋介石离开上海前往南京。

按照预定部署，4月11日晚8时，杜月笙以"请客"为名，将上海总工会委员长、共产党员汪寿华骗到杜的住所，指使芮庆华一伙将汪绑架到枫林桥残酷地杀害。

4月11日，蒋介石在南京密令："已兑复的各省一律实行清党。"

1927年4月12日凌晨，停泊在上海高昌庙的军舰首先发出信号，凌晨1时，流氓头子黄金荣、杜月笙奉蒋介石之命，指挥"中华共进

会"流氓武装，袖佩白色"工"字臂章从法租界出发，分向南市、闸北进发。公共租界总董费信惇按照预定计划将公共租界通往华界的每个路口都打开，让他们通过，向工人纠察队总指挥处、上海总工会等处发起突然袭击。驻闸北商务印书馆东方图书馆的工人纠察队英勇抵抗。杜月笙从费信惇处借来小钢炮，轰开铁门。

这时，经蒋介石事先调沪的原孙传芳旧部周凤岐第 26 军突然出现，团长邢振南喊话说："我们是来调解纠纷的。"这支部队闯进大门之后将工人纠察队完全缴械。驻南市、浦东和吴淞的工人纠察队，无不受到流氓武装和蒋军的袭击。2700 多名工人纠察队的 1700 支枪被收缴去，有一批工人伤亡。东路军前敌总指挥白崇禧 12 日布告宣称："本早闸北武装工友大肆械斗"，值此戒严时期，"殊属妨碍地方安定秩序"，本总指挥职责所在，"将双方肇事工友武装一律解除"。

上海总工会通电抗议，并于 13 日在青云路广场举行约 10 万人群众大会。会后，结队赴第 26 军第 2 师司令部请愿。行至宝山路三德里附近，周凤岐部从里弄冲出，向请愿者开枪，当场击毙群众达百人以上，伤者难以数计。反动派占领了上海总工会，并封闭了上海特别市政府。从 14 日开始，全市大搜捕。

3 天之内，共产党人和革命群众 300 余人被杀害，1000 余人被捕，5000 余人失踪。优秀共产党员赵世炎、陈延年、孙炳文先后英勇牺牲，上海变成了帝国主义和蒋介石血腥统治的世界。

6 月 11 日，陈独秀在《蒋介石反动与中国革命》一文中说："我们一年余的忍耐迁就让步，不但只是一场幻想，并且成了他屠杀共产党的代价！"

1927 年 4 月 14 日，国民党广东省政府军事厅厅长李济深在广州召开军事会议作反共部署。15 日凌晨，广州全市戒严，反动军警分三路进攻工农团体，2000 余名共产党员和革命群众遭逮捕，100 余人被杀害，优秀共产党员邓培、萧楚女、熊雄、刘尔崧、李启汉、毕磊等遇难。

南京、无锡、宁波、杭州、福州、厦门、汕头和广西等蒋介石统治的地区都先后进行了大屠杀。

1927 年 4 月 18 日，蒋介石在南京另组国民政府，宣布武汉国民政府、国民党中央一切决议为非法，公开通缉鲍罗廷、陈独秀、谭平山、林伯渠、徐谦、于树德、吴玉章、杨匏安、恽代英、彭泽民、毛泽东等共产党人和国民党左派 193 人，他们被列在"南京国民政府"的第一号通缉令上。

北方军阀与蒋介石遥相呼应，大肆屠杀共产党人和革命人士。4 月 6 日，占据北京的奉系军阀张作霖下令搜查东交民巷的苏联大使馆，逮捕了苏联外交人员和在大使馆避难的中国共产党创始人之一、中共北方区书记李大钊及夫人赵纫兰，女儿星华以及路友于、张挹兰（女）等 60 余人。李大钊等人被关押在西交民巷的京师看守所。反动派对李大钊进行了多次联合审讯，问党的组织机构、活动情况、党员名单以及行踪，李大钊回答："我是共产党，余者概不知情。"张作霖派他的心腹杨玉霆去劝降，李大钊斩钉截铁地回答："宁可断头流血，决不出卖灵魂！"

李大钊被捕后，全国许多报刊纷纷发表评论，痛斥反动当局，300多位知名人士联名写信要求释放李大钊等。青年学生和北方铁路工人工会的广大工人准备劫狱来营救李大钊。

消息传到狱中，李大钊通过一个同情革命的看守，向地下党组织转达了他的意见：为着革命事业，不要做冒险而无益的牺牲，要为革命保存力量。

4月28日上午，京师看守所门前如临大敌，反动当局将李大钊等20名同志从这里押解到警察厅南院总监大厅前，进行"军法会审"，判处李大钊、路友于、张挹兰、范鸿劼等20人死刑。李大钊神色冷静，站在原地泰然不动，大声说："我死之前，要对群众讲话。""不行！不行！""拿纸和笔来，我写遗嘱。""不行！不行！"李大钊走上前去，高声宣告："不能因为你们今天绞死了我，就绞死了伟大的共产主义！我们已经培养了很多同志，如同红花的种子，撒遍各地！我们深信，共产主义在世界、在中国必然要得到光荣的胜利！"①

下午2时，李大钊等20人被押回京师看守所后院刑场。这里竖着一个高高的绞刑架，这是清末封建统治者为屠杀革命民众专门从帝国主义国家德国进口的杀人工具。行刑时，李大钊第一个走上绞刑架，当敌人把绞索套在他脖子上时，他泰然自若，极目苍天，奋力高呼："中国共产党万岁！"壮烈就义。刽子手为故意延长李大钊痛苦的时间，行刑长达28分钟。

李大钊牺牲后，社会各界极为悲痛，冯玉祥下令全军为之戴孝。

---

① 《李大钊传》，人民出版社，1979年4月第1版，第220—221页。

国民党叛变革命后，屠杀共产党员和革命群众达 31 万人。

1927 年 4 月 16 日，周恩来等致电中共中央，建议迅速东征，讨伐蒋介石。4 月 17 日，武汉国民党中央执行委员会和国民政府发表声明：表示拥护孙中山的三大政策，继续国民革命，斥责蒋介石的大屠杀罪行。并发布《免蒋介石本兼各职令》；委任冯玉祥接替蒋介石的总司令职务，并委任唐生智为副司令；开除蒋介石党籍，命令全国将士及革命群众团体将蒋介石捕获，按反革命惩治。

4 月 23 日，武汉举行 30 万人的群众大会，掀起了声势浩大的反蒋高潮。号召人们"依照中央命令，去此总理之叛徒，本党之败类，民众之蟊贼"。

武汉国民政府出现了两种可能：一是先东征讨蒋；二是先与冯玉祥的西北联军夹击进入河南的奉军。最后决定先解决奉军。冯玉祥在苏联顾问团（加拉罕等人）和共产党人刘伯坚、邓小平等人的帮助下，于 1926 年 9 月 17 日在绥远（今属内蒙古）五原誓师，正式宣布脱离北洋军阀系统，加入国民党，部队改编为西北国民联军，冯玉祥自任总司令，出兵参加国民革命战争。冯玉祥接受共产党人李大钊提出的"围甘援陕、联晋图豫"的战略，除留一部兵力防御由京包线西进的奉军外，其余兵力全部进占陕甘两省，接着东出潼关，沿陇海路东进中原，配合北伐军在河南进击奉军主力。

此时，武汉政府统率下的部队是第 2、3、4、6、8 军。其中除第 3 军朱培德部动摇于蒋介石与武汉政府之间外，其他 4 个军都是服从武汉政府的：第 2、4、6 军（特别是第 4 军）都是战斗力较强的部队；唐生智的第 8 军拥有 10 个师，是兵员最多的一个军。北方的冯玉祥亦表示拥护武汉国民政府。

　　1927 年 4 月 19 日，武汉国民政府再次誓师北伐，以唐生智为总司令，开往河南，与冯玉祥夹击入豫的奉军。与奉军的精锐部队作战。5 月间，第 4 军和贺龙的第 15 混成旅，在河南信阳、漯河一带，打垮了奉军张学良所统率的三、四方面军。在向河南进军中，共产党人所掌握的团队，如第 70、71、73、74 团等，起了重大的作用。第 11 军 26 师 77 团团长、共产党员蒋先云身负重伤，坚决不下火线，与优势敌人苦战，壮烈牺牲。

　　6 月 1 日，北伐军与冯玉祥的西北国民联军在郑州、开封会师。

十六、武汉

1927 年 4 月 8 日到 5 月 6 日，土地委员会在武汉召开了两次委员会、五次扩大会、四次专门审查会。此时正值"四一二"政变的前后，政治局势异常严峻，如何解决农村土地问题成为更加紧迫的问题。

土地委员会每次会议都讨论得热烈而详细。毛泽东总是力陈己见，往往成为会议的中心发言人之一。毛泽东认为，解决土地问题是要废除封建制，使农民得到解放。在当前来说，"要增加生力军保护革命，非解决土地问题不可"。它的直接作用是："能够解决财政问题及兵士问题……因农民要保护他们的土地，必勇敢作战。"

解决土地问题的中心问题，毛泽东认为是没收土地。"所谓土地没收，就是不纳租，并无须别的办法。现在湘鄂农民运动已经到了一个高潮，他们已经自动地不纳租了，自动地夺取政权了。中国土地问题的解决，应先有事实，然后再用法律去承认它就得了。"

怎样实施没收土地呢？毛泽东提出的步骤是：一般地说，先搞"政治没收"，如"土豪劣绅、军阀等等的土地"，以乡、区土地委员会按人口重新分配；然后再搞"经济没收"，即"自己不耕种而出租于他人的田，皆行没收"。但不同地区又要有不同要求，在条件成熟的地方，如湖南，已经可以实行经济没收了，办法是不向地主缴租。

会上争议很大。

最后议定：当前只能做政治没收，小地主及革命军人的土地都应加以保护，地主及佃农制度尚不能完全消灭。

会议相应地通过《解决土地问题决议案》等7项决议案。[①]

1927年4月15日至5月18日，共产国际召开第八次执委会，要求中国共产党在坚持土地革命的同时，坚持同武汉国民党的联合战线，并认为"国民党左派的武汉政府，还不是无产阶级和农民的专政，但它已经走到工农专政的路上。……共产国际执行委员会最坚决的反对退出国民党的要求，……目前提出'即刻勿须退出国民党'与提出'退出国民党'两个口号一般荒唐。"[②]

1927年4月20日，中国共产党发表《为蒋介石屠杀革命民众宣言》，完全赞同国民党中央执行委员会"罢免蒋介石国民革命军总司令，开除党籍和拿办的决定"，号召人民起来打倒蒋介石。

4月22日，武汉国民党中央执行委员、候补委员、监察委员，国民政府委员，军事委员会委员联名通电讨蒋。斥责蒋介石反抗中央进而自立中央，抵沪以后与帝国主义妥协，以反共产党为名，不惜屠杀

[①] 中共中央文献研究室编，逄先知、金冲及主编，《毛泽东传》，中央文献出版社，2013年11月第3版，第132—133页。

[②]《共产国际第八次执行委员会全体会议关于中国问题决议案》（1927年5月），载《中共党史参考资料》（二），人民出版社1979年9月第1版，第502、504页。

民众为其贽见之礼物。号召革命民众"依照中央命令，去此总理之叛徒，本党之败类，民众之蟊贼"。

1927年4月27日至5月9日，毛泽东出席在武昌高等师范第一附属小学召开的中共第五次全国代表大会（开幕式在第一小学，正式会议在汉口济生三马路黄陂同乡会馆举行），出席代表82人，代表全国近6万名党员。陈独秀主持会议。

大会的中心议题是确定党在紧急时期的任务。会议接受共产国际第七次大会关于中国问题的决议，批评陈独秀的右倾错误。

大会通过《政治形势与党的任务议决案》等项决议。这些决议强调争取领导权，但没有具体措施。对汪精卫、唐生智控制的武汉国民党和武汉国民政府抱有幻想。

会议期间，汪精卫还到会讲话。

毛泽东是会议候补代表，只有发言权，没有选举权。

毛泽东关注的是农民问题。会前，他曾邀集彭湃、方志敏等各农民协会负责人开会，议定出一个广泛地重新分配土地的方案，提交大会，主张解决农民急需的土地问题，建议广泛地重新分配土地。大会没有采纳，甚至未予讨论。对于湖南的农民运动，陈独秀不满意，认为湖南的将领都是农民的剥削者，指责毛泽东刺激了上层阶级的利益，把事情"搞糟了"。中央的意见是为了能继续北伐，愿意对国民党妥协。

大会选出中央委员31人，候补中央委员14人；中央监察委员会委员7人，候补监察委员3人。接着，举行了第五届中央委员会第一次全体会议，选出：中央政治局委员7人：陈独秀、蔡和森、李维汉、

瞿秋白、张国焘、谭平山、李立三；中央政治局候补委员 3 人：苏兆征、周恩来、张太雷；中央政治局常委：陈独秀、蔡和森、张国焘。中央委员会总书记陈独秀。刘少奇当选为中央委员，毛泽东为候补中央委员中的第一名。

国民党的白色恐怖，加上共产党主要领导的妥协退让，使毛泽东心情郁闷，登黄鹤楼归来，他写道：

茫茫九派流中国，沉沉一线穿南北。烟雨莽苍苍，龟蛇锁大江。黄鹤知何去？剩有游人处。把酒酹滔滔，心潮逐浪高！

1927 年 5 月 14 日，湖北省麻城县的土豪劣绅勾结河南省光山县会匪不断捣毁农会，屠杀农协会员并围攻县城。中共湖北区委向毛泽东请求救援。毛泽东即派中央农民运动讲习所学生武装 200 余人同湖北省政府警卫 2 团 1 营赴麻城剿匪，并将农讲所学生改编为中央独立师第 2 团第 3 营。农讲所学生同警卫团 1 营一起，很快将麻城土匪完全肃清。

5 月 17 日，武汉国民革命军独立第 14 师师长夏斗寅，乘北伐军主力正在河南与奉军作战、武汉空虚之际，在宜昌发动叛变，直抵距武汉 20 公里的纸坊，企图攻占武汉。武汉卫戍司令叶挺率领武汉警卫团和武汉军事政治学校的学生，前去拒敌。毛泽东组织农讲所部分学生，在武昌城内同武汉军分校学生 400 人和枪，编入叶挺部队，一起实行戒严，配合讨伐叛乱。19 日，叶挺率部打垮了夏斗寅一个师的兵力，保卫了革命心脏武汉。

1927 年 5 月 21 日，驻长沙的国民革命军第 35 军（军长何键）独立第 33 团团长许克祥，在何键的策划下，在长沙解除工农武装，释放全部在押的土豪劣绅，枪杀了 100 名共产党员和革命群众。"21 日"的电报代日韵目为"马"字，因此称为"马日事变"。

此后 20 多天里，被杀害的革命群众达 1 万人。湖南农民协会迅速组织 10 万农民武装，包围长沙。陈独秀急忙派人到湖南，命令农民停止武装斗争，强迫武装农民解散，助长了反革命气焰。长沙的共产党组织被迫转入地下。

5 月 30 日，毛泽东和谭延闿、谭平山、邓演达、陆沉以中华全国农民协会临时执行委员会常务委员名义，向湘、鄂、赣三省农民协会发出训令：在革命与反革命斗争愈加激烈的形势下，必须采用新政策，首要的是继续发展农协组织，及创设区乡县的自治机关；必须严厉反对一切反革命派及其挑拨离间政策；力求与小地主及革命军官家属合作；解除土豪劣绅之武装，武装农民；改良贫农生计，没收土豪劣绅及大地主之土地，尽可能使谷米流通，以活跃乡村金融，采购必需的物品；实施佃农保护法。

鉴于中共湖南党组织遭受严重破坏，毛泽东向中央请求到湖南工作。

1927 年 6 月 5 日，国民革命军第 5 路军总指挥，江西省省长朱培德（原第 3 军军长）在江西公开叛变革命，他以"礼送"方式驱逐 142 名共产党员和政工人员出境。同时亦捣毁工会、农会，屠杀工农领袖。

武汉政府内这些反动军官的叛变，加深了武汉政府的危机，促使汪精卫加紧了叛变的步伐。从汪精卫到武汉不久至 5 月底，武汉政府所颁布的一系列法律、法令都是镇压工农运动的。在武汉政府的管辖内不断出现军队与农会冲突、枪杀工会农会干部的事件。

罗易（印度人），于 1927 年 2 月 16 日到达广州，后经长沙，4 月 2 日到武汉，任共产国际驻中国代表团首席代表。

6 月 1 日，罗易、鲍罗廷和苏联驻汉口总领事柳克斯 3 人收到共产国际和斯大林发来的"五月指示"电报，电报的主要内容是：①指示中国共产党人坚决实行土地革命。②动员 2 万名共产党员，加上湖南、湖北 5 万革命群众，编成几个新军，组织一支可靠的军队，这是共产国际第一次提出建立中共领导下的武装。③鉴于国民党中央委员会的某些领导正在动摇妥协，应吸收更多的新的工农领袖到国民党中央执行委员会里去，把国民党改造成工农专政的政党。④组织革命法庭，惩办和蒋介石保持联系或唆使士兵残害人民、残害工农的军官。⑤如果形势需要，暂时可以不没收中地主的土地。[①]

"五月指示"到达后，陈独秀一反常态，拒绝向全党传达。鲍罗廷也认为无法执行。罗易对中国复杂的政治形势缺乏主见，对汪精卫始终抱有幻想，他说过：汪精卫是国民党领导人中唯一设法与共产党保持友好关系的人。

罗易接到电报后，未跟任何人商量，把共产国际的这一指示送给汪精卫。共产国际决定召回了罗易。

汪精卫得到这个电报，以此作为公开叛变革命的借口。6 月 5 日，

---

① 参见《陈独秀思想论稿》，马连儒，人民出版社，2010 年 10 月第 1 版，第 406—407 页。

武汉中央政治会议决定解除苏联顾问鲍罗廷、加伦的全部职务，并将他们驱逐回国。

1927 年 6 月 7 日，毛泽东同谭平山、邓演达、陆沉等以中华全国农协临时执委会常委名义，向各省农协发出"训令"。揭露湘、鄂、赣三省土豪劣绅、反动军官残杀党员、农民和工人，离间军民感情，分裂联合战线，破坏三大政策种种事实。要各级农民协会一致请求国民政府：1.明令保护工农组织及工人纠察队、农民自卫军，惩办一切屠杀工农、扰乱后方之反动派；2.肃清湖北各县勾结逆军屠杀农民工人之土豪劣绅以巩固武汉；3.明令惩办许克祥，解散其救党委员会、清党委员会等反动机关，从速镇压湖南的反革命派，接受湖南请愿代表团之请愿；4.明令制止江西驱逐共产党员工农领袖之行动，并严惩屠杀民众之反动派。

"训令"还号召各级农协，要团结农民，严密组织，武装自卫。

1927 年 6 月 7 日，中共中央常委蔡和森提议改组湖南省委，中共中央政治局常委决定：批准毛泽东、周以栗去湘潭，由毛泽东、李维汉、易礼容、夏曦、郭亮、周以栗、彭干臣、王则鸣、柳直荀组织临时省委，毛泽东任书记。这个意见在会上没有讨论，还引来一些非议。所以这个决定没有实行。

毛泽东、蔡和森都先后要求回湖南工作，有人便说他们要在党内组织"左派"。

6 月 24 日，中共中央政治局常委会召开第 31 次会议。会议决定：组织新的湖南省委，由毛泽东等 17 人组成，毛泽东、何资深、夏明

翰、李植、林蔚为委员，毛泽东任书记。

毛泽东随即赴湖南长沙，从事恢复党的组织关系，打通长沙附近各县及衡阳、常德等地与省委的联系，并计划成立湖南、湘西及宝庆指挥委员会，分别指挥所属各县的政治、军事、党务工作，恢复党的组织。

在湖南期间，毛泽东偕柳直荀等到衡山，召集衡山主要党员干部和附近几县农会、工会、青年团、妇运会的负责人开会，谈马日事变后的形势，了解党的组织、工人纠察队、农民自卫军情况，以及国民党县党部、县知事的动态等。毛泽东指出，马日事变是上海事变的继续，随之而来的将有无数个马日事变在全国发生，对不能合作已经反动的国民党分子要严加处置；各县工农武装一律迅速集中，不要分散，要用武力来对付反动军队，以枪杆子对付枪杆子，不要再徘徊观望。

这时，唐生智也回到长沙，明令取消工农团体，公开打出反对共产党的旗帜。

毛泽东针锋相对，主持制订《中共湖南省委目前的工作计划》。明确提出，"一切经济的和政治的斗争，一切口号的鼓动，都以推翻唐生智的统治为目的"。"推翻唐生智的统治"最终靠什么呢？这个计划把"武装问题"突出地提了出来，认为保存工农武装有三种办法："编成合法的挨户团，次之则上山，再次之则将枪支分散埋入土中。"

毛泽东到湖南刚十天，就被陈独秀召回武汉。要毛泽东慎重处事，不要惹火了汪精卫，要将农民武装交给国民党，共产党的手里不要再保存武力，以等待下次革命高潮的到来。

1927年6月10日，武汉国民政府汪精卫、谭延闿、唐生智等赴郑州同冯玉祥会谈，企图联冯反蒋反共。

6月21日，冯玉祥和蒋介石等南京国民党首领在徐州举行会议，决定反共、反苏，实行宁汉合作。

1927年6月中旬，毛泽东和李立三、郭亮召集湖南来武汉向国民党政府请愿惩办许克祥的共产党员和骨干分子、积极分子近200人开会。毛泽东要大家回到原来的工作岗位，长沙待不住，城市站不住，就到农村去，下乡组织农民；要发动群众，恢复工作，山区的人上山，滨湖的上船，拿起枪杆子进行斗争，武装保卫革命。

1927年6月29日，驻武汉的第35军军长何键发出反共训令。

7月3日，中共中央举行政治局扩大会议。7月4日，毛泽东出席会议。会议讨论湖南农民协会和农民自卫武装应当如何对付敌人的搜捕和屠杀。毛泽东据理力争，分析保存农民武装的两种策略：1.改成安抚军合法保存，此条实难办到。2.此外尚有两路线：第一，上山，上山不是消极避战，更不是去打富济贫，而是为了造成军事势力的基础，准备汪精卫一旦发动事变，才抱有办法对付之；第二，投入军队中去。毛泽东提出："不保存武力，则将来一到事变，我们即无办法。"

会议通过《关于国共两党关系议决案》（《对国民党关系方面的退却纲领》[1]）（11条）。重申国民党的领导地位，继续向国民党妥协退让。在会上，瞿秋白根据共产国际代表鲍罗廷、罗易的指示提议：

---

① 马连儒著，《陈独秀思想论稿》，人民出版社，2010年10月第1版，第430页。

仍贯彻对国民党左派的让步政策。大会对瞿秋白的提议进行了激烈讨论而未能通过。国际代表纽曼出示一件答复国际的电稿，内称"凡不遵守国际训令者剥夺其中央之指导权"，强制大会通过决议。决议案说："工农群众组织必须受国民党的领导，……工农纠察队必须置于国民政府的监督之下"；现在参加政府的共产党员部长，为减少冲突，可以暂时离开政府。

7月上旬，在毛泽东的武昌家中，和蔡和森谈及湖南形势和唐生智的问题，一致认为，武汉形势已十分危急，不能坐此静待人家来处置。遂由蔡和森致信中共中央政治局常委："我们提议中央机关移设武昌，同时中央及军部应即检查自己的势力，做一军事计划，以备万一。"

1927年7月10日，汪精卫逼迫共产党人退出武汉政府。

7月15日，武汉国民党中央在森严警备下召开分共会议，汪精卫主持召开了武汉国民党中央常务委员会第二十次扩大会议。会议通过了汪精卫代表中央政治委员会主席团做的关于《容共政策之最近经过》的报告，同时拟定"着即同共产党分离"的《统一本党政策案》。8月，汪精卫提出，对共产党人"宁可枉杀千个，不使一人漏网"。汪精卫咬牙切齿地说："本人愿为杀共之刽子手焉。"

1927年7月14日，宋庆龄发表《为抗议违反孙中山的革命原则和政策的声明》，指出：国民党已经成为"这个或那个军阀的工具而已。党就不成为中国人民谋未来幸福的生气勃勃的力量，而会变为一部机器，一种压迫人民的工具，一条利用现在的奴隶制度以自肥的寄生虫。"她声明："对于本党新政策的执行，我将不再参加。"①

蒋介石从南京向武汉发来电报，对汪精卫的行动表示祝贺。

国民党南京政府和武汉政府合流（"宁汉合流"）。

武汉革命政府实际取消，所有工作人员被迫解散：一部分以邓演达为首组织新的农工民主党；一部分加入共产党；一部分流向国外（如宋庆龄、陈友仁、郭沫若等）；有的被蒋介石杀害（如唐有壬）；有的加入南京政府（如孙科、谭延闿）；有许多参加以汪精卫、顾孟余为首的国民党改组派。

许多共产党领导人得到党的命令，要他们到苏联去或到上海等其他安全的地方去。

1927 年 7 月 12 日，在鲍罗廷主持下，中共中央在汉口召开临时政治局会议。根据共产国际执行委员会的指令，中共中央决定退出武汉政府，并对领导及机构改组。由张国焘、李维汉、周恩来、李立三、张太雷 5 人组成临时中央常务委员会，代行中央政治职权。

因陈独秀拒绝执行"五月指示"，被共产国际指责为"违背了共产国际的纪律"。从此，陈独秀不再参加中共中央的领导工作。陈独秀绝望地去往上海。

13 日，中共中央临时常务委员会改变对汪精卫的退让政策，发表《中国共产党中央委员会对政局宣言》，公开谴责武汉国民党中央和国民政府限制工农运动，默认、掩护和帮助一切摧残工农运动的反革

---

① 《宋庆龄选集》上卷，人民出版社，1992 年 10 月第 1 版，第 43、47 页。

命进攻；宣布撤回参加国民政府的共产党员；申明中国共产党将同坚持三大政策的国民党内的革命分子继续合作。

7月中旬，毛泽东仍隐蔽在环境极其险恶的武汉。中共中央紧急疏散、撤离和隐蔽党在武汉的各级组织和党员，派毛泽东前往四川。毛泽东请求仍回湖南工作。

7月20日，中共中央、中央农民部发出《目前农民运动总策略》：中国革命已进入一个新阶段——土地革命阶段；每省农民运动要人力财力集中在政治军事或交通重要的区域，以树立领导全省运动的中心基础；实行土地革命，必须夺取政权，建立农民的革命政权，并以革命的武装保障其胜利；农民武装可以三种形式存在：1.以合法的名义存在，如挨户团、保卫团、联庄会之类；2.平时分散，秘密训练，一遇战事则随时集中；3.两种形式都不可能时，则可以上山。

7月24日，中共临时中央常委会议决定，在南昌举行武装起义，并确定暴动后立即南下，占领广东。

根据中共中央决定，1927年8月1日凌晨2时，以周恩来为书记的中共中央前敌委员会，在南昌领导国民革命军贺龙、叶挺部两万多人举行武装起义，打响了对国民党反动派的第一枪。8月2日公布《"八一"革命宣传提纲》《土地革命宣传大纲》，宣布，继承北伐革命没有完成的事业，反对帝国主义，打倒新旧官僚，实行"耕者有其田"的政策。同时发布通缉蒋介石、汪精卫的命令。

革命委员会还制定《劳动保护暂行条例》19条。主要内容：产业工人8小时工作制；手工业工人10小时工作制；工伤赔偿，疾病死亡有抚恤，失业有保险；童工、女工保护和女工产前产后有8星期休息。

起义胜利后，起义军按中央原定计划南下去广东，占领海口，取得外援，夺取广东，再行北伐。

1927 年 7 月 23 日，共产国际新派来的全权代表罗明纳兹抵达汉口。

1927 年 7 月 27 日，鲍罗廷在武汉国民党要人的"礼送"下离开武汉，经冯玉祥防区回国。

1927 年 8 月初，毛泽东为中共中央起草《湘南运动大纲》：在湘南以汝城为中心进而占领桂东、宜章、郴州等四五县，形成一政治形势，组织一政府模样的革命指挥机关，实行土地革命，与长沙的唐生智政府对抗，与湘西的反唐部队取得联络；军事方面请中央命令彭湃不要将现在汝城的广东农军他调，浏阳、平江农军千人立即由郭亮率领赴汝城，从江西革命军中调一团赴汝城，这三部分组成一师的武装，以革命军一个团作中坚，至少有占领 5 县以上的把握；党的湘南特别委员会，受湖南省委的指挥，在交通阻隔时候得独立行使职权。中共临时中央常委会通过了这个大纲，并决定毛泽东为书记组织湘南特委。

8 月 3 日，中共中央发出《关于湘鄂粤赣四省农民秋收暴动大纲》："党过去对农民革命有一错误政策，就是抑制农民、保护小地主利益的政策，……现在国际第八次扩大会对中国革命的前途是工农德谟克拉西独裁联合小资产阶级，这一个新的指示证明过去湖南农民实行农会专政反对乡村自治是对的，对小地主不可免的打击所谓'幼稚'、'过火'的现象不足害怕而应当积极的去领导的。"秋收暴动的战略，是要"夺取一切政权于农民协会，歼灭土豪劣绅及一切反革命派，并没收其财产"。大纲对湖南省的具体要求是：准备在不久的时期内，在湘南计划一湘南政府，建设革命政权；现在即须组织湘南特别委员会，受省委指挥，湖南特委以夏曦、郭亮、毛泽东、任卓宣为委员，毛泽东为书记。①

8月3日，中共临时中央常委会决定毛泽东不去湖南，留武汉指导湖南省委工作，并受中央委托研究湖南军事形势，筹划湖南秋收起义等。

中共中央决定于1927年7月28日召开紧急中央全会。由于白色恐怖严重，交通不便，使通知者无法到会，有些代表无法通知，直到8月7日，到会的中共中央委员仍不足一半。在这种情况下，便只有召集在武汉的中央委员、监察委员、共青团中央委员及湖北、湖南、上海的负责人开会。

"八七"会议未通知陈独秀参加。其他未参加会议的中央委员，或因参加南昌起义，或不在武汉，或已牺牲。

"八七"会议由李维汉（罗迈）主持。罗明纳兹做《关于党的过去错误及新的路线》的报告。瞿秋白作为临时中央政治局常务委员会推定的报告人做《关于将来工作方针的报告》。瞿秋白指出：我们的策略是开展独立的工农阶级斗争，并提出3条具体方针：1.要与资产阶级争夺领导权；2.要由下而上地争取群众；3.要在革命暴动中组织临时的革命政府。

会议代表就共产国际的报告进行了热烈的讨论。发言的有毛泽东、邓中夏、蔡和森、罗亦农、任弼时、李子芳、彭公达、瞿秋白等。他

① 中共中央文献研究室编，《毛泽东年谱》（1893—1949）修订本上卷，中央文献出版社，2013年12月第1版，第205页。

们集中揭发了陈独秀等人在统一战线中的投降主义，并热烈讨论农民土地问题和武装斗争问题。

毛泽东在会上做了多次发言，他着重讲了4个问题：第一是国民党问题，毛泽东批评以陈独秀为首的党中央加入国民党不是去做主人，而是做客人，毛泽东说，当时大家的根本观念都以为国民党是人家的，不知它是一所空房子等人去住，其后像新姑娘上花轿一样勉强挪到此空房子去了，但始终无有当此房子主人的决心；第二是农民问题；第三是军事问题，毛泽东指出，从前我们骂孙中山专做军事运动，我们则恰恰相反，不做军事运动专做民众运动，蒋介石、唐生智等都是拿枪杆子起家的，而我们都不重视，须知政权是由枪杆子中取得的；第四是组织问题，以后上级机关应尽心听下级的报告。①

关于农民土地问题，毛泽东认为：1. 应当规定大、中地主的标准，建议以五十亩为限，五十亩以上的地主土地通通没收；2. 小地主问题是土地问题的中心问题，困难在于《最近农民斗争的议决案》规定不没收小地主土地，"如此，则有许多没有大地主的地方，农协则要停止工作。所以要根本取消地主制，对小地主应有一定的办法"。3. 对自耕农中的富农、中农的地权应有不同的规定，要确定方向。共产国际代表没有采纳毛泽东的意见，不让大家再讨论土地问题，并且提出："土地的根本问题是土地国有。"②

"八七"会议在共产国际代表的帮助下，总结大革命失败的经验

---

① 中共中央文献研究室编，《毛泽东文集》（第一卷），人民出版社，1993年12月第1版，第46—47页。

② 中共中央文献研究室编，逄先知、金冲及主编，《毛泽东传》，中央文献出版社，2013年11月第3版，第141页。

教训，坚决批判以陈独秀为代表的右倾机会主义错误，确定了实行土地革命和武装反抗国民党反动派的总方针。

"八七"会议通过了《告全党党员书》《中国共产党的政治任务与策略决议案》《最近农民斗争的决议案》等文件。

指出："土地问题是中国资产阶级民权革命的中心问题……共产党现时最主要的任务是有系统的、有计划的、尽可能的在广大区域中准备农民的总暴动，利用今年秋收时期农村中阶级斗争剧变的关键。中国共产党及中国共产主义青年团应当在极短期间调最积极的、坚强的、革命性稳定的、有斗争经验的同志，尽量分配到各主要的省份作农民暴动的组织者。"

根据以上决议，会议提出了《湘鄂赣粤四省秋收暴动大纲》。

因为上述 4 省受革命影响最深、革命的力量最强。标志是农民发动起来了：4 省都成立了省农民协会，加入农民协会的会员，湖南是 451 万人，湖北是 250 万人，江西是 38 万余人，广东是 70 万人。当时全国的农民协会会员总数是 915 万余人，4 省就占了全国的 88%。

大会选举了新的临时中央局。

讨论中，蔡和森、李维汉、陆沉等主张让毛泽东加入政治局。毛泽东以将参加秋收起义为由，自己不同意加入政治局。

会议选举瞿秋白、苏兆征、李维汉 3 人为临时中央政治局常委。

瞿秋白实际负责全局工作，那年他 28 岁。

经过会议表决，毛泽东当选为中共中央政治局候补委员，他时年 34 岁。

"八七"会议开完后，中央临时政治局分工之前，瞿秋白向毛泽东征求意见，要他到上海中共中央机关工作。

毛泽东回答：我不愿跟你们去住高楼大厦，我要上山结交绿林朋友。

瞿秋白无奈，他含笑将毛泽东送出了门。

1927年8月12日，毛泽东以中共中央特派员身份从武汉到长沙。

9月初，毛泽东以中共中央特派员和中共湖南省委秋收起义前敌委员会书记身份，在安源张家湾召开湘赣边界秋收起义军事会议。

9月9日，湘赣边界秋收起义爆发。

毛泽东脱下长衫，穿上草鞋，走向了武装夺取政权、为人民打江山的艰苦道路。

主要参考书目和文章

《毛泽东书信选集》，中共中央文献研究室编，人民出版社 1983 年 10 月。

《毛泽东同志的青年时代和初期革命活动》，萧三著，中国青年出版社 1980 年 7 月第 1 版。

《斯诺文集》（Ⅱ），新华出版社 1984 年 8 月第 1 版。

《国共合作史》，林家有、褚倩红、周兴梁、王杰编著，重庆出版社 1987 年 12 月版。

《蒋介石生平》，宋平，吉林人民出版社 1987 年版。

《我和毛泽东一段曲折经历》（《毛泽东和我是"乞丐"》），萧瑜著，陈重等编译，昆仑出版社 1989 年 6 月版。

《毛泽东家世》，李湘文编著，中国城市经济社会出版社 1989 年 7 月版。

《毛泽东选集》第一卷，人民出版社 1991 年 6 月第 2 版。

《毛泽东文集》第一卷，人民出版社 1993 年 12 月第 1 版。

《毛泽东早期文稿》（1912 年 6 月—1920 年 11 月），中共中央文献研究室、中共湖南省委《毛泽东早期文稿》编辑组，湖湘文库编辑出版委员会、湖南人民出版社 2008 年 11 月第 2 版。

《毛泽东从韶山到中南海》，贾章旺著，中国文史出版社 2012 年 1 月第 3 版。

《毛泽东传》（一），中央文献研究室编，中央文献出版社 2013 年 11 月第 3 版。

《毛泽东年谱》（1893—1949）（修订本）上卷，中央文献出版社 2013 年 12 月第 1 版。

《回忆党的"一大"》，陈潭秋（遗作），载《百科知识》1979 年第 2 期。

《中国共产党创建史实》，胡华、肖效钦，载《百科知识》1979 年第 2 期。

《论陈独秀》，才树祥，载《北京财贸学院》1979 年第 2 期。

《回忆新民学会》，李维汉，载《历史研究》1979 年第 3 期。

《对中共"一大"代表人数的新质疑》，解光一，载《上海师范学院学报》1981 年第 2 期。

《中国共产党第一次代表大会召开的经过》，张钟、陈志莹，载《上海师范学校学报》1981 年第 2 期。

《关于中国共产党第一次代表大会代表人数的探讨》，宫玉书，载《求是学刊》（黑龙江大学学报）1981 年第 2 期。

《陈独秀在建党时期二三事》，陈绍康、邱作健，载《社会科学》（上海）1981 年第 3 期。

《李大钊与中国共产党的创立》，周子信，载《江淮论坛》1981 年第 3 期。

《关于中国共产党早期组织的几个问题》，王来棣，载《浙江学刊》

1981 年第 3 期。

《论广州农讲所的建立发展及其历史作用》，黄振位，载《暨南大学学报》1981 年第 3 期。

《毛泽东同志走上马克思主义道路的开端——读〈湘江评论〉》，徐建源，载《辽宁大学学报》1981 年第 4 期。

《重评五卅运动中的陈独秀》，郭绪印，载《历史教学》1981 年第 6 期。

《第一次国共合作是怎样建立的》，周养儒，载《中国青年》1981 年第 11—12 期。

《扭转危局的"八七"会议》，王志新，载《中国青年》1981 年第 11—12 期。

《中国共产党在创建时期和第一次国内革命战争时期同共产国际的关系》，苟峻东，载《昭通师专学报》（云南）1983 年第 3—4 期。

《毛泽东和第一次国共合作》，张光宇，载《武汉大学学报》（社科版）1983 年第 6 期。

《大革命时间毛泽东关于农民问题的理论和实践》，曾宪林、李婉霞，载《江汉论坛》1983 年第 12 期。

《国民党第一次全国代表大会期间若干史实考》，余齐昭，载《中山大学学报》1984 年第 1 期。

《毛泽东同志初期建党活动的特点及其重要贡献》，陈荣勋、杨勤为、袁之舜，载《益阳师专学报》1984 年第 1 期。

《第一次国共合作和革命军的创建》，马菊英，载《中山大学学报》1984 年第 1 期。

《试论第一次国共合作的历史作用》，李光隆，载《华南师范大学学报》（社科版）1984年第1期。

《孙中山与第一次国共合作》，张磊，载《学术研究》1984年第1期。

《采访国民党"一大"见闻》，戴朝震，载《团结报》1984年1月28日第4版。

《蒋介石是怎样制造"三·二〇事件"的》，方庆秋，载《历史教学》1984年第9期。

《五四时期毛泽东的政治思想与活动》，汪澍白，载《厦门大学学报》（哲社版）1985年第3期。

《陈独秀和孙中山》，王光远，载《北京档案史料》1986年第4期。

《毛泽东和胡适》，黄艾仁，载《安徽师大学报》（哲社版）1986年第4期。

《林伯渠入党》，李坚，载《瞭望》1986年第12期。

《"四·一二"反革命政变的酝酿和发动》，沈予，载《档案与历史》1987年第2期。

《党的"一大"闭幕时期考》，曹仲彬，载《近代史研究》1987年第2期。

《国民党二届三中全会期间共产党人和国民党左派的合作》，曾宪林，载《湖北大学学报》（哲社版）1987年第6期。

《浅谈我党在国民党"二大"上的让步问题》，周忠瑜，载《攀登》（西宁）1988年第1期。

《毛泽东的早期文化政治观初探》，梁化奎，载《青海民族学院学报》（社科版）1988年第3期。

《毛泽东中西文化观的演变》，汪澍白，载《厦门大学学报》（哲

社版）1988 年第 4 期。

《试论新民学会的分化》，胡长明，载《毛泽东思想研究》（成都）1988 年第 4 期。

《新民学会研究综述》，莫志斌，载《湖南师范大学社会科学学报》1988 年第 5 期。

《博大胸襟 非凡气度——孙中山在国民党"一大"期间严斥反对三大政策者》，曹庆榴，载《团结报》1988 年 2 月 13 日第 2 版。

《毛泽东与李大钊第一次会见的确切时间》，毛应民，载《毛泽东思想研究》1988 年第 2 期。

《"中山舰事件"之谜》，杨天，载《历史研究》1988 年第 2 期。

《关于长沙共产党早期组织的若干问题》，唐振南，载《毛泽东思想研究》1988 年第 3 期。

《关于国民革命军党代表制度的一个问题》，叶青，载《中共党史研究》1988 年第 3 期。

《毛泽东在国民党中央代理宣传部长任内的史迹》，张素华，载《毛泽东思想研究》1988 年第 4 期。

《对"八七"会议有关史实的考辨》，柳建军、郑雅茹，载《党史研究与教学》（福州）1988 年第 5 期。

《论毛泽东的"上山"思想》，唐振南，载《求索》1988 年第 6 期。

《试论共产国际与中国大革命失败的关系》，曾昭顺，载中国人民大学报刊复印资料《中国现代史》1988 年第 6 期。

《国民党在大革命时期的演变》，张光宇，载《武汉大学学报》（社科版），1988 年第 6 期。

《陈炯明叛变前后的蒋介石》，钟康模，载《广州研究》1988 年第 6 期。

《鲍罗庭与武汉国民党关系初探》，孙善根、曹屯裕，载《中国现代史》（人大复印资料）1988 年第 6 期。

《对大革命失败原因的再认识》，朱俊瑞，载《中国现代史》（人大复印资料）1988 年第 7 期。

《对国情的探讨推动青年毛泽东成长》，沈郑荣，载《南京政治学院学报》1988 年第 6 期。

《最早为中国劳工运动献身的黄爱、庞人铨》，何鹄志，载《人民日报》1988 年 7 月 8 日第 5 版。

《共产党员》，（河北）1989 年 1—8 期。

《五四文化运动中毛泽东的文化观》，黎永泰，载《社会科学研究》（成都）1989 年第 6 期。

《"四·一二"反革命政变前后的蒋介石》，姚守中，载《宁波师范学报》（社科版）1989 年第 3 期。

《试论陈独秀右倾投降主义路线的形成》，蒋振苑、冯永之，载《宁波师范学报》（社科版）1989 年第 3 期。

《"五·四"时期的播火者——李大钊同志在"五·四"时期的几件事》，李旭飞，载《支部生活》（天津）1989 年第 8 期。

《"八七"会议新探——王盛荣访问录，载《党史博采》1989 年第 9 期。

《正本清源　存真求实——毛泽东的两部著作集编辑述评》，高菊村、刘建国，载《求实》1989 年第 10 期。

《纪念中国共产主义运动的伟大先驱李大钊》，胡乔木，载《人民日报》1989 年 11 月 2 日第 4 版。

《关于毛泽东同志创办文化书社的资金来源问题》，郑洸、王连弟，载《中国青运》1990年第4期。

《青年毛泽东研究辑要》，张纯颖，载《中国青运》1990年第4期。

《革命先行者的珍贵文献——读新发现的孙中山致越飞书信两封》，孙钢，载《人民日报》1991年3月12日第5版。

《中国共产党旅欧支部》，黄修荣，载《百科知识》1991年第10期。

《中共党史人物传不能没有陈独秀》，胡绳玉，载《学术月刊》（沪）1991年第11期。

《我党"一大"前"共产党早期组织"的基本情况》，载《广西理论学习》1992年第2期。

《中国国民党北伐决策考》，黄诗玉，载《文史杂志》1993年第2期。

《伟人从这里走出》，吴兴华，载《人民日报》1993年9月9日第1版。